ÉTUDES

SUR

L'HISTOIRE DE L'ART

OUVRAGES DU MÊME AUTEUR

Études d'art antique et moderne. Michel-Ange sculpteur. —
Polyclète et sa règle de proportion. Salons de 1879, 1881
et 1882. 1 vol. in-16. . . . . 3 fr. 50
Le même. 1 volume in-8°. . . . . 7 fr. 50

Essais sur la théorie du dessin et de quelques parties des
arts. — Le dessin. — La théorie des proportions. — La
sculpture en bronze. — Le bas-relief et le camée. — L'art
de représenter les animaux. — Le cheval et la statue
équestre. 1 volume in-16. . . . . 3 fr. 50

ÉTUDES

SUR

L'HISTOIRE DE L'ART

PAR

EUGÈNE GUILLAUME

De l'Académie française et de l'Académie des Beaux-Arts
Directeur de l'Académie de France à Rome

LE PANTHÉON D'AGRIPPA

LES RUINES DE PALMYRE

DANTE CONSIDÉRÉ COMME ARTISTE

APOLLON. — BACCHUS. — CÉRÈS

LE COSTUME. — LA COIFFURE. — LES BIJOUX

BARBARE. — CAPTIF

PARIS

LIBRAIRIE ACADÉMIQUE DIDIER

PERRIN ET Cie, LIBRAIRES-ÉDITEURS

35, QUAI DES GRANDS-AUGUSTINS, 35

1900

On a réuni dans ce volume des morceaux qui ont tous l'enseignement pour objet. Indépendamment d'articles destinés à faire connaître certains travaux de découverte exécutés par des pensionnaires de l'Académie de France à Rome, les notices qui suivent peuvent être considérées comme donnant la mesure d'un ouvrage dans lequel les jeunes artistes trouveraient, sommairement résumées, les indications dont ils ont le plus besoin pour aborder les sujets qu'ils ont à traiter dans leurs études. La mythologie, les mœurs (en prenant ce mot tel qu'il est entendu dans la langue des Beaux-Arts) et l'histoire se trouvent représentées dans ce recueil par des exemples qui ont paru dignes d'intérêt.

ÉTUDES

SUR

L'HISTOIRE DE L'ART

LE PANTHÉON D'AGRIPPA

A PROPOS DE DECOUVERTES RÉCENTES

(Revue des Deux-Mondes, du 1ᵉʳ août 1892.)

Depuis quelque temps on s'est beaucoup occupé des découvertes faites au Panthéon d'Agrippa par un jeune pensionnaire de l'Académie de France, M. Chedanne. On en a parlé avec la compétence la plus bienveillante, mais sans entrer dans le détail[1] ; c'est pourquoi il m'a semblé qu'il y aurait intérêt à en exposer ici l'objet et la suite. D'autres

---

[1]. Académie des Inscriptions et Belles-Lettres. Comptes-rendus des séances de l'année 1892. Communications de M. Geffroy, directeur de l'Ecole française de Rome, dans les séances des 12, 26, 29 avril et 13 mai.

en traiteront plus savamment. L'artiste lui-même les expliquera mieux que personne au moyen de beaux dessins qu'il excelle à exécuter. Pour moi, je veux seulement m'attacher au fait lui-même et à ce qu'il nous laisse à penser.

Sans qu'on le sache assez, je crois, on a toujours donné une grande attention au Panthéon, non-seulement pour l'admirer, mais aussi pour le comprendre. Les artistes et les savants l'ont étudié à l'envi, tant à raison de sa beauté que pour mettre d'accord ce qu'on y voit avec ce qu'en ont écrit les auteurs anciens. Depuis la Renaissance on s'est donc appliqué à le bien connaître et à se rendre compte de ce qu'il était dans son premier état ; et pour cela notre siècle n'aura pas moins fait que les siècles précédents. Parmi les travaux qu'il a consacrés à cette reconstitution idéale, il faut compter les apologies érudites comme celle de Charles Fea; l'ouvrage d'un docte architecte allemand, M. Frédéric Adler [1], et les beaux mémoires de M. le commandeur Lanciani publiés dans différents recueils italiens d'archéologie. Dans ce mouvement fécond, la France n'est pas restée en arrière et on a pu voir dernièrement à Paris une restauration en relief du noble édifice exécutée sous la direction de M. Chipiez. Mais le Panthéon étant un monument classique, il était naturel que les pensionnaires de l'Académie de France à Rome le prissent pour sujet de leurs études. Ils n'y ont pas manqué et ils

---

1. Das Pantheon zu Rom. Einunddreissigstes programm zum Winckelmannfest der archæologischen Gesellschaft zu Berlin, 1871.

l'ont plusieurs fois reproduit avec talent et avec
amour. Un des plus anciens parmi eux, un de nos
maîtres, M. Achille Leclère, en a fait une restauration excellente. Malheureusement, elle n'a pas
été publiée et ceux qui s'en sont autorisés ont dû
la consulter à l'École des Beaux-Arts où elle est
déposée. Depuis ont paru, à la suite des envois de
MM. H. Labrouste, Baltard, André, Louvet et
Daumet, les superbes dessins de M. Brune. Et
maintenant, viennent de se produire les découvertes de M. Chedanne dont l'importance est déjà
appréciée en Italie à toute sa valeur.

Le Panthéon n'a jamais cessé d'être considéré
comme un des monuments les plus remarquables
de la Rome antique. En tout cas, il en est, de beaucoup, le mieux conservé ; car s'il a été protégé par
une sorte de prédilection dont il a toujours été l'objet, la solidité de sa construction l'a aussi très bien
défendu. Impossible de n'être pas frappé de ce
qu'il y a d'original dans sa structure. Quand on le
voit, on y distingue aussitôt un ensemble de formes et de matériaux unique : une rotonde de briques précédée d'un vestibule quadrangulaire bâti
de marbre et de granit. Cet assemblage d'éléments
rectilignes et d'éléments circulaires est particulier ;
il a une physionomie à soi. Peut-être en peut-on
trouver l'embryon dans la cabane latine. Mais rien
n'est plus éloigné de l'idée que l'on a d'un temple, et
surtout d'un temple inspiré des Grecs, qu'un pareil
composé. Aussi, a-t il été accepté comme un type
de l'architecture romaine et même comme une

œuvre tout empreinte de l'austérité républicaine.

Quoi qu'il en soit, c'est un monument de grand caractère. L'aspect en est sévère et même un peu sombre. Si le portique est ouvert et élégant, la rotonde, rigoureusement fermée au regard, a quelque chose de pesant et la partie voûtée qui la surmonte, vue du dehors, ne donne pas l'idée de son élévation. Il faut entrer dans l'édifice pour en comprendre la beauté. Alors on ne peut qu'admirer l'ensemble qu'il présente, et ses proportions robustes, et la hardiesse de sa coupole, et les belles dispositions de ses autels. On est étonné du vide considérable que la construction enveloppe, et il se dégage du tout une idée de puissance et d'harmonie. Cependant le sentiment que l'on éprouve reste grave. La décoration est très riche; mais la lumière, venant de l'ouverture unique ménagée au sommet de la coupole, tombe d'une grande hauteur, allonge les ombres des corniches et des chapiteaux et attriste l'ensemble par un excès de clair-obscur. Sans s'en rendre compte, on est surpris de voir un si grand espace dans un jour reflété. On ne saurait dire si c'est l'édifice qui est élevé ou si c'est qu'on se trouve en un endroit profond. L'impression est mystérieuse, et, si le lieu est sacré, c'est un peu comme un hypogée.

Pour être compris, il importe de dire quelque chose de l'histoire du Panthéon, et même d'appuyer sur les faits principaux qu'elle présente. D'après les idées généralement reçues, sa construction re-

monterait aux dernières années de l'ère païenne ;
Agrippa l'aurait achevé pendant son troisième consulat : c'est ce qu'atteste l'inscription qu'il a fait
graver sur la frise du portique où on la lit encore.
Il aurait choisi pour élever ce temple et d'autres
édifices qu'il voulait y joindre, un endroit resté libre dans le Champ de Mars : le marais de la Chèvre, célèbre dès les premiers temps de l'histoire
romaine. C'est là que Romulus aurait été enlevé au
ciel au milieu d'un orage. Agrippa avait eu l'idée
d'établir son Panthéon dans ce lieu déjà consacré
par une antique apothéose. Mais, en même temps,
il avait fait preuve d'un esprit pratique. Ce marécage était inoccupé. En le comblant on créait des
terrains et, de la sorte, sans expropriations, on arrivait à disposer de vastes espaces. Voilà ce qu'avait
fait le gendre d'Auguste, qui était un grand capitaine, mais aussi un flatteur entendu et un administrateur habile.

Il n'est plus question de savoir si le Panthéon
était dédié à Jupiter Vengeur : on a rectifié le texte
de Pline qui avait accrédité cette erreur. On pense,
et cela sur le témoignage de Dion Cassius, que le
temple avait été consacré aux Dieux de la *Gens Julia*.
Suivant Dion, Mars et Vénus y présidaient avec
Jules-César. Autour d'eux, des divinités et des
héros appartenant au même patronage politique
et religieux y devaient avoir leurs autels, et tous
ensemble formaient en quelque sorte l'Olympe
domestique de la famille impériale. Auguste avait
refusé d'avoir une place dans ce sanctuaire. Il avait

voulu que sa statue fût au dehors, en ayant celle
d'Agrippa pour pendant. De là, croit-on, les
deux grandes niches qui se voient de chaque côté
de la porte sous le vestibule. Telle est l'opinion généralement admise. Quelques savants vont jusqu'à
nommer l'architecte du Panthéon, qui serait un
certain Valérius d'Ostie. Quant à la décoration de
l'édifice, il faut lire ce qu'en dit Pline, qui l'avait
vue : car pour tout ce qui a été écrit et dessiné à ce
sujet, son texte fait autorité, tout en restant l'objet
d'un éternel commentaire : — « Agrippa, dit-il,
décora le Panthéon. Diogène d'Athènes plaça sur les
colonnes du temple des cariatides, qui sont considérées comme des ouvrages d'un mérite rare, aussi
bien que les figures placées sur le faîte du monument; mais à cause de leur élévation celles-ci sont
moins admirées. » — Ailleurs, le même auteur nous
apprend que les chapiteaux des colonnes étaient en
bronze de Syracuse. Enfin, d'après les traditions
et l'état du portique jusqu'au pontificat d'Urbain VIII en 1623, la charpente aurait été de bronze
ainsi que des voûtes placées sur les colonnes. Le
Panthéon nous apparaît donc comme une œuvre de
forme composite dans laquelle le bronze était com-
biné pour une large part avec le marbre et d'autres matériaux. Mais je remarque que pas un mot,
dans Pline, n'implique l'association d'un portique
rectangulaire avec un bâtiment cylindrique et que,
chez l'écrivain, ni directement, ni par allusion il
n'est question d'une coupole.

Les autres édifices élevés par Agrippa consis-

taient d'abord en une sorte de gymnase avec une
étuve, ce qu'on nommait un *laconicum*; il était
adossé au temple. Puis venaient les thermes avec
leurs piscines, leurs eaux vives et leurs vastes jardins. Ces grands ouvrages avaient été construits à
la fois et à la suite, non sans quelques tâtonnements. En effet, le Panthéon et le *laconicum* auraient été menés d'ensemble; peu après, on aurait
bâti les thermes, ce qui aurait entraîné des modifications au *laconicum*. Avec une sagacité patiente,
on est arrivé à mettre d'accord les dates assignées
à la consécration de ces constructions, en interpré-
tant les dires un peu confus des historiens et les
textes lapidaires. Travail savant et délicat, d'où il
résulte que la dédicace du Panthéon a eu lieu vingt-
sept ans avant notre ère, l'achèvement du *laconicum*
deux ans plus tard, et que les thermes n'auraient
été livrés au public que sept ans après, soit l'an de
Rome 726, dix-neuf années avant l'ère chrétienne.
Tout cela est fort plausible, spécialement en ce qui
concerne les thermes, qui n'auraient pu être ouverts
plus tôt, l'aqueduc destiné à les alimenter n'ayant
été terminé lui-même qu'en 726.

Les textes dont il faudrait établir la concordance,
et qu'on rend presque contemporains, embrassent
plus de deux cents ans. Ainsi, nous pouvons nous
arrêter à considérer ce qu'était, dans son ensemble,
le quartier du Panthéon, sous Septime-Sévère et
ses premiers successeurs. Cette partie du Champ
de Mars, rendue déjà magnifique par Agrippa, n'a-
vait pas tardé à se remplir d'édifices superbes. La

carte topographique de Rome, que M. Lanciani se prépare à publier, dira le dernier mot de la science sur la ville antique et en particulier sur la région dont Agrippa avait créé le sol. Mais en consultant à cet endroit les plans dressés par Canina, on voit combien le terrain avait été rapidement occupé, combien il avait attiré l'attention des empereurs, tous désireux de bâtir. Sans être astreint à regarder comme définitivement fixé le périmètre d'édifices dont l'existence est incontestée, mais qui nous sont présentés dans les conditions d'une symétrie trop absolue, on peut imaginer quel ensemble de constructions grandioses ce lieu réunissait au commencement du IIIe siècle. Devant le Panthéon s'étendait une place entourée de trois côtés d'un portique· Au milieu, là où devait s'élever plus tard l'arc vulgairement appelé de la *Pitié*, le spectateur pouvait s'arrêter ayant en face de lui le monument lui-même avec sa masse caractéristique, les bronzes étincelants de sa couverture et les escaliers sur lesquels il s'élevait. A la droite du visiteur et bordant la place, les thermes de Néron et d'Alexandre-Sévère, entourés et ombragés d'un bois épais. A sa gauche, les thermes d'Adrien ; et, de tous côtés, sur ses pas, des temples, des basiliques, des gymnases et diverses enceintes parmi des plantations d'arbres et des fontaines. Ce quartier était bas et naturellement se prêtait à recevoir les eaux. Elles y venaient de toutes parts. Agrippa, au moyen de travaux considérables, les y avait amenées et leur avait ménagé des issues. Elles s'écoulaient ; et on n'en avait que le bienfait sanitaire, le spectacle fuyant et la fraîcheur.

Chaque règne avait donc ajouté aux embellissements commencés sous Auguste, et il s'était formé autour du Panthéon une ville monumentale. L'aspect qu'elle présentait dans son ensemble devait contraster avec le reste de la cité. Tandis que le principe de l'architecture grecque prévalait au Forum, le système du plein cintre et de la voûte l'emportait alors au Champ de Mars. La coupole y faisait songer à l'Asie. Les dispositions architectoniques appropriées à des usages empruntés à l'orient, transformaient cette région, qui devait rappeler Séleucie, Antioche, Alexandrie, les métropoles de la Syrie, de la Mésopotamie, de l'Égypte.

De loin nous pouvons suivre le Panthéon à travers l'histoire. Parfois il semble oublié, anéanti peut-être? puis il apparaît de nouveau intact et surtout admiré. En effet, il a toujours été regardé comme une merveille. Sous Antonin le Pieux, il était cité parmi les plus beaux édifices; et, en cela, l'opinion n'a jamais changé. Mais sa conservation n'est pas ce qu'il offre de moins étonnant. Les monuments de toute sorte dont il était environné ont disparu; et lui, malgré l'effort des éléments et les outrages qu'il a subis de la part des barbares aussi bien que de ses admirateurs, il est encore debout. Il a perdu ses ornements de métal et son revêtement de stuc, et, à plusieurs reprises, il a fallu le débarrasser des constructions parasites qui le défiguraient. Et, cependant, tout en portant la trace de tant de ravages et de contacts désastreux, il n'a point l'aspect d'une ruine. Loin de là, avec son intégrité vénérable, il est encore vivant. Et cependant par combien de vicissitudes n'a-t-il point passé !

On voit dans Dion Cassius qu'en l'an 80, sous le règne de Titus, il fut gravement endommagé par le feu. Ce qui périt certainement alors, ce fut le monument élevé par Agrippa. Domitien le rétablit; mais trente années plus tard, du temps de Trajan, un nouvel incendie y fut allumé par la foudre. Après quelque temps, vers 123, Adrien le restaura en même temps que d'autres édifices qui en étaient proches. Enfin, au plus tôt en 203, Septime-Sévère et son fils, qu'il s'était associé, le remirent dans tout son éclat ; car, comme le porte l'inscription gravée aussi sur le frontispice du monument, le temps l'avait ruiné. Le latin dit *corruptum*, ce qui peut impliquer quelque chose de plus que des dégâts matériels. N'aurait-il pas été dénaturé ?

Quoi qu'il en soit, voilà une première période de l'existence du Panthéon, et déjà quelques questions viennent se poser. Si le monument a été construit, dans le principe, tel qu'il a été restitué et qu'on le voit encore, comment a-t-il pu brûler ? Le portique, si les poutres de sa charpente étaient seulement revêtues de bronze, était exposé à devenir la proie des flammes. Mais dans la rotonde, où il n'entre pas de bois, rien ne pouvait servir d'aliment au feu : sa construction en briques la rend incombustible. Remarquons qu'après la réfection d'Adrien, malgré tous les hasards qu'il devra traverser, le Panthéon ne brûlera plus. En tous cas, à partir de Septime-Sévère, il a pris sa forme définitive, celle qu'il a conservée jusqu'ici.

Depuis ce moment, un grand silence se fait. Mais on peut penser qu'en 399 le sanctuaire de la *Gens Julia* fut atteint par la loi d'Honorius et fermé avec les derniers temples païens. Et on n'en parle plus jusqu'en 608, où le pape Boniface IV l'obtint de l'empereur Phocas et en fit une église. Par ses soins, le culte de la Vierge y fut établi conjointement avec le culte de tous les martyrs, qui vint y remplacer celui de tous les dieux. Des reliques saintes, tirées des premiers cimetières chrétiens, y furent apportées sur plusieurs chariots et y furent placées sous le maître-autel. Longtemps on vit, à droite de l'abside, une vieille peinture représentant Boniface tenant dans sa main le Panthéon, auquel il avait donné le nom de Sainte-Marie-de-la-Rotonde.

Mais quel avait été son sort pendant les deux cent neuf ans qui s'étaient écoulés depuis qu'il avait cessé d'être un temple, jusqu'au moment où il avait reçu du pape Boniface une autre destination religieuse ? Ce serait, je crois, un point à éclaircir. Fut-il simplement interdit ? Servit il à quelque usage civil ? Fut-il réuni aux thermes, et les thermes eux-mêmes existaient-ils encore ? Autant de questions dignes d'intérêt et auxquelles un seul, homme pourrait répondre : le savant M. Corvisieri. Mais quelle qu'ait été son utilisation transitoire, il avait conservé sa parure première. Il la possédait encore après sa nouvelle consécration. C'était toujours un monument à la décoration duquel les métaux concouraient brillamment. De là lui vint un des plus grands outrages qu'il eût reçus des hommes. Genséric avait pillé Rome pendant quatorze jours, et le sac d'Alaric en avait duré trois, sans que le Panthéon eût été autrement endommagé. Mais en 663, l'empereur Constant, étant venu passer douze jours à Rome, y donna un spectable déplorable. En même temps qu'il faisait ses dévotions aux sanctuaires les plus vénérés, il dépouillait la ville de tous les ornements de métal qu'il put emporter. A peine épargna-t-il Saint-Pierre. Mais il enleva, entre autres objets précieux, les tuiles de bronze doré qui formaient la toiture de la Rotonde. Depuis, on verra souvent les papes occupés à revêtir de plomb la coupole ainsi dénudée. C'est un travail de réfection et d'entretien dont on trouve la trace depuis Grégoire III, en 725, jusqu'aux pontificats de Martin V, d'Eugène IV et de Nicolas V qui appartiennent tous trois au xve siècle. Un souci qu'ont eu également les papes a été celui de débarrasser le portique des échoppes et des boutiques de petits marchands et d'artisans qui le déshonoraient. Eugène IV, Clément VII et Paul V se distinguèrent en cela par leur zèle. On s'y reprendra à bien des fois pour isoler le Panthéon, et ce ne sera qu'en 1823 qu'on verra la place nettoyée, et seulement en 1881 que l'édifice sera délivré des dernières constructions qui l'enserraient.

La partie de l'histoire du Panthéon qui nous intéresse le plus commence à la Renaissance, parce qu'elle se mêle alors à l'histoire de l'art. Tel que nous le voyons aujourd'hui, le monument présente à l'intérieur des dispositions très claires et qui n'ont jamais été changées. Élevé sur un plan circulaire et avec sa coupole, toute sa construction repose sur huit massifs de maçonnerie ou pieds-droits et sur des colonnes. On y voit quinze autels, sept grands, placés dans les enfoncements qui sont entre les pieds-droits, et huit petits, qui, appliqués à ces parties pleines, sont surmontés de tabernacles portés sur des colonnes plus petites. Au-dessus règne un entablement, et tout cela constitue la structure et la décoration du rez-de-chaussée. Plus haut se développe un grand bandeau, un attique percé de fenêtres couronnées de frontons et séparées les unes des autres par des compartiments de stuc de différentes couleurs. Puis, sur un second entablement, s'élève la coupole avec ses caissons. Cet ensemble de lignes et de formes est rehaussé par la richesse des matériaux. Pas une partie qui, d'abord, n'ait été bâtie ou ornée de marbres précieux, de métaux, de porphyre. Par ses dispositions générales et par son décor, le Panthéon a exercé la plus grande influence sur l'architecture moderne. On voit que depuis le commencement du xve siècle les architectes s'en sont inspirés ; mais on peut dire que la coupole même, considérée comme type, n'a pris toute sa valeur et développé extérieurement sa beauté que depuis que les artistes l'ont élevée sur le corps d'un édifice. A Rome, à partir de la construction de Saint-Pierre, elle a servi de modèle aux dômes nombreux qui marquent dans la silhouette de la ville. Enfin, c'est de l'assemblage des matériaux richement colorés qui décorent la Rotonde qu'est venu le goût de somptueuse polychromie lapidaire qui règne dans les églises d'Italie depuis la Renaissance.

A partir de cette époque, le Panthéon devient donc un objet d'étude pour les grands artistes. On sait assez ce que Bramante en a tiré. Raphaël, surintendant des édifices de Rome, l'aimait et sans doute était frappé de son aspect mystérieux et presque funéraire puisqu'il voulut y avoir son tombeau. Il avait conçu le projet de rétablir les monuments antiques et il avait fait, à ce sujet, un programme magnifique. Nul doute que le Panthéon ne fût compris dans ses prévisions. Il en a laissé deux dessins que M. le baron de Geymüller nous a fait connaître et qui ont le caractère d'une restauration. Alors, tout au moins, la façade devait être en assez mauvais état; car on sait que, depuis un temps indéterminé jusqu'au xvie siècle, il manquait trois colonnes à l'angle oriental du portique. Celui-ci fut encore compromis davantage quand Urbain VIII le dépouilla des bronzes que les barbares et après eux l'empereur Constant y avaient laissés. Et je n'ai pas à rappeler ce que dit Pasquin de cet acte de vandalisme.

Ce fut Alexandre VII qui compléta le vestibule. Il avait pour la Rotonde une admiration très vive.

Mais s'il fut bien inspiré dans sa prédilection pour
elle, tant qu'il s'agit d'en déblayer les abords et
d'en remettre la colonnade en état, il parut moins
heureux quand il fit étudier un projet pour orner
la coupole et pour vitrer l'ouverture qui est à son
sommet. En réalité, la Renaissance, si éprise des
anciens, prenait avec eux de grandes libertés. Nous
passons pour ne pas exagérer le respet. Cependant,
avec notre fidélité à l'histoire et nos scrupules
quand nous devons toucher aux œuvres du passé,
nous nous étonnons de voir comment les restes les
plus vénérables de l'antiquité étaient diminués et
compromis par ceux-là mêmes qui professaient pour
eux une sorte de culte. Chacun, à sa manière, y a
laissé sa trace. En ce genre, aucun dommage n'est
comparable à celui qui fut porté au Panthéon par
Benoît XIV. Son architecte, Paul Posi, refit à sa
manière la décoration de l'attique, et, pour agran-
dir et ouvrir les fenêtres simulées qui s'y voyaient,
il coupa les arcs de décharge placés immédiatement
au-dessus des colonnes. La conséquence de ce travail n'était que trop certaine : la coupole se cre-
vassa, mais heureusement sans fléchir.

A côté de ces entreprises, le plus souvent regret-
tables, combien le Panthéon n'a-t-il pas suscité de
travaux dignes de louanges ! Combien d'artistes et
de savants ne l'ont-ils pas étudié avec le seul désir
de faire ressortir ses beautés et d'en pénétrer la
raison. Raphaël n'avait pas été le premier à en tra-
cer une image. Avant lui, sous le pontificat de Paul II
en 1464, François di Giorgio Martini l'avait fait,

sans beaucoup de fidélité sans doute, mais obéissant déjà à un puissant attrait. Il est impossible de donner avec des mots l'idée de ces dessins des maîtres de la Renaissance si différents des nôtres par le caractère. Il faudrait en présenter ici des fac-similés. Qu'on sache donc seulement que Palladio et Serlio, que Jacques Sansovino, que Balthazar et Salluste Peruzzi entre tous, que Julien de San-Gallo, Antoine Dosio et Chérubin Alberti ont rivalisé pour le vieux monument d'admiration passionnée. Les critiques d'Antoine de San-Gallo le jeune n'ont rien ôté de sa valeur à ce concert d'enthousiasme. Depuis près de cinq cents ans le Panthéon est l'objet d'un hommage ininterrompu. Les livres et les dessins qui lui ont été consacrés composent un répertoire immense. Les architectes français y tiennent un rang honorable ; mais, à mon sens, ils devraient y occuper une place plus grande. Les ouvrages de Desgodetz et d'Isabelle jouissent, en la matière, d'une autorité incontestée et j'ai déjà parlé de la remarquable restauration d'Achille Leclère et d'autres documents originaux également inédits. Signés d'architectes qui comptent parmi les plus distingués de notre temps, ils sont déposés à la bibliothèque de l'École des Beaux-Arts et à la Bibliothèque nationale. En les consultant, on trouverait de nombreux relevés faits sur le monument même et des rendus exécutés, d'après ces données exactes, avec le plus profond sentiment du caractère antique.

En résumé, la bibliographie du Panthéon, livres

et documents figurés, peut se partager en quelques catégories. On y rencontre d'abord les études qui intéressent la théorie de l'architecture, études où l'on s'est efforcé de consigner, au moyen de mensurations plus ou moins fidèles, les proportions de l'édifice. Mais en même temps on voit paraître chez différents auteurs une autre tendance. Le travail auquel ils se livraient ne pouvait manquer d'éveiller en eux le sens critique. Plus leur examen était approfondi, et plus ils devaient être frappés des anomalies et des désaccords qui existent dans la structure du monument. Rien que l'association d'un portique à plates-bandes avec un édifice rond soulevait une question et voulait une date. Mais à côté du fait général, il y avait des faits de détail dont il fallait chercher l'explication. Ainsi, après avoir observé que le vestibule est détaché du reste et que son entablement meurt entre les deux corniches du tambour sans lien avec elles, on se demanda si le portique et la rotonde étaient contemporains et s'ils avaient été conçus d'un seul jet. On en vint à s'étonner qu'il y eût deux frontons, l'un surmontant un avant-corps de briques appliqué à la rotonde et presque entièrement masqué, et l'autre appartenant au portique de marbre, et que ce second, par son toit, vînt couper le premier à sa base sur une notable longueur. C'étaient autant de disparates qui provoquaient les contradictions et appelaient les commentaires. A ces problèmes que l'on hésitait à résoudre par respect pour l'antiquité, mais qu'on ne pouvait cependant supprimer, s'en ajoutaient d'autres qui réclamaient les lumières des archéologues. Comment reconstituer le Panthéon tel que le texte de Pline nous le fait concevoir ? Nul doute sur le portique où on lit encore le nom d'Agrippa. Mais qu'étaient les sculptures du fronton ? où étaient les chapiteaux en bronze de Syracuse ? à quel endroit et comment étaient placées les cariatides de Diogène ? Autant de questions qui, posées depuis longtemps, ne sont pas encore résolues ; et l'on verra pourquoi.

Mais un point sur lequel on n'a raisonné que plus tard, c'est sur la construction du Panthéon et particulièrement sur les conditions de stabilité de la coupole. Et c'est cependant un sujet important. En effet, cette voûte est immense, et elle est encore la plus vaste qui existe. Elle n'a pas moins de $43^m,42$ d'ouverture à sa base, sur 43^m12 de hauteur. Comment une pareille masse de matériaux est-elle tenue en équilibre depuis tant de siècles ? Il y avait là une question de construction qui méritait d'être approfondie, mais qui restait indécise.

Au Panthéon, on se trouve donc en présence d'un triple ordre de difficultés. L'édifice est-il le fait d'une conception unique ou est-il le résultat d'une juxtaposition, impliquant une date différente pour chacune des parties qui le composent ? Quel était l'édifice primitif, et comment le reconstituer en complétant ce qui existe au moyen des textes ? Enfin, par quels artifices si excellents la rotonde et la coupole ont-elles été bâties, qu'elles sont restées debout jusqu'ici ?

Sur les premières questions on n'a pu se mettre
d'accord. Beaucoup d'artistes et d'antiquaires,
parmi lesquels Palladio, Charles Fontana, Piranesi,
Hirt, Fea, Nibby et Canina ont discuté sur l'ad-
jonction possible du portique à la rotonde. Tandis
que, parmi eux, les uns pensaient que la rotonde
était plus ancienne que le vestibule, et que quelques-uns restaient dans le doute, d'autres con-
cluaient à l'unité du monument et l'attribuaient à
Agrippa. Toutes les raisons que l'on peut apporter
à l'appui de cette conclusion ont été présentées par
Fea dans un livre publié d'abord en 1807, puis en
1820 sous ce titre décisif : *L'integrità del Panteon
rivendicata a Marco Agrippa.*

Non moins nombreux sont ceux qui ont pris à
cœur de restaurer le Panthéon conformément au
témoignage de Pline. On avait bien pu concilier les
textes, mais il était plus difficile de mettre les textes
d'accord avec les faits. Si je ne craignais d'abuser,
je citerais les architectes qui, comme Serlio, se sont
joints aux savants pour s'occuper des chapiteaux
de bronze; et ceux aussi qui ont travaillé sur les
cariatides. Il suffira de dire sommairement quelles
sont, sur l'un et l'autre sujet, les solutions qui ont
été proposées. On ne sait pas bien ce qu'était le
bronze syracusain, quelles étaient sa couleur et ses
ressources; mais on a supposé que les chapiteaux
de ce métal appartenaient aux tabernacles, et
qu'après les incendies ils avaient été remplacés par
des chapiteaux de marbre. Quant aux cariatides, il
y en a, parmi nos auteurs, qui pensent qu'elles ont

été enlevées par Boniface IV, mais alors on ne voit pas d'où elles auraient été extraites. Quelques autres s'en sont servis pour remplacer les colonnes des tabernacles, mettant ainsi la statue de l'autel entre deux figures de même grandeur, ce qui serait une faute. Certains d'entre eux les établissaient sous le vestibule soit sur les colonnes de la nef du milieu, soit dans les entre-colonnements. Enfin il en est qui les ont rangées sur l'attique, leur faisant ainsi porter l'entablement supérieur d'où part la coupole. Ce fut l'opinion de Winckelmann et c'est celle de M. Frédéric Adler. Suivant ce savant architecte, au-dessus des pieds-droits et des enfoncements formant chapelles, et, interrompu seulement par la niche du maître-autel et par la porte, aurait régné un entablement sans ressauts. Les cariatides y eussent été placées à l'aplomb des colonnes; et cette opinion est celle qui a généralement prévalu.

La construction était ce dont on s'était le moins occupé, soit qu'on crût la mieux connaître que le reste, soit qu'elle intéressât moins, ici, que l'esthétique et l'histoire. J'ai dit que l'édifice repose sur huit piliers; et l'on pensait que, conformément à ce que l'on observe dans plusieurs monuments romains, ces massifs de soutien étaient formés sur leurs deux faces de larges murs de brique, et que l'intervalle qui séparait ceux-ci était rempli d'un blocage de petits matériaux. On connaissait bien les arcs qui vont d'un pied-droit à l'autre; ces arcs ont toute l'épaisseur du tambour et se voient au dehors. Quant à la coupole, on imaginait qu'elle était soutenue par

une suite de nervures allant de sa base à son sommet, et se reliant à différentes hauteurs par des
couronnes de maçonnerie concentriques. Mais aussi
on avait en grande considération le dessin de Piranesi qui figure, dans la voûte, des arcs curvilignes
placés à une certaine hauteur, mais cependant sans
points d'appui. Il y avait encore d'autres solutions
qui, bien qu'elles fussent hypothétiques, ont été
souvent répétées. D'ailleurs, on croyait la voûte
construite en matériaux légers, par conséquent,
moins forte qu'elle n'est et incapable de porter des
ornements de métal. On savait bien qu'entre la voûte
intérieure et sa paroi extérieure il existait un vide,
et que des arcs-boutants maintenaient l'écartement
des deux enveloppes; mais on ne savait point par
quel artifice de construction la voûte intérieure se
déchargeait sur ces contreforts.

Pour tout ce qui touche à la partie archéologique
du sujet, personne ne connaît mieux et n'a plus
parfaitement exposé l'état présent de la science que
M. le commandeur Lanciani, le nouveau correspondant de l'Institut. En possession d'une érudition
immense et plus versé que personne dans la connaissance des antiquités romaines, il a consigné
dans des mémoires publiés soit dans les *Notizie
degli scavi di antichita,* soit dans le *Bollettino
della Commissione archeologica comunale di
Roma,* le résultat de ses études sur le Panthéon.
Ces travaux sont des modèles de méthode et de
clarté. Pour lui, il n'hésite pas à penser que le portique et la rotonde, tels qu'ils existent aujour-

d'hui, ne sont pas entrés ensemble dans la conception du premier édifice, et cela par des raisons tirées des discordances architectoniques dont il a été parlé et qu'il fait ressortir avec évidence. Il y a là, selon lui, un problème à résoudre; et historiquement, il y a même un mystère qui vient de ce que les briques trouvées autour du monument et jusque dans l'avant-corps, qui est entre la rotonde et le portique, sont du temps d'Adrien. Une invitation à faire des recherches nouvelles, telle est, en somme, la conclusion de l'éminent archéologue.

Même invitation, même appel en ce qui concerne la construction. Quels moyens avaient été particulièrement employés pour élever la coupole? Un ingénieur qui est en même temps un esthéticien des plus délicats, M. Choisy, avait reconnu l'importance des questions qui se posaient à propos de cette voûte, « pour laquelle, dit-il, une durée de dix-neuf siècles semble être la meilleure garantie des procédés employés pour la bâtir ». Et il ajoutait que « les connaissances de ces méthodes fourniraient une donnée précieuse pour l'avancement de l'art de bâtir et un fait important pour l'histoire de l'architecture antique ».

Et avant d'aller plus loin, je résume encore l'état des idées sur le Panthéon: doute sur son unité; croyance à l'antériorité probable de la rotonde par rapport au portique; désir de connaître le système de construction employé pour la coupole et ayant assuré sa durée.

C'est ici que se place l'heureuse intervention d'un

pensionnaire de l'Académie de France, de M. Chedanne. Le règlement de l'Académie porte que, dans
la dernière année de son séjour en Italie, le pensionnaire architecte exécutera la restauration d'un
édifice antique, travail comprenant un état actuel
et un état restauré de cet édifice. Un mémoire historique et justificatif sera joint à ces dessins. Je croi-
rais amoindrir mon sujet en ne disant pas que
l'idée de ce bel exercice est due à Colbert. En tout
cas, l'artiste choisit librement le monument qu'il
veut restituer ; M. Chedanne a porté sa préférence
sur le Panthéon.

Maintenant, voici dans quel ordre il a procédé, et
la méthode qu'il a suivie n'est pas le moindre intérêt qu'offre son travail ; elle en est, en partie, la
moralité. Il a commencé par relever le plan du
monument. Bien d'autres architectes l'avaient fait
avant lui. Mais M. Chedanne le recommença en
y portant une attention extrême ; et ses mesures,
prises avec un soin minutieux et soumises à maintes vérifications, lui donnèrent un premier et important résultat. Jusqu'ici, on avait distingué dans
le Panthéon le gros œuvre et la décoration. On
pensait que la construction avait d'abord été faite
de manière à se suffire à elle-même et que, après
cela, on avait appliqué sur le massif de maçonnerie
une ordonnance architectonique indépendante et
constituant un simple placage. C'était l'opinion de
Viollet-le-Duc, et elle avait grand crédit. Dans ces
conditions, les deux éléments n'eussent pas été dans
une corrélation intime. Mais, le plan une fois dressé,

M. Chedanne reconnut, par la direction d'axes encore inexactement déterminés avant lui, que la construction et le décor formaient, sur le sol, un tout parfaitement uni, s'ordonnaient suivant des lignes identiques. Il s'arrêta à cette constatation, qui était une première découverte, et il en conclut qu'une pareille unité, si elle existait dans le plan, devait se retrouver dans l'élévation et dans toutes les parties de l'édifice. Cette vue si logique était bien celle d'un véritable architecte. Elle est conforme aux plus saines théories de l'art; elle devait bientôt se vérifier.

Depuis longtemps déjà, on remarquait, en quelques places, à la base de la coupole, des traces d'infiltration. Elles existaient à droite et à gauche de l'autel principal. Elles appelaient une réfection prochaine des enduits salpêtrés. Mais comment l'opérer? Il appartenait à l'administration d'y pourvoir. Appuyé par deux amis, qui sont l'un et l'autre membres du parlement italien et éminents architectes, M. le comte Sacconi et M. Luca Beltrami, M. Chedanne obtint que la restauration des caissons, restauration nécessaire, fût entreprise. On y procéda sous ses yeux et, le 20 mars, après que le revêtement endommagé par l'humidité eût été abattu, on vit aussitôt que la coupole repose sur une série de petits arcs encore ignorés et en même temps que ces arcs retombent rigoureusement, au moyen de piliers, sur l'axe des colonnes du rez-de-chaussée. De plus, ces arcs sont, non pas inclinés comme la voûte, mais dans une direction verticale. Que conclure de là ? C'est que ce système d'arceaux sert d'appui à la coupole et de lien entre celle-ci et le corps du monument. C'est enfin, à un point de vue plus général et non moins important, c'est qu'au Panthéon, la construction et la décoration font un tout indissoluble et que les colonnes ne sont pas un simple ornement, mais qu'elles soutiennent, en partie, l'édifice.

On le comprend aisément : les arcs découverts par le jeune architecte supportent la partie voûtée ; ceux dessinés par Piranesi, et indiqués beaucoup plus haut, ne reposaient sur rien. Ils étaient suspendus et ils épousaient la forme de la coupole. Ils pouvaient aider à en maintenir la courbure, mais non pas en assurer la stabilité. Ils étaient inutiles à l'ensemble.

On vit aussi, quand les enduits eurent disparu, non seulement que les caissons sont bâtis avec la voûte, mais que la voûte elle-même est construite en matériaux parfaitement réglés, en grandes briques et non pas en un blocage de matériaux légers, comme on tendait à le penser. De plus, on trouva au centre d'un des caissons mis à nu un crampon de bronze, indiquant qu'à cette place une rosace ou tout autre ornement de métal avait pu se trouver fixé.

Enfin, M. Chedanne, après qu'il y eût été autorisé par le Ministre de l'instruction publique d'Italie, qui comprit tout d'abord l'importance des découvertes de notre pensionnaire, M. Chedanne tira d'un des arcs mis à jour quelques briques et il y trouva des marques concordantes qui rapportaient la construction de cette partie de l'édifice au règne d'Adrien.

Était-ce un détail et le fait d'une restauration datant du IIe siècle? Il fallait s'en assurer. Les autorisations nécessaires furent libéralement accordées. La maçonnerie fut interrogée à différentes hauteurs et jusqu'à sa base; et partout les briques se trouvèrent d'accord pour attester par écrit que c'était, non pas au temps d'Auguste, mais à l'époque d'Adrien qu'il fallait attribuer la construction de la rotonde du Panthéon.

Telles sont jusqu'ici les découvertes de M. Chedanne et on en voit les conséquences: unité organique de l'édifice dans lequel le système de la construction est intimement lié à la décoration; arcs de la coupole servant de lien entre les parties hautes et les parties basses de l'œuvre; obligation d'admettre que le Panthéon est une construction qui ne remonte ni à la république, ni à Agrippa, mais qui appartient à Adrien; et, par suite, nécessité de reconnaître que ce n'est pas le portique qui a été ajouté à la rotonde, mais bien la rotonde qui a été accolée au portique.

Ce sont là des résultats importants. Évidemment la lumière jetée par ces faits nouveaux sur l'histoire et sur la technique de l'architecture est grande. Les théories les mieux fondées en raison en souffrent quelque dommage. Il ne resterait plus de l'œuvre d'Agrippa que le vestibule et son fronton. Mais à côté de l'inscription gravée par le fondateur, il y en

a une autre, celle de Septime-Sévère et de son fils.
Comment comprendre celle-ci? Quelle sorte de restauration fut exécutée par les deux empereurs pouvant rappeler le premier édifice? Sur ce sujet, un
vaste champ est ouvert aux conjectures et M. Chedanne pourrait s'y aventurer.

Mais la nature de son travail lui impose une ré-
serve extrême, et il ne paraît pas disposé à s'en
départir. Il ne veut rien avancer que sur preuves
formelles : c'est ainsi que doit être conduite une
restauration. Rechercher dans un monument les
témoignages de son état passé, et après avoir reconnu
ce qu'il en reste à la surface du sol, fouiller ses
substructions, retrouver en terre quelque pan de
muraille ou la place d'une colonne, utiliser des
fragments en les remettant au lieu qu'ils devaient
logiquement occuper, en résumé, partir de l'état
actuel pour remonter de fait en fait à l'état ancien
tel est l'ordre que doit suivre notre architecte dans
l'œuvre qu'il poursuit. Il y apporte l'intelligence et
l'amour de son art, la connaissance de toutes les
parties que l'architecture embrasse. Son esprit est
pénétrant et réservé; il a les qualités qui inspirent
la confiance et la sympathie.

Ces sentiments, il les a rencontrés à Rome de la
part des artistes italiens, et chez les hommes qui
sont placés à la tête des grands services de l'État.
Le Ministre de l'instruction publique, qui était alors
M. Villari, le sous-secrétaire du même départe-
ment, M. le comte Pullè, les deux directions des
arts dans la personne de leurs chefs éminents,

M. Barnabèi et M. Buongiovannini, n'ont pas ménagé au jeune artiste les marques d'intérêt. Comprenant aussitôt la valeur et la conséquence de pareils travaux pour l'art, pour l'histoire et pour l'archéologie, le ministère a pris une part effective à l'œuvre commencée : il en a assumé les frais. Sans doute le même concours nous sera prêté par l'administration éclairée de M. Martini. De la sorte, le fruit des découvertes est mis en commun et le profit en est pour la science. De tels faits honorent hautement un pays et excitent en nous une vive gratitude. Ils portent nos pensées dans une sphère meilleure où toute division s'efface et où les esprits faits pour travailler à la vérité sont heureux de se rencontrer et de s'entendre.

Les travaux du Panthéon se poursuivent et plusieurs faits de détail apparaissent sans qu'on puisse en tirer encore de conclusions certaines. Après avoir reconnu que la rotonde était postérieure au portique, une idée se présentait naturellement à l'esprit : c'est que, s'il restait d'autres vestiges du temple élevé par Agrippa, on devait les rencontrer sous le sol actuel du Panthéon. Pour s'en assurer, une excavation a été pratiquée, sous une dalle désignée par M. Chedanne comme étant dans la direction présumée du mur de la *cella* primitive, et on y a trouvé, à côté de blocs de tuf laissés en désordre, un pavage antique de marbre encore en place à plusieurs endroits. Au-dessous s'étend une aire de béton et plus bas une nappe d'eau. Des sondages opérés extérieurement et dans le voisinage du *laconicum* ont fait voir la même aire bétonnée et la même couche d'eau. Celle-ci donnant partout à sa surface un niveau constant, on a établi sans peine la profondeur relative des différents sols existants et mis au jour par la fouille. Ainsi le pavé de marbre retrouvé à l'intérieur est à $2^m,13$ en contrebas du vestibule, et s'il en est ainsi, comment communiquait-on du portique aux autres parties du temple? Sans pousser plus loin, on voit que, dans l'état présent des choses, il est difficile d'émettre une opinion.

Néanmoins, quels que soient les faits inattendus que les fouilles doivent nous révéler, la part de découvertes qui revient à M. Chedanne est assez importante pour qu'on ne tarde pas davantage à la faire connaître. Quant aux conséquences, après ce qui vient d'être rapporté, il faut renoncer à beaucoup d'idées reçues et la science elle-même est changée sur plus d'un point. Si l'on reconnaît aujourd'hui que l'édifice circulaire est d'Adrien, plusieurs des questions qui ont le plus occupé les savants deviennent moins difficiles à résoudre. D'abord, je le redis, il ne faut plus attribuer la rotonde au temps de la république. Aussi bien, était-il difficile d'admettre que l'architecture romaine eût, en quelque sorte, débuté par cette œuvre sans précédent, par une construction aussi considérable et aussi belle sans qu'il en eût été fait mention. Aujourd'hui, on comprendra mieux qu'après maintes entreprises qui introduisirent à Rome les formes de l'architecture orientale et sous un empereur architecte et éclectique comme Adrien, le Panthéon ait été exécuté avec la perfection où nous le voyons. D'ailleurs, on le croit encore, c'est de l'Asie et non de l'Italie, c'est de la Mésopotamie qu'est venu l'art de faire des massifs de briques et de matériaux comprimés et de les revêtir de parements de marbre, ou d'albâtre comme cela se pratiquait dès une haute antiquité dans le palais des rois d'Assyrie. De pareilles masses de matériaux dans lesquelles le bois n'entrait pour rien à Rome étaient à l'abri du feu. Cette considération, que j'ai déjà émise, on peut l'opposer à ceux qui voudraient qu'Adrien eût rétabli le Panthéon dans son état primitif. Comment, étant dépourvu de tout élément combustible, le premier temple aurait-il été incendié? Il semblerait que la réfection de l'an 123 eût été, en partie du moins, une création.

Dans ces conditions, nous nous arrêtons avec hésitation devant les textes de Pline. Ne sont-ils pas plus vieux que le Panthéon actuel de près d'un siècle? Ces textes ont été étudiés avec une persévérance infatigable; ils sont l'objet d'un grand respect. Mais peut-être a-t-on étendu outre mesure leur signification? Non seulement on tient compte de ce qu'ils disent et on l'accepte; mais, même en présence du monument, on croit devoir admettre, comme attesté par eux, ce qu'ils ne disent pas. Pline parle d'un temple. Il fait mention d'un fronton, de cariatides, de chapiteaux de bronze; mais nulle part d'une rotonde et d'une coupole, chose cependant digne de remarque. Cette voûte si vaste devait être, même à Rome, quelque chose qui méritait l'attention. En tout cas, rien de ce que rapporte l'auteur ne s'accorde avec ce qui existe. Mais si l'on veut bien penser qu'il voyait et décrivait un autre édifice, tout se simplifie. Alors le temple, un octostyle, se développe suivant les règles de Vitruve et la *cella* répond logiquement à l'ordonnance du vestibule. L'intérieur est divisé en trois nefs par des colonnes dont les chapiteaux sont de bronze. Les colonnes du milieu forment un premier ordre et elles portent des cariatides sur lesquelles la charpente vient poser. Cette partie de l'œuvre a pu brûler, les poutres n'étant pas seulement de bronze, mais de bois recouvert de métal. L'incendie a pu être allumé par la foudre; il a pu aussi être concentré dans la *cella* et le portique rester intact. Voilà ce qu'il serait permis de penser du premier Panthéon, en concluant de ce qu'il en reste à ce qui en a péri; et peut-être les découvertes à venir viendront-elles justifier ces conjectures.

Quant au texte de Dion Cassius, il s'appliquerait aux choses de son temps. Pline était mort en 79. Dion, qui était né en 155, a certainement vu le monument dans un état différent de celui que Pline a décrit. Depuis lors, le Panthéon avait été brûlé et rétabli deux fois. Les restaurations très fidèles telles que nous nous efforçons de les exécuter aujourd'hui n'étaient guère plus dans les habitudes des anciens que les copies serviles; et chaque empereur devait être tenté de mettre du sien dans ce qu'il reconstruisait. Dion vit le Panthéon tel qu'il était sous Septime-Sévère, et c'est de celui-là qu'il a parlé. Mais cette réfection venait après celle d'Adrien et malgré l'inscription dont il a été parlé plus haut, peut-on la considérer comme ayant reproduit avec une rigoureuse exactitude le temple bâti ou consacré par Agrippa?...

Mais je discute, j'émets des suppositions et des doutes, et je n'ai point qualité pour cela. Qu'on m'excuse. Tout ce que je puis dire, c'est que les découvertes de M. Chedanne me semblent simplifier la tâche des archéologues et leur enlever un grand souci : celui de faire cadrer les indications fournies par Pline avec la réalité présente, celui de faire entrer dans un édifice postérieur en date ce qui appartenait à un édifice plus ancien.

Ce que le travail dont nous nous occupons a aussi de particulier, c'est que l'auteur y est parti de l'étude de la construction. Il n'a pas été ébloui par les beautés de son modèle au point de n'en voir le complément que dans sa propre imagination. Il a voulu en connaître la raison profonde. Il n'a pas eu la prétention d'interpréter les textes : cet art n'est pas le sien. Il se borne à déchiffrer les débris du passé et à interpréter les formes architectoniques, ce qui constitue une épigraphie et une philologie spéciales. Maintenant que les marques empreintes sur les matériaux ont fourni leur témoignage, il continue son œuvre technique en recherchant dans les substructions les vestiges des fondations anciennes et la condition statique des

constructions actuelles. Ensuite, il achèvera son
œuvre en poursuivant ses investigations jusqu'au
sommet de la coupole. Plus tard, et seulement
lorsqu'il en aura bien reconnu et pénétré l'organisme intime, il revêtira l'édifice de ses ornements.

La méthode est rationnelle, et, à ce propos, je
veux appeler l'attention sur cette disposition d'esprit du jeune architecte. Ce n'est pas l'opinion
généralement reçue que les élèves de l'École des
Beaux-Arts et particulièrement ceux qui obtiennent
le prix de Rome aient une grande prédilection
pour l'étude de la construction. A entendre les
détracteurs de l'institution, ce qu'on peut attendre
de nos pensionnaires, ce sont surtout de belles
aquarelles. Mais ils ne se bornent pas à cela et les
personnes prévenues contre eux ne suivent pas
d'assez près ce qui se fait rue Bonaparte. Depuis
vingt-cinq ans, l'enseignement de la construction
y a pris une place considérable : il embrasse au
moins deux années. Après que les voies lui eurent
été préparées par le vénérable M. Jay et qu'il eut
été déjà développé par le baron Elphège Baude, il
a été porté très haut par un artiste de premier
ordre, Emmanuel Brune. Élève distingué de l'É-
cole polytechnique et, bientôt après qu'il en fut
sorti, grand prix d'architecture, Brune, quand il
fut appelé à professer à l'École des Beaux-Arts,
déploya dans son cours la double intelligence et la
double autorité de l'ingénieur et de l'architecte. Sa
mort récente et prématurée a laissé un grand vide.

Mais son successeur conserve pieusement l'esprit de ses leçons, esprit de principes rigoureux et de mesure, doctrine qui ne fait pas plus fléchir la science qu'elle n'entrave le sentiment. Mais ce que Brune a laissé après lui, c'est une génération d'architectes formés d'après ces idées, également préoccupés de l'art de bâtir et de l'art de décorer et ne les séparant jamais, parce qu'ils sont inséparables dans les chefs-d'œuvre. Ainsi Brune a été un maître véritable ; il a formé des disciples convaincus, et, parmi eux, les pensionnaires de l'Académie restent au nombre des plus fervents.

Une évolution très importante s'est donc opérée dans notre école. On n'y descend pas, et comme par grâce, de l'esthétique aux considérations positives de la construction; on s'y élève de la construction attentivement consultée à l'histoire et à l'esthétique. Quand on calculera les arcs récemment trouvés au Panthéon, on verra probablement que, sans eux, les belles proportions de la coupole n'eussent pas été obtenues. Tant il est vrai que la disposition des matériaux suivant certaines lois est la raison tangible de ce qu'il y a de plus immatériel dans l'impression que nous ressentons devant un édifice.

Que les recherches continuent donc ! Qu'elles nous apportent de nouveaux enseignements et encore quelques-unes de ces briques qui semblent déposer sur la foi d'un serment ! Qu'elles nous donnent des dates irrécusables et des points de repère évidents ! Que la lumière soit plus complète !

Nous la recevrons avec respect, mais peut-être
avec quelque tristesse. Il y a parfois dans les découvertes une sorte de désillusion. Il semble
qu'elles nous dépouillent d'une partie de nous-
mêmes en nous enlevant des sujets d'initiative et
en rabattant nos imaginations. Le vrai, d'ordinaire, est si simple! Et puis, ce n'est pas sans regret qu'on renonce à des idoles, à ces idoles dont
parle Bacon, qui sont un héritage de ceux qui nous
ont précédés et qui tiennent à ce qu'il y a de plus
profond en nous. On ne s'en désintéresse pas. Cependant, elles tombent; mais elles laissent comme
des décombres après elles. La voie en est obstruée
et les jeunes vérités ont peine à cheminer à travers
ces débris. Elles sont à nous, pourtant, et nous
hésitons; on dirait que leur possession nous décou-
rage. Est-ce donc fini? non certes! Nous aurons
toujours à pénétrer des mystères. Et d'ailleurs, la
vérité ne nous suffit pas toujours; nous voulons
aller au-delà et, en présence de certaines consta-
tations formelles, l'esprit conserve toujours ses
droits à l'hypothèse.

Quant au Panthéon, ce ne sera pas la première
fois que des faits de la nature de ceux que l'on y
a constatés se seront produits à Rome. L'histoire
s'y fait et s'y défait sous nos yeux. Il y a des imitations de la vérité, imitations logiques et sincères
qui nous captivent. Mais quand la réalité qui leur
manque apparaît, elles s'évanouissent en un instant. Parmi les découvertes de la seconde moitié
de notre siècle, aucune ne nous a plus frappé que

celles du Forum. Jusqu'au moment où il a été mis à nu, on en jugeait par quelques colonnes qui surgissaient du sol, par quelques traces de la Voie Sacrée, par des arcs de triomphe, témoignages imposants, mais sans lien. Sur cela, l'imagination se donnait carrière. Les conjectures se multipliaient, on faisait des restaurations idéales, on échangeait des polémiques. Puis, les fouilles sont venues et on a vu un ensemble du Forum qu'on n'avait pas soupçonné. C'était bien ainsi qu'il avait été à une époque donnée et cela n'était pas sans grandeur. Mais je crois qu'à partir de ces vastes déblais il s'est fait plus de silence autour de lui. On regarde cette paléontologie étalée sous les yeux, plus froidement qu'on ne faisait la ruine incertaine. On ne s'y aventure plus sans un guide et il se passera longtemps avant qu'on y vienne rêver.

Mais c'est affaire de sentiment et non pas de raison ; car quel plus grand bonheur pour nous que de savoir et de comprendre ! Si quelques vérités ne s'acceptent pas sans un instant de mélancolie, cependant nous ne sommes pas plus ingrats envers ceux qui les ont trouvées que nous ne nous montrons injustes pour les savants travailleurs qui s'en sont écartés. Et pour revenir à mon sujet et pour conclure, je m'arrête à un passage de l'ouvrage de M. Frédéric Adler dont j'ai déjà parlé, passage qui contient une excellente théorie et qui restera prophétique. L'éminent architecte a été empêché de visiter le Panthéon autant qu'il l'eût désiré. Il s'en plaint et il dit : « Aucun édifice ne peut résister à l'analyse méthodique de son organisme. Chaque monument raconte lui-même son histoire au savant praticien qui est compétent et qui cherche et fouille. C'est souvent un chagrin pour le monument; mais c'est une joie pour l'artiste. »

C'est bien là ce qui est arrivé au Panthéon. Je ne sais si le monument et ses admirateurs en seront attristés; mais en attendant d'avoir dit son dernier mot, M. Chedanne a lieu d'être satisfait.

Il y a bien plus encore. Ces découvertes, qui occupent le monde savant, rendent un bon témoignage des études des pensionnaires de l'Académie de France. Elles font à l'institution un honneur qui rejaillit sur notre pays. M. le ministre des beaux-arts l'a reconnu : il vient de donner à M. Chedanne une misison qui lui permettra d'achever sa restauration à Rome.

P. S. — Les résultats signalés dans la notice qu'on vient de lire ont été pleinement confirmés par le jugement des artistes et des savants. M. Chedanne y a beaucoup ajouté dans le détail par les beaux dessins au moyen desquels il a rendu compte de ses recherches. Ces dessins, qui ont figuré au Salon de Paris et qui ont fait le plus grand honneur au jeune architecte, seront revus à la prochaine Exposition universelle. Il serait désirable qu'à cette occasion l'auteur nous présentât une partie de ses découvertes qui ne le cèdent en rien à celles que je viens de faire connaître. Par une observation attentive du vestibule du Panthéon, M. Chedanne est arrivé à déterminer les dispositions de l'édifice primitif. La hauteur du fronton pour sa longueur et les entre-colonnements appartiennent à une autre ordonnance que celle que semblent indiquer les huit colonnes du frontispice. C'est d'une ordonnance decastyle, c.-à.-d. de dix colonnes, qu'il s'agirait. Des substructions trouvées à droite et à gauche de la façade et dans son alignement eussent porté une première et une dixième colonne. Dans ces conditions, les rampants du fronton étant redressés de manière à aboutir à ce point de départ et à ce point d'arrivée, le fronton lui-même se présenterait dans des rapports canoniques avec l'ensemble. Une dernière démonstration de cette vérité est fournie par les modillons sur lesquels la corniche du fronton repose. Dans l'état actuel ils sont inclinés et lorsque la corniche est relevée à la demande de l'ordonnance, ils deviennent verticaux, ce qui est conforme à la règle de Vitruve. Que faudrait-il en conclure? C'est que, sous le règne de Septime-Sévère, le vestibule de l'ancien Panthéon a été réduit aux dimensions dans lesquelles nous le voyons aujourd'hui, cela par un travail hâtif qui n'a laissé subsister de l'ancien édifice que des restes appliqués à la rotonde. Cela expliquerait et les anomalies dont nous avons parlé et l'inscription par laquelle Septime-Sévère et son fils disent avoir rétabli dans son premier état l'ancien Panthéon. Ils l'ont en effet repris en le mutilant, mais il en reste assez pour permettre de comprendre les dispositions premières, et c'est un travail que M. Chedanne fera quelque jour et qui sera encore tout à son honneur.

LES RUINES DE PALMYRE

ET

LEUR RÉCENT EXPLORATEUR

(*Revue des Deux Mondes* du 15 juillet 1847.)

I

La chute de Palmyre est un des faits les plus marquants du IIIe siècle de notre ère : elle date de l'an 273. Arrivée à un moment où les invasions des barbares, les guerres civiles, les persécutions religieuses et le meurtre incessant des princes reviennent, dans les annales du monde romain, avec une sombre uniformité, elle jette un éclat imprévu, elle frappe l'imagination : car non seulement, dans la réalité, la catastrophe est mémorable, mais il s'y ajoute encore un intérêt de sentiment. Une sympathie rétrospective s'attache à Zénobie qui, après que Palmyre fût devenue la capitale de son royaume, l'entraîna dans sa ruine. Zénobie n'a pas à craindre l'oubli : sa vie est devenue légendaire et son nom est entouré d'une célébrité poétique.

C'est le privilège des femmes quand elles sont mêlées à de grands événements, soit qu'elles les dominent, soit qu'elles y succonbent, d'émouvoir l'attention et souvent de passionner l'histoire. Triomphantes, on les exalte; abattues, on les plaint et, au besoin, on leur pardonne. A distance, leur caractère et leur beauté exercent encore un charme; et si éloignées qu'elles soient de nous dans le temps, elles sont comme ces beaux marbres antiques qui restent à nos yeux tout pénétrés de lumière.

C'est ainsi que nous apparaît Zénobie, brillante en dépit de ses malheurs. Elle était mariée à Odeynath, prince de Palmyre, qui jouait alors en Asie un rôle considérable. Pour elle, son origine était illustre : elle descendait des Ptolémées et aimait à rappeler qu'elle était de la race de Cléopâtre. Sa chasteté seule pouvait démentir cette parenté : elle était la plus noble femme de l'Orient et elle en était la plus belle. Son courage et sa hauteur d'esprit étaient d'une héroïne. Néanmoins Trébellius Pollion, en écrivant sa vie, ne la loue qu'à regret. Il lui fait une place dans son histoire des Trente tyrans, et il se plaint d'être obligé d'y introduire une femme. Il s'en excuse sur les malheurs du temps. Mais en dépit de lui-même, il ne peut échapper à la séduction et finit par nous donner de la reine un portrait magnifique.

Cette époque fut extrêmement troublée. L'empereur Valérien, vaincu et fait prisonnier par Sapor Ier, roi de Perse, traînait, au milieu des outrages, les dernières années d'une vie d'abord heureuse; et cependant son fils Gallien, qui lui avait succédé, se livrait à la débauche et ne faisait rien pour le sauver. Le règne de Gallien a gardé dans l'histoire un caractère odieux. La dignité impériale était abaissée et l'intégrité de l'empire compromise. Ce n'était plus le temps où Rome exerçait son prestige sur les barbares, tantôt en les attirant ou en les transportant sur son territoire, tantôt en les organisant au dehors en qualité d'alliés, d'hôtes ou d'amis. Alors, ces peuples, formés au nord en confédérations puissantes et constitués à l'orient en États indépendants, débordaient de toutes parts et forçaient les frontières. Volontiers, Gallien eût laissé les invasions désoler les provinces. Sans autre souci que celui de ses plaisirs, il voyait les séditions militaires lui donner des compétiteurs : l'histoire des Trente tyrans est consacrée à ces princes éphémères, presque tous destinés à une mort violente. Lui, au milieu de ces tragédies, s'en tirait par quelques mots d'un optimisme cynique. Parfois, cependant, il était obligé de prendre les armes. Mais il se contentait de combattre sur le Danube, et, tandis que quelqu'un de ses rivaux défendait les Gaules, il s'en remettait à Odeynath, son légat consulaire, du soin de protéger la Syrie, que les Perses enhardis menaçaient toujours.

Odeynath était un grand homme de guerre. Violent chasseur, il s'était endurci à toutes les fatigues et son audace était extrême. Après la défaite de Valérien, il ne laissa aucun repos à Sapor qui avait pillé la Syrie et se retirait chargé de butin. Il lui enleva ses trésors et ses femmes. A deux reprises il le poursuivit jusqu'à Ctésiphon, sa capitale, dont on croit même qu'il s'empara. Zénobie, non moins intrépide que son mari, l'accompagnait dans ses chasses et prenait part à ses actions de guerre. Dans un temps où tout le monde se croyait digne d'être empereur, il n'eut point la tentation de le devenir et resta un allié fidèle. Gallien l'en récompensa en lui confiant le commandement de toutes les armées romaines d'Orient et finit par lui décerner les titres d'empereur et d'Auguste. Odeynath les partagea avec Zénobie et avec son fils Hérode, qu'il avait eu d'un premier mariage. Il était donc régulièrement investi des dignités suprêmes et ce serait une erreur de Trébellius Pollion de l'avoir mis au nombre des Trente tyrans. Les historiens qu'on peut appeler contemporains nous font bien connaître ce prince : sa gloire repose sur des faits incontestés. Mais si nous consultions les chroniques postérieures, celles de Georges le Syncelle, de Malaba et de Philostrate le jeune, nous y trouverions sur lui des légendes qui touchent à la fable. Si intéressantes qu'elles soient, nous devons les écarter d'un récit rapide.

Bientôt Odeynath périt assassiné et Hérode avec lui. Le meurtre était si habituel dans les familles princières, que Zénobie fut accusée, mais sans preuve, d'avoir trempé dans la conspiration qui mit fin aux jours de son mari. Cependant, aussitôt qu'il fut mort, elle prétendit lui succéder et se mit à gouverner sous le nom de son fils aîné Whaballath. Pour cela, elle s'autorisait des titres d'impératri

et d'Auguste qui jusque-là ne lui avaient pas été
contestés. Gallien, ne l'ayant point reconnue en ces
qualités, envoya contre elle une armée qu'elle défit ;
et pendant le règne de Claude II, tout occupé à la
guerre contre les Goths, elle resta, sans être in-
quiétée, maîtresse de son royaume. En vain, dans
leurs acclamations, les sénateurs de Rome adju-
raient-ils l'empereur de les délivrer des Palmyréniens, de Zénobie et d'une autre usurpatrice nommée Victoire, qui battait monnaie dans les Gaules.
Loin d'être attaquée, elle put ajouter à ses posses-
sions l'Égypte et une partie de l'Asie Mineure. Elle
se montre donc à nous comme la fondatrice d'un
royaume qui, d'une part, confinait à la Perse, et, de
l'autre, embrassait les pays qui bordent l'extrémité
orientale de la Méditerranée. Palmyre était la capitale de ce nouvel État et les richesses y abondaient.

Dans son personnage de reine de l'Orient, Zénobie déployait un faste extrême, se faisant rendre le
même culte dont les rois de Perse étaient honorés,
imitant en même temps le cérémonial observé à la
table des empereurs, buvant dans des vases d'or enrichis de pierreries dont on disait que Cléopâtre
s'était servie. Et aussi elle haranguait les troupes.
Elle paraissait alors le casque en tête, vêtue d'une
robe de pourpre et souvent le bras nu. Et ici vraiment l'historien subit le charme. Non sans complaisance, il nous la dépeint : son teint a la couleur du
plumage de l'aigle ; elle a les yeux noirs et d'une
vivacité extraordinaire, une animation divine, une
grâce incroyable ; ses dents sont si blanches qu'on

les prendrait pour des perles. Vaillante, elle va souvent à cheval et peut faire à pied plusieurs milles avec son infanterie. Puis nous la voyons sagement libérale et usant à propos de sévérité ou de clémence. Et enfin l'auteur nous la montre lettrée; à la vérité ne voulant point parler le latin qu'elle n'ignorait pas, mais, en sus des dialectes araméens, sachant l'égyptien en perfection; ayant lu l'histoire romaine en grec et écrit un abrégé de l'histoire d'Orient. Quel beau portrait! Assurément, en le traçant ainsi, Trébellius Pollion cédait à la force des choses. Après avoir déclaré que toute pudeur était bannie des âmes, puisque des femmes pouvaient gouverner la république, il s'inclinait devant la réalité. Il ajoutait même à la louange en citant une lettre adressée par Aurélien au Sénat pour justifier son triomphe. L'empereur y insiste sur les vertus politiques de Zénobie et même sur les services qu'elle a rendus. Ce témoignage est décisif et complète l'héroïne.

Désigné par Claude pour lui succéder, Aurélien fut un de ces princes redoutables qui illustrèrent la fin du haut empire. Certes, Rome avait été bien inspirée dans sa politique, lorsque, poursuivant l'idée d'établir autour d'elle l'unité par le droit et étendant les anciens privilèges latins aux peuples conquis, elle avait fait naître des citoyens romains dans les provinces. Celles-ci lui avaient donné ses meilleurs maîtres et lui fournissaient alors ses plus vaillants défenseurs. Les grands empereurs de la seconde moitié du IIIe siècle n'étaient plus des Espagnols, des Africains ou des Orientaux. C'étaient des

Dalmates et des Pannoniens, des hommes que la vieille aristocratie eût appelés des demi-barbares. Élevés dans les camps, ces nouveaux venus apportaient en toutes choses une dureté militaire et mettaient au service de l'État un esprit de discipline inflexible qui allait facilement jusqu'à la cruauté. Ayant grandi au milieu des combats et des exterminations immenses inséparables alors des victoires remportées sur les Francs, les Alamans et les Goths, ils ne répugnaient pas à voir couler le sang. A leur tour, ils cherchaient à maintenir, avec l'intégrité du territoire, l'unité religieuse qui faisait aussi partie du programme de Rome. Pour la plupart, ils persécutaient les chrétiens, ne tolérant pas, comme soldats, qu'on refusât de sacrifier aux enseignes et aux aigles, ces dieux propres des légions. Mais en attendant qu'ils reconnussent que, seul, le christianisme était capable de remplacer les autres religions, l'empire, entre leurs fortes mains, reprenait par moments ses anciennes frontières et, de nouveau, sa figure remplissait le monde. Il était comme les édifices construits à la même époque et qui restent imposants. Car si, au fond, ils portent la trace d'une décadence fatale, les dispositions générales en sont dignes du passé et tout au moins l'aspect en est grandiose.

Aurélien, qui devait achever d'abattre les derniers des Trente tyrans et rendre à l'autorité impériale ses prérogatives, n'admettait pas que Zénobie revendiquât pour elle les dignités et les droits conférés à son mari. Restaurateur de l'unité romaine, il ne pouvait souffrir que Wahballath prît le titre d'Auguste, que sa mère le conservât et prétendît s'en autoriser pour fonder un État indépendant. Mieux que l'histoire écrite, les monnaies latines et surtout les grecques nous font assister aux hésitations qui, de la part de la famille d'Odeynath, précédèrent la rupture dont la ruine de Palmyre devait être la conséquence. D'abord Wahballath ne veut point frapper de monnaies. Après trois ans, il se décide à le faire, mais alors il prend simplement les premières qualités dont son père ait été revêtu : celles d'empereur et de général des Romains (269-270). Il considère encore l'empereur de Rome comme son suzerain. Puis il figure d'un côté, sur les différents types monétaires, avec la tête laurée et radiée, tandis que, sur l'autre face, on voit le profil d'Aurélien lauré. Ensuite les têtes des deux personnages sont affrontées, Wahballath portant le diadème et Aurélien la couronne de laurier. Il ne se qualifie pas encore d'Auguste, mais cependant il paraît se poser en collègue. Enfin, pendant la cinquième année de son règne, Wahballath prend son parti : la tête laurée, il paraît seul sur les monnaies comme Auguste ; on est en 271. A partir de ce moment, c'est la révolte, c'est la guerre.

Elle éclate bientôt. Aurélien, après avoir pacifié le centre de l'empire, se tourne vers l'Orient. Avec une rapidité prodigieuse, il reprend sur les Palmyréniens la partie de l'Asie Mineure dont ils s'étaient emparés et les pousse en Syrie. Il ne servit de rien à Zénobie d'avoir contracté des alliances et réuni des troupes nombreuses. Vaincue dans plusieurs combats et dans une grande bataille, elle fit retraite sur Palmyre où, en dépit des Arabes qui le harcelaient, le vainqueur vint l'assiéger. Les murailles étaient défendues par une armée et garnies d'une infinité de balistes. Flavius Vopiscus nous a conservé la lettre par laquelle Aurélien sommait Zénobie de se rendre et la réponse hautaine de la reine. Celle-ci, paraît-il, songeait à partager l'empire avec Victoire. Mais alors elle attendait du secours des Perses, des Sarrasins et des Arméniens. Ces auxiliaires lui firent défaut : la ville fut forcée. Zénobie crut échapper à l'aide d'un dromadaire rapide. Des cavaliers lancés à sa poursuite la firent prisonnière au moment où elle allait passer l'Euphrate. L'empereur l'épargna malgré les cris de l'armée et se contenta de faire mettre à mort ses principaux conseillers : dans le nombre était le rhéteur Longin. Quant à Palmyre, elle fut respectée ; mais presque aussitôt les Palmyréniens révoltés égorgèrent la garnison romaine. Aurélien était déjà en Europe. Il revint en hâte, entra dans la ville, ordonna d'en massacrer tous les habitants et la détruisit (*evertit*). Zénobie fut réservée pour son triomphe. Flavius Vopiscus nous décrit cette solennité, qui paraît avoir été magnifique. La reine, dit-il, y figurait ornée de pierreries et chargée de chaînes d'or si pesantes, qu'on devait les soutenir autour d'elle. Mais d'autres historiens, Zosime et Zonare, rapportent que, pendant qu'on la conduisait à Rome, elle se laissa mourir et que de ses enfants, un seul figura dans la pompe triomphale. Sur ce point encore, l'imagination entre en jeu, et la raison peut rester incertaine.

Très justement on désirerait connaître les traits de la reine autrement que par les descriptions qui en sont restées. Mais ici, de nouveau, il faut recourir aux monnaies. Elle y figure tantôt diadémée et tantôt sans ornements. Les lignes du visage sont pures ; elle porte la chevelure ondulée et cannelée des impératrices d'alors, de Salonine et de Sévérina. Un buste du Musée Chiaramonti, à Rome, est considéré comme étant son portrait. Mais il n'a aucun caractère. La coiffure, en partie restaurée, n'est point à la mode du temps. Le visage est sans beauté et d'une expression triviale. Je pense que l'attribution donnée à ce buste vient de ce que l'épaule droite découverte indique que le personnage avait le bras nu. Zénobie quelquefois paraissait ainsi ; mais ce n'était pas pour elle un privilège.

Les monuments de Palmyre ne furent pas irrémédiablement détruits. Aurélien lui-même pourvut, en partie du moins, à leur conservation. Après que ses soldats eurent massacré la plupart des habitants, l'empereur commanda que l'on épargnât ceux qui restaient, disant qu'ils devaient être corrigés par la vue de tant de supplices. Et il ajouta : « Je veux qu'on rétablisse dans son ancienne beauté le temple du Soleil pillé par le porte-aigle de la troisième légion, par le porte-enseigne, les draconaires et par ceux qui sonnent du cor et du clairon. Vous avez 3oo livres d'or et 1,8oo livres d'argent prove-

nant du trésor de Zénobie et des biens des Palmyréniens. Faites servir ces richesses à l'ornement
du temple : vous ferez une chose agréable au dieu
et à moi-même. » En effet, il s'agissait d'une divinité
pour laquelle Aurélien avait, dès son enfance, une
dévotion particulière et à laquelle il se croyait
redevable de ses victoires.

La situation commerciale et stratégique de Palmyre était trop avantageuse pour que la ville fût
abandonnée. Quelques empereurs y ont laissé des
traces. Mais, avec Zénobie, finit l'histoire et la
légende de Palmyre.

II

Palmyre était située dans une oasis au milieu du
désert de Syrie. Ce lieu, en langue araméenne, se
nommait Tadmor, le pays des palmes, nom qu'il
conserve encore et dont Palmyre n'est que la tra-
duction grecque. Au témoignage de l'historien Flavius Josèphe, la ville aurait été fondée par Salomon, et c'est d'ailleurs ce que dit le livre des Paralipomènes, dont l'autorité paraît aujourd'hui contestée. Quoi qu'il en soit, dès la plus haute antiquité, Tadmor, avec ses eaux, servait de station
aux caravanes et d'entrepôt aux marchandises qui
circulaient entre la Mésopotamie et la Phénicie.
Plusieurs routes s'y croisaient, celles qui venaient

des pays qui furent plus tard la Syrie supérieure et la Cœlé-Syrie, et celles qui partaient de différentes cités riveraines de l'Euphrate, depuis Sura jusqu'à Babylone. Sans doute, Salomon aurait eu intérêt à occuper cette position et à la fortifier. On devait percevoir un droit considérable sur le transit qui s'y opérait. On comprend aussi que Nabuchodonosor II, dans ses campagnes contre l'Égypte et la Judée, n'ait pas voulu laisser derrière lui une place ennemie et que, pour assurer sa route, il se soit emparé de Tadmor et qu'il l'ait détruite. Il aurait renversé ses murailles, sans doute puissantes et construites, à la manière phénicienne, avec de grands blocs de pierre que les carrières voisines avaient fournis. Peut-être en retrouverait-on les vestiges sous l'enceinte plus récente dont les restes existent encore. Mais à tout prendre il paraît certain que, dans ces temps reculés, l'oasis n'a jamais cessé d'avoir population et richesse.

Cependant, malgré son importance, il est peu de pays dont il soit moins parlé dans l'histoire. Après le passage très bref et contesté des Paralipomènes, il faut, ce semble, aller jusqu'à Pline l'Ancien pour trouver un texte où il soit fait mention de Palmyre. C'est, dit l'auteur latin, « une ville célèbre par sa situation, la richesse de son sol et ses eaux agréables. Entourée de sable et ainsi séparée du reste de la terre, elle est indépendante entre les grands empires des Romains et des Parthes, dont elle attire immédiatement l'attention en cas de guerre. Elle est éloignée de la côte syrienne la plus proche de

2o3.ooo pas, et de Damas de 176.ooo. » Telle était,
au commencement de notre ère, l'idée que l'on avait
de Palmyre : c'était une sorte d'île heureuse au
milieu du désert et une position stratégique ; c'était
une ville libre. Mais, dans les siècles précédents,
elle avait fait partie du royaume des Séleucides.
L'action d'Alexandre ne s'était qu'imparfaitement
étendue sur la partie de la Syrie qui confine à la
péninsule arabique. Le conquérant macédonien, en
se dirigeant sur la Mésopotamie, n'avait pas pris la
route de Palmyre ; il était allé, plus au nord, traverser l'Euphrate à Thapsacus. Il voulait remonter
vers Ninive, où il pensait combattre de nouveau
Darius ; son objectif n'était pas Babylone. On
sait que, lorsqu'il y fut venu à son retour de l'Inde,
il avait formé le dessein de conquérir tout le désert
qui sépare la Chaldée de la Cœlé-Syrie, depuis
Thapsacus jusqu'à la mer Rouge. Cette vaste contrée était alors, comme aujourd'hui, parcourue par
des tribus arabes qui y gênaient le commerce.
Alexandre projetait d'obliger ces nomades à une
vie sédentaire et de fonder au milieu d'eux des colonies et des villes. Dans ces conditions, les marchandises qui, de l'Inde et de l'Arabie, arrivaient à
Babylone par le golfe Persique, eussent trouvé un
débouché facile en Syrie et surtout en Égypte. Sans
doute Palmyre, comme d'autres endroits pourvus
d'eau, devait servir à la réalisation de cette pensée.
Peut-être aussi, avec sa ceinture de sables, était-
elle alors à peu près indépendante. Mais, après la
mort d'Alexandre, les Séleucides, dont les États

s'étendaient depuis la Méditerranée jusqu'à la Bactriane, avaient aussitôt senti le besoin d'unir entre elles les différentes parties de leur empire. Ils ouvrirent donc, dans un intérêt séparé, les communications projetées et s'assurèrent, à cet effet, la possession de la partie septentrionale du désert. Ils y créèrent des postes fortifiés et des centres de population. Tadmor devint Palmyre; et ce n'est pas la seule ville d'alors dont il reste des traces. La route qui la relie à Damas est couverte de débris indiquant qu'il y eut là, jadis, des lieux habités. Les établissements macédoniens se multiplièrent et, si l'œuvre d'Alexandre ne s'acheva pas dans son entier, du moins le mouvement imprimé par lui s'étendit à la Syrie et aux régions voisines. La langue grecque devint l'idiome commun à ces contrées, et elle constitua entre elles un lien puissant et cette unité née de l'expansion de la civilisation grecque qui se nomme l'hellénisme.

Tout paraît démontrer que la Palmyrène a participé très anciennement à cette transformation, et plusieurs preuves de ce fait nous sont données par l'épigraphie. L'habitude d'enregistrer toute sorte d'actes officiels et privés était très ancienne dans cette partie de l'Orient et principalement en Syrie et en Mésopotamie. A Palmyre, située sur les confins des deux pays, il y a beaucoup d'inscriptions. Presque toujours elles sont bilingues : grecques et araméennes; mais le grec vient en tête. D'ailleurs les habitants avaient coutume de joindre un nom grec à leur nom sémitique. Enfin, et il ne faut pas l'oublier : à Palmyre, à l'heure même de sa ruine, le grec était langue d'État. Et si, dans des vues politiques, Zénobie avait voulu que ses fils apprissent le latin, elle-même n'en faisait point usage. Elle parlait le grec, était entourée de grecs et comptait parmi ses conseillers le rhéteur Longin. Celui-ci était, à ce que l'on croit, syrien de naissance. Mais après avoir étudié à Alexandrie et enseigné à Athènes, il n'avait pas cru déchoir en venant dans la capitale du nouveau royaume. Il y apportait, tout au moins, son patriotisme littéraire, et il paya de sa vie l'influence qu'il exerçait, dit-on, sur la reine. Peut-être faut-il voir dans la révolte de Zénobie un effort de l'hellénisme pour se séparer de l'Occident latin. Dans sa tentative, l'idée d'un empire grec serait en puissance.

Quoi qu'il en soit, le rayonnement du génie hellénique devait, en même temps que dans les lettres, se manifester dans les arts. De ceux-ci, l'architecture avait naturellement le plus d'importance, tant à raison de son objet même que des services qu'elle était appelée à rendre. Jusqu'alors on avait surtout élevé des temples ; et malgré de grands travaux d'ensemble tels que la reconstruction du Pirée et celle de Rhodes, le problème déjà posé et qui consistait à bâtir des villes sur un plan systématique n'était pas défini. Les architectes d'Alexandre lui donnèrent une solution. Dinocrate fit oublier ses devanciers Hippodame et Méton. Réalisant une conception à la fois pratique et grandiose, il fit d'Alexandrie d'Égypte une œuvre d'art admirable. Mais

Antioche surtout servit de modèle aux villes de Syrie. Elle présentait des dispositions caractéristiques et, ce semble, souvent répétées. D'abord la circulation y était assurée et protégée contre le soleil par des portiques couverts auxquels aboutissaient les voies de communication secondaires. Puis, placés et groupés suivant les convenances politiques, religieuses et esthétiques, venaient les palais, les temples, les théâtres, les agoras, les thermes et les nymphées, tous en rapport avec la civilisation asiatique, mais ordonnés conformément aux idées de régularité et d'harmonie propres à la Grèce. Les murailles elles-mêmes étaient telles qu'elles suffisaient à illustrer l'architecte qui les avait bâties. Les maisons et les tombeaux témoignaient d'un art qui n'avait pas eu de précédent.

Ces détails ne sont pas inutiles. Les dispositions dont je viens de donner une idée se retrouvent à Palmyre, et bien qu'elles ne permettent pas d'assigner une date précise à la construction de la ville, elles sont cependant de nature à jeter quelque lumière sur ses origines. L'épigraphie peut aussi nous servir à les éclairer. Les inscriptions sont toujours datées de l'ère des Séleucides, soit de l'an 312 avant Jésus-Christ; elles nous offrent donc une chronologie certaine. Et s'il n'y en a, jusqu'ici, qu'une seule qui soit antérieure à notre ère, il en est un grand nombre du Ier et du IIe siècle. Les dernières, celles du IIIe siècle, vont jusqu'à la chute de Palmyre. A partir de là, elles s'arrêtent. Dans le nombre, les unes sont gravées sur des colonnes ou

sur les consoles qui tiennent à leur fût ; d'autres se
lisent sur des bases, sur des piédestaux, sur des
autels ; d'autres encore au frontispice des monuments funéraires. Généralement, l'architecture sur
laquelle elles figurent est d'un beau style. Et comme
il y en a plusieurs sur de superbes tombeaux du
Ier siècle, on peut en conclure qu'il y avait alors à
Palmyre une sorte de splendeur architectonique.
Le travail des temps antérieurs n'y avait pas peu
contribué. Par son plan, tout au moins, la ville est
macédonienne. On verra que ses édifices sont de
caractère hellénique. Il est donc permis de penser
qu'elle était plus ancienne qu'on ne le croit d'ordinaire et qu'elle tenait de plus près au règne des
rois syriens.

L'épigraphie nous renseigne encore sur des faits
qui intéressent grandement notre sujet. Un des plus
importants est le séjour que fit Adrien à Palmyre
en l'année 129. A cette occasion, une statue fut
élevée à un certain Agrippa qui avait distribué de
l'huile aux soldats, aux habitants et aux étrangers,
et avait restauré à ses frais le temple de Baal Scha-
min. Le temple existe encore, et la dédicace de la
figure est écrite sur une des colonnes de son frontispice. Mais au passage d'Adrien s'attache un souvenir de plus de conséquence : la ville prit alors le nom
d'Adrianè. L'empereur l'aurait restaurée, ou plutôt
aurait été considéré comme son second fondateur ;
et cela est confirmé par Étienne de Byzance. Tout
en admettant que la flatterie entre pour beaucoup
dans cet hommage, néanmoins une étude attentive

des ruines de Palmyre pourra nous apprendre un
jour dans quelle mesure Adrien avait pourvu à
cette réfection et y avait porté le goût romain. Ce
qu'on doit remarquer c'est qu'il y a, sur les principaux édifices, un grand nombre d'inscriptions immédiatement postérieures au voyage de l'empereur. C'est ainsi que l'on voit deux Palmyréniens
contribuer à l'embellissement de la cité. On leur a
dressé des statues. L'un avait fait don de sept colonnes avec leurs ornements et leurs balustrades
de bronze : était-ce une restauration? L'autre avait
érigé, en l'honneur de deux divinités indigènes,
six colonnes avec leur architrave et leur enduit
coloré. La colonne semble avoir été l'élément architectonique préféré des Palmyréniens. Quelques-
unes étaient isolées et avaient un caractère de consécration.

C'est une question de savoir à quelle époque Palmyre reçut le titre de colonie romaine. La Syrie
avait été érigée en province dès l'an 64 avant Jésus-Christ. La Palmyrène faisait partie de la Syro-
Phénicie; mais nous apprenons qu'en 114 la qualification de ses magistrats était grecque et non pas
latine. Le fait, en lui-même, n'est pas indifférent;
il montre ce que pouvait être le pays quand Adrien
le visita : il était autonome. Il est probable que ce
fut sous Septime-Sévère qu'il fut admis au droit
italique, et cela sans doute après que Caracalla eut
été associé à l'empire. En tout cas on sait qu'à partir
de ces princes et de leurs successeurs, non seulement
la qualité de citoyen fut accordée à un grand nom-

bre de personnages de marque, mais encore que des Orientaux furent admis dans le sénat de Rome et honorés des titres de consul et de consulaire. Et c'est aussi à dater de ce moment qu'on voit les palmyréniens adopter l'usage, attesté pas les inscriptions, de faire précéder leur double nom grec et araméen d'un nom latin : celui de l'empereur qui les avait faits citoyens romains. Septimius indiquait que telle famille devait ses droits à Septime-Sévère ; Julius Aurelius, à Caracalla ou à Élagabale. Odeynath et Zénobie étaient des Septimiens.

Il n'est pas indispensable de s'arrêter aux inscriptions religieuses et funéraires. Elles sont cependant intéressantes, car les premières permettent de reconstituer le Panthéon syro-arabe, et les prières et invocations qu'elles portent nous donnent l'idée des divinités locales et du culte qu'on leur rendait. « Au dieu miséricordieux ! A celui dont le nom est béni dans l'éternité ! » C'est au Soleil que l'on s'adressait ainsi ; et on ne le nommait pas plus qu'on ne le représentait dans les temples. Les légendes inscrites sur les tombeaux témoignent du respect que l'on avait pour les morts et des soins pieux dont on entourait leur mémoire. Mais nous devons plutôt nous occuper des images honorifiques. Nous en avons déjà rencontré quelques-unes. Elles sont très nombreuses, et les textes épigraphiques qui les accompagnent viennent éclairer l'histoire. Il y a quantité de bustes placés sur les édifices publics, et aussi dans l'intérieur des sépultures de famille. Les statues ont encore plus d'importance. Plusieurs ont été érigées par le sénat et par le peuple ou par des particuliers à des citoyens investis de hautes dignités et de délégations impériales. L'hommage qui leur est rendu est accompagné de leur généalogie et surtout de l'énumération de leurs titres. Par là nous apprenons quelle était l'organisation politique de la cité. Les plus importantes de ces images sont celles que l'on consacrait aux princes. Ici l'épigraphie, aidée de la numismatique, débrouille l'histoire de la dynastie des Odeynath. Ils sont dits illustres sénateurs, consulaires, princes de Palmyre. Nous avons l'inscription d'une statue d'Odeynath II, l'époux de Zénobie ; elle lui fut dédiée quelques années après sa mort. Il y a le titre de Roi des rois, mais non d'Auguste. Une figure de Zénobie (en araméen Batzebinah) lui faisait pendant. Sur le socle, la reine est qualifiée de pieuse et de juste. Ces deux représentations, probablement iconiques, ont été érigées par deux Septimiens, Zabda, général en chef, et Zabbaï, général de Palmyre, en 271 ; c'était deux ans avant la destruction de la ville et de l'État palmyrénien, au moment de la rupture avec Rome. A partir de cette époque, il n'y a plus, je crois, d'inscriptions datées. Elles sont quelquefois en latin, comme celle qui a trait à Dioclétien. Mais elles ne rentrent pas dans notre sujet.

Ces données, quoique très sommaires, seront utiles à ceux qui voudront comprendre les ruines de Palmyre et la vie qui animait cette grande cité. En réalité, placée sur les confins de deux puissants empires, elle jouissait, avant d'être devenue la

capitale d'un royaume, d'une sorte d'indépendance.
Elle avait un prince, un sénat, et des assemblées
populaires. Les citoyens y formaient différentes
tribus. L'empereur y nommait des représentants
de son autorité choisis parmi les habitants du pays.
Odeynath avait reçu le commandement des armées
romaines de l'Orient, mais il y avait aussi des troupes et des généraux indigènes. Le commerce était
considérable ; les chefs de caravane étaient des
personnages importants, auxquels on érigeait aussi
des statues. Des magistrats spéciaux veillaient sur
les marchés. Les arts et les lettres étaient en honneur
dans la métropole des colonies du désert. Une tolé-
rance religieuse absolue semble avoir régné à Palmyre. Il y avait certainement des juifs à demeure
dans la ville, puisqu'on y voit encore le tombeau
d'une famille israélite. Le christianisme s'y introduisit si facilement qu'on ne sait à quelle date. Au
milieu des persécutions, les chrétiens n'eurent jamais à y souffrir.

Il est évident que Palmyre alla toujours en décli-
nant à partir du iiie siècle. La restauration qu'en
fit Aurélien après l'avoir renversée, les constructions qu'y élevèrent Dioclétien et Justinien à de
grands intervalles de temps, ne lui rendirent pas
sa prospérité passée : sa population avait été anéan-
tie et son esprit avait disparu. On sait qu'elle fut
visitée au xiie siècle par le rabbin Benjamin de Tu-
dèle, et au xiiie siècle par un Arabe : Aboulféda.
Puis ses ruines ont été oubliées jusqu'à la fin du
xviie siècle, où elles furent comme découvertes par

des négociants anglais qui résidaient à Alep. Enfin, en 1751, elles furent étudiées par un autre Anglais, nommé Wood, qui les a dessinées et décrites dans un très bel ouvrage. Wood resta quinze jours à Palmyre, et malgré le voyage postérieur de Cassas, son livre conserve de la valeur. Il contient des gravures nombreuses : un panorama et un plan de la ville et quelques monuments que l'auteur a pu reconnaître ; et ces planches ont encore du mérite [1].

C'est à Rome que Wood avait eu l'idée de son voyage ; et c'est aussi à Rome que le projet d'une exploration nouvelle devait être conçu.

III

Les pensionnaires architectes de l'Académie de France à Rome doivent, pour leur dernier envoi, restaurer un monument antique. La tâche consiste à étudier un édifice dans ses restes et à déduire de son état actuel les dispositions et les formes qu'il offrait au moment où il a été construit : les dessins sont accompagnés d'un mémoire. C'est une idée de Colbert : inspirée, peut-être, de la lettre de Raphaël

1. Voir, indépendamment des auteurs qui ont été cités : D. Von Sallet, *Die Fürsten von Palmyra,* Berlin, 1836. — Marquis de Vogüé, de l'Académie des Inscriptions et Belles-Lettres. *Syrie centrale, Inscriptions sémitiques 1868-1877.*— Lebas et Waddington. *Voyage archéologique. Grèce et Asie Mineure, 1870.*

à Léon X, elle est certainement une de celles qui ont le plus servi l'école française. A tout prendre, il s'agit d'un exercice par lequel l'esprit d'observation, la sagacité et l'imagination d'un jeune artiste sont mis en jeu en même temps que son talent. La restauration est une œuvre qui marque dans nos annales. Les travaux de cet ordre exécutés à la Villa Médicis attirent l'attention des artistes et des savants, et dans les expositions universelles, ils sont très appréciés et obtiennent les plus hautes récompenses.

Trouver le sujet d'une restauration devient de plus en plus difficile si l'on veut attacher son nom à quelque chose de nouveau. A vrai dire, l'inédit en ce genre n'est pas nécessaire. M. Chedanne, en restituant à Rome même le Panthéon et en résolvant d'une manière nouvelle et définitive le problème que présentaient la date et la construction de l'édifice, l'a suffisamment prouvé. Mais il ne faut pas entraver l'essor d'une généreuse ambition. M. Émile Bertone, vers la fin de sa pension, devant faire un choix à son tour, se décida pour Palmyre. Sans doute, en prenant cette détermination, il fut influencé par l'ouvrage de Wood. En effet, en voyant le plan de la ville antique tel qu'il nous est donné, on est frappé des vides énormes qui s'y trouvent. Comment penser que, dans l'amas des ruines, il ne reste de reconnaissable qu'un long portique et que deux temples! Il y avait là, certainement, bien des lacunes à combler. Et puis quel était, en réalité, le caractère de cette architecture?

Était-elle semblable à celle de Balbeck, qui est mieux connue ? Mais les gravures de Wood semblaient indiquer un style plus nerveux. La constatation de ce fait, pour qui connaît le mouvement des études architectoniques depuis le commencement du siècle, a beaucoup d'importance. Nos maîtres, après s'être occupés, de préférence, des dispositions générales qu'offrent les monuments antiques, ont cherché à fixer la physionomie particulière de chacun d'eux et à en établir ainsi la date et la perfection relative. Duhan et ses amis, on ne saurait trop leur en faire honneur, furent les premiers à dégager ces conditions délicates, et ils imprimèrent à l'école une direction dans laquelle elle s'avance encore. A leur suite et dans leur esprit, M. Bertone, aussi, a voulu faire une œuvre. Passionné pour son art, infatigable au travail, dessinant avec précision et finesse, il réunissait toutes qualités, qui assurent le succès. Il arrêta donc ses vues sur Palmyre. Mais aller jusque-là est une chose difficile et non sans danger. Le déplacement et le séjour sont dispendieux. Or, le budget de l'Académie ne prévoit que 800 francs pour le voyage de l'architecte hors de l'Italie et une faible somme pour les fouilles. Le directeur des Beaux-Arts, prévenu, accorda, sur ses ressources très modiques, une subvention de 1.000 francs. Mais cela était loin de suffire. M. Bertone n'hésita point : il vendit tout ce qu'il possédait pour réaliser son projet. En rentrant en France, il ne retrouvera plus la maisonnette, le petit jardin, les souvenirs de famille que son père lui avait laissés. Il en a fait le sacrifice. Je l'offenserais en insistant sur le mérite d'une telle action; elle honore sa vie. Mais à ce prix, son voyage devenait possible et il oubliait tout le reste. Il était heureux; il pouvait partir.

C'était une grande responsabilité pour le directeur de l'Académie d'autoriser une exploration aussi lointaine, de laisser le jeune artiste s'exposer, sous un ciel brûlant, aux hasards d'un long voyage dans le désert. Palmyre est à 350 kilomètres de Damas. M. Bertone ne pouvait partir seul. Mais de ce côté aussi, il avait fait le nécessaire. Un peintre syrien, M. Mourani, et un aide éprouvé, M. Vizzavona, tous deux alors à Rome, consentaient à l'accompagner. Ils lui ont été fidèles et je les en remercie de tout mon cœur. Mais comment exprimer nos sentiments à M. Billot et à M. Cambon, nos ambassadeurs, qui, de Rome et de Constantinople, avec une sollicitude infatigable, assurèrent à notre voyageur la sécurité et la possibilité d'exécuter ses travaux. Qu'ils reçoivent ici le témoignage de notre profonde reconnaissance. Au mois d'avril 1895, M. Bertone partit d'enthousiasme, sans même attendre la lettre vizirielle indispensable; il ne la trouva qu'à Damas.

Je le vois encore quittant l'Académie, plein d'impatience, ayant le regard d'un homme devenu étranger à ce qui l'entoure, attiré par l'inconnu dont il pressentait les merveilles, ému et ne voulant pas s'attendrir, agité, ayant déjà quitté terre et prêt à tout. Il me quitta en hâte : Adieu !

Adieu, mon ami, adieu !!

IV

C'est toujours une affaire compliquée de partir
en caravane. Les prévisions auxquelles le voyageur
doit satisfaire pour assurer sa marche sont nombreuses et veulent qu'on y porte une extrême attention. Et combien ne se multiplient-elles pas quand
il faut pourvoir aux préparatifs spéciaux que néces-
site un travail comme celui que le jeune architecte
allait entreprendre !

Son premier soin fut de faire construire des
échelles pouvant se greffer les unes sur les autres et
atteindre à une hauteur considérable. Assemblées,
elles étaient très solides et arrivaient, en s'appuyant
les unes sur les autres par le sommet, à former une
sorte de pyramide rendue rigide par des traverses
qui assuraient leur écart. Elles étaient posées sur
des roues basses et, au moyen de câbles, on les faisait
mouvoir sur des planchers. C'étaient, avec des dimensions très grandes et plus de résistance, ces
échelles doubles, chez nous, faciles à établir. Mais
à Damas, ce fut un long travail, et il fallut, après
qu'elles eurent été préparées, s'assurer de la possibilité de les monter et de les démonter, de les dresser et de les mettre en mouvement. Il y eut des ré-
pétitions. Chacune de ces échelles avait 7 mètres
debout, et quand elles étaient réunies par quatre de

chaque côté, et posées sur leurs rouleaux, elles s'élevaient, en tenant compte de leur inclinaison, à 24^m, 60. Alors il ne fallait pas moins de 20 à 25 personnes pour les manœuvrer. Tout ceci étant bien réglé, on dut, pour les besoins du transport, trouver des animaux de bât et de trait et en même temps recruter des conducteurs : chose délicate dans un pays où, malgré la plus grande application à choisir, il n'est que trop facile de se tromper.

La petite caravane se mit en marche. Elle se composait, en comptant nos voyageurs, d'une vingtaine de personnes : soldats, chameliers et serviteurs. Ces hommes conduisaient ou escortaient 8 chameaux dont 5 exclusivement affectés à porter les échelles, les pièces de bois, les planchers et les cordages. Sur les autres, on avait réparti des outres qui devaient contenir 45 litres d'eau chacune, puis des caisses renfermant des provisions. De plus, il y avait 12 chevaux, 4 pour les soldats, 4 destinés à traîner une voiture et 4 chargés des instruments d'arpentage et de photographie. On emportait aussi quelques armes et des munitions, du papier en abondance, et une petite pharmacie de campagne venant de l'Académie.

Tous les voyages dans le désert se ressemblent. Les heures de marche s'estiment à la montre et au sablier. On s'arrête au coucher du soleil; on dresse les tentes, on allume le feu, on prend son repas, on monte la garde. A minuit, on repart pour se reposer au milieu du jour. La route que l'on suit de Damas pour aller à Palmyre n'est ni celle que la table de Peutinger indique, ni celle de l'itinéraire d'Antonin. Elle est plus directe et jalonnée, à grands intervalles, par des ruines presque ensevelies sous le sable. Les unes sont antiques, les autres appartiennent au moyen âge; on ne les a jamais bien reconnues. Mais il y a les stations où l'on s'arrête et dont deux sont très sûrement identifiées à des postes antiques : c'est Djéroud, l'ancienne Géroda, où réside aujourd'hui l'aga Mohammed, le surveillant du désert; et c'est Quariétain, autrefois Nezala, un ancien camp romain où il y a un puits. Ensuite viennent Kassel-Her avec sa tour, et Aïn-Baïda dont le nom indique une source. A partir de là il n'y a plus d'eau jusqu'à Palmyre.

Le désert aussi a été souvent décrit. Mais quand on a une responsabilité sérieuse et qu'on est possédé d'une idée, on n'est pas toujours disposé à goûter le pittoresque. Cela ne vient que plus tard, quand l'esprit s'est calmé. Maintenant il faut marcher. La chaleur est forte et on apprend à la connaître. Et puis il y a les incidents inévitables : les chameaux qui refusent d'avancer, que l'on décharge et dont il faut augmenter le nombre; les outres où il devait y avoir de l'eau et qu'on trouve vides; les hommes qui craignent tout à coup d'aller plus loin, parce que les tribus sont peut-être en guerre. C'est enfin tout ce qui vous attend dans un monde nouveau, au milieu de gens dont la protection n'est pas sûre et qui, quoi qu'on fasse, en qualité d'amis vous rançonnent un peu comme feraient des ennemis.

Enfin, le septième jour, on arrive en vue de Palmyre : on découvre la ville à l'improviste au détour de la route encaissée, en cet endroit, dans un pâté de collines. Cette petite chaîne dérive vaguement de l'Anti-Liban et lève ici la tête. La voie est bordée de grands et superbes tombeaux. A gauche, on aperçoit les restes d'un aqueduc gigantesque. Tout près, on peut se détourner du chemin et monter sur une éminence. De là, on embrasse le panorama des ruines. Elles apparaissent alors avec leur enceinte très marquée et souvent très haute; et dans l'intérieur, on voit un nombre infini de colonnes debout, les unes indiquant des directions, les autres formant des groupes. Le périmètre presque ovale se développe du sud-est au nord-ouest. De ce côté la ville s'appuie au premier contrefort du massif d'où sort le voyageur; elle s'y élève et y pose son acropole. Plus haut, en dehors des murs, est un fort bâti par les Turcs. A l'extrémité opposée, dans la plaine, c'est la masse énorme du temple du Soleil et plus loin les jardins.

M. Bertone a rendu compte de ce premier aspect dans une grande perspective qu'il exposait naguère à l'École des Beaux-Arts et qui figurera certainement à un prochain Salon. Cette vue est caractéristique. Le ciel bleu foncé se dégrade à l'horizon. Les dunes, la ville, le désert sont inondés d'une lumière intense et mate. Au bout de la ville, les jardins d'un vert terni s'éteignent obscurs. Mais ce qui domine sur la terre, c'est un ton immuable, le jaune d'or pâli particulier au désert, couleur où le sable et le soleil se mêlent et que tachent seulement par petites places des ombres d'un violet très fin.

Les anciens, et particulièrement au IIe siècle le géographe Ptolémée, ont parlé des belles eaux de Palmyre. Il semble qu'il s'agisse d'une sorte de ri-vière. Mais elle a disparu et on chercherait en vain son lit desséché. Il n'y a plus maintenant que deux sources d'eau sulfureuse. Au pied du tertre où le voyageur est placé, la principale de ces sources sort de terre. Elle forme un ruisseau d'un mètre et demi de largeur, coule vers le sud et se perd après avoir donné la vie aux jardins. Il y a, plus loin, une autre fontaine moins importante ; à elles deux, elles font l'oasis. Voilà, je crois, la première impression ressentie par notre voyageur. Ce qu'il en dit est conforme à ce qu'il a exprimé dans sa remarquable aquarelle.

Pour arriver à Palmyre, il faut descendre. On reprend le grand chemin bordé de tombeaux : il conduit à une porte flanquée de deux tours rondes. C'est la véritable entrée pour ceux qui viennent de Damas. Mais en la franchissant on serait dans une partie déserte et surtout encombrée de débris : grand embarras pour la marche ! On s'engage donc à droite le long de la muraille, et on en suit la paroi jusqu'à une large ouverture par où l'on débouche devant le temple du Soleil. C'est dans son enceinte que vit tout ce qui est aujourd'hui Palmyre, ses habitants et ce qu'ils possèdent. Le milieu est occupé par l'ancien sanctuaire du Dieu. A l'entour, dans le péribole enveloppé de murs énormes, est le village avec ses maisons très petites. Cet enclos est un refuge. Le soir, on y rentre comme dans l'arche : les hommes, les chameaux en nombre, les ânes et quelques chevaux. La volaille y fourmille. La nuit, on s'y enferme de crainte des Bédouins pillards.

Nos explorateurs, cependant, sont logés au dehors, à l'ombre et sous la protection de la maison du cheik. Celui-ci a grand air : c'est la majesté naturelle aux Orientaux, mêlée pourtant à quelque chose d'à peine sensible que porte avec soi un homme qui a beaucoup vu. Le cheik dont M. Bertone doit être l'hôte a couru le monde : il a fait séjour à Paris. Ici, il est maire, et maire important. Mais il ne commande pas seul : il y a un mudir, sorte de sous-préfet, et un commandant de la force armée composée de quatre soldats. Puis il y a un autre cheik et un autre mudir pour les salines de l'État qui sont dans le voisinage. Ceux-ci disposent de dix soldats circassiens. Voilà bien des autorités. Cependant, après des tiraillements inévitables, M. Bertone a vécu en parfaite intelligence avec elles, et il ne peut que s'en louer.

Je ne dirais rien de la petite habitation du voyageur si elle ne devait pas lui servir d'atelier en même temps que de logis. Il n'est pas indifférent de savoir dans quelles conditions le jeune artiste travaillait par une chaleur de 40 à 50 degrés; il ne pouvait guère s'en défendre. Après être resté dans les ruines à partir de l'aube, vers huit ou neuf heures, il en était chassé par le soleil : il fallait rentrer. Mais, à l'ombre, la température ambiante le poursuivait. D'ailleurs, sa demeure était peu confortable. Elle occupait un terrain en forme de carré long ayant à l'une de ses extrémités deux chambres jumelles pour ses compagnons et à l'autre une pièce plus grande pour lui-même. Ces constructions basses étaient couvertes en terrasse. Entre deux, une cour où l'on remisait les échelles. Dans l'intérieur, pas de meubles. On couchait sur la terre, roulé dans des tapis. On mettait au net les croquis et les notes sur des caisses qui servaient d'armoires et de tables à écrire. Cela devait durer près de six mois.

Cette maison, cependant, suffit à tout : il s'y fit en dessins et en calculs un travail énorme. En réalité, elle était assez bien placée pour se reconnaître tout d'abord au milieu des ruines. Sans doute celles-ci ne se présentaient pas dans l'ordre savamment gradué suivant lequel se développait la ville antique, surtout pour ceux qui venaient de Damas. Mais on était près du temple du Soleil, qui est encore le centre de la vie palmyrénienne. Tout y aboutit et de là on rayonne en tout sens.

En ce lieu, si je ne me trompe, l'impression que l'on apporte du dehors persiste. La diversité des aspects y ajoute. Au milieu d'amoncellements confus, on aperçoit toujours quantité de colonnes. Les entablements, les frontons, les coupoles et les arcades qu'elles portaient se sont écroulés en partie. Entières ou brisées, elles restent avec leur élégance corinthienne, comme ferait une belle forêt dévastée. C'est surtout aux colonnes que nous avons affaire. Leur décor de feuillage témoigne d'un art accompli ; les inscriptions qu'elles portent sont des documents précieux ; par la manière dont elles sont rangées, elles font comprendre l'ordonnance des édifices.

Le temple du Soleil domine les autres constructions par sa masse. Tout y est colossal, et, sur un plan très simple, l'architecture y déploie une prodigalité inouïe. L'aire, occupée par le sanctuaire et par son péribole, est carrée et n'a pas moins de 227 mètres de côté. C'est un espace plus grand que la place de la Concorde, et son mur d'enceinte a encore, par endroits, 21 mètres de hauteur. Les colonnes du portique intérieur qui s'appuie à ses parois ont plus de 14 mètres. Elles étaient au nombre de 474, répondant à une rangée de pilastres interrompue seulement par la porte d'entrée : 158 sont encore debout, ainsi que 226 de ces pilastres engagés. On remarque aussi les niches qui décorent la partie supérieure du mur et dont chacune est décorée de deux colonnettes. Mais le sanctuaire appelle l'attention par des proportions extraordinaires. Il est au milieu de la cour. Son plan est un rectangle allongé et il est entouré d'un portique en partie conservé. Ici les colonnes ont plus de 16 mètres d'élévation. C'est parmi ses prodigieux débris que les Arabes ont bâti leurs demeures ; la mosquée occupe une partie de l'immense cella.

Quand on quitte le temple, on en traverse le vestibule, sorte d'avant-corps porté par huit colonnes, et, après avoir descendu l'escalier de son soubassement, on se retrouve sur la place où est la maison du cheik avec celle de M. Bertone. De là, en se dirigeant vers l'angle nord-est de l'enceinte sacrée, on arrive en face d'un grand arc de triomphe. Ses trois arcades sont intactes et s'ouvrent sur une voie monumentale bordée à droite et à gauche de portiques soutenus par des colonnes dont un nombre considérable est encore debout. Cette large avenue va jusqu'à l'extrémité de la ville et rejoint, par un coude, la porte que nous appelons la porte de Damas. Elle a plus de 1.100 mètres et partage Palmyre dans presque toute son étendue. Elle en est comme l'axe, et nous pouvons considérer successivement les ruines qui apparaissent sur chacun de ses côtés.

Si donc on part de l'arc de triomphe et si l'on prend à gauche, on voit d'abord les restes d'un édifice en bordure sur la place ; c'était probablement le sénat ou quelque autre lieu de réunion publique. Ensuite, et réunis en un groupe, viennent les débris de deux monuments superbes. C'est d'abord un théâtre dont le mur de fond et la scène, parallèles à la rue centrale, existent encore. En avant et sur un plan demi-circulaire se développe la partie destinée aux spectateurs avec ses gradins ; elle est très visible, ainsi que la double colonnade qui l'enveloppe. Au fond de cet hémicycle se trouve un passage qui, se retournant vers le couchant, rejoint l'autre construction : un palais magnifique. Selon toute vraisemblance, c'était le palais royal, la demeure d'Odeynath et de Zénobie. Comme le théâtre, il s'étend vers la rue maîtresse et y aboutit. A distance, et toujours en allant à l'ouest, une sorte de galerie paraît limiter, de ce côté, l'enceinte du palais ; et en avant de cet ensemble, un vestibule orné de dix-huit colonnes s'étend le long de la grande avenue et y prend ses accès. Puis la ville proprement dite commence avec ses habitations privées et remplit l'espace compris entre le long portique et les remparts.

La partie de droite n'est pas moins riche. Mais, avant de la parcourir, il faut se mettre en règle avec un quartier non desservi par la voie principale, mais, ce semble, par un tronçon qui s'y rattachait et conduisait à une porte orientale qui eût été celle de Babylone. Ce quartier était à l'est du temple du Soleil. En allant donc dans cette direction, on rencontre un édifice carré, marché couvert ou caserne, et plus loin une colonne gigantesque qui portait peut-être une statue. Le reste du terrain est occupé par des rues qui toutes se dirigent vers le temple en partant des fortifications.

Si maintenant on revient sur ses pas et si l'on examine les décombres qui sont à droite de la grande artère, on est aussitôt frappé par une masse énorme de débris ; et, en les étudiant, on constate que ce sont les restes de thermes construits sur un plan d'une extrême élégance. Ils faisaient face au théâtre. On trouve ensuite un bâtiment carré qui a pu être une bibliothèque et l'un de ces lieux destinés aux réunions des lettrés qu'on nommait un musée. Plus

loin, vers le nord, avec quatre colonnes en façade
se présente un temple relativement petit. Il est bien
orienté, et une inscription, que nous avons citée,
le fait connaître : c'est le temple de Baal-Schamin,
dieu vénéré dans ces contrées. Puis, plus loin encore, une basilique chrétienne, et des édifices de
différentes formes. De ce côté aussi, toutes les rues
sont tournées vers le long portique ; elles y débou-
chent en face des rues qui s'ouvrent du côté opposé.
Enfin, à l'extrémité septentrionale de la ville, derrière un grand tombeau qui sert de perspective à
la colonnade avant qu'elle descende vers la porte
de Damas, on trouve, sur la pente qui monte à
l'acropole, une belle villa et ensuite les restes de ce
que l'on nomme le palais de Dioclétien, mais qui
semble plutôt uu château d'eau ou un nymphée.

Les ruines de Palmyre, dans leur ensemble, ont
un relief extraordinaire. Les monuments s'y accusent
par de puissants vestiges ; les tremblements de
terre et la main des hommes n'ont pas eu complètement raison de leur solidité. En même temps,
comme il ne s'est rien bâti dans le voisinage, la
ville antique n'a pas été exploitée comme une carrière pour en tirer de la pierre ou du marbre ; la
destruction n'y a pas été organisée. On dirait
même que les habitants ont respecté ses débris.
Mais en réalité, comme leurs maisons ne sont que
de poussière délayée dans de l'eau, ils n'ont eu que
faire des matériaux qui gisaient ou se dressaient
autour d'eux. Grâce à cette rare fortune, les ruines
se sont conservées dans leur étrange énormité.

Au fond, le colossal répondait aux aspirations du génie oriental. L'Égypte qui, selon les anciens, faisait partie de l'Asie, avait donné, de ce goût, des exemples prodigieux. L'Assyrie, avec ses palais et ses tours à étages, avait construit dans des dimensions surprenantes. Les Grecs firent cette concession aux asiatiques d'abandonner les règles de mesure d'après lesquelles ils avaient fait des chefs-d'œuvre, pour élever des édifices immenses auxquels, à force d'art, ils ôtaient l'aspect du démesuré. Pour cela, au temps d'Alexandre, ils s'étaient servis des ordonnances corinthiennes, jusque-là peu employées chez eux. Ayant reconnu que c'étaient celles qui se prêtaient le mieux à être grandies, ils les avaient développées avec une sorte de passion. A vrai dire, l'idée de s'emparer des plus grands espaces possibles pour y faire régner l'ombre et la fraîcheur justifiait ces entreprises hardies de l'architecture sur une atmosphère en feu. Alors tout devait être dans des rapports formels et dans une harmonie sensible. Et en effet, si le temple du Soleil est colossal, les autres édifices sont également de proportions très grandes. Les colonnes du portique ont 12 mètres de hauteur. La double colonnade du théâtre a 20 mètres sous l'architrave. Le palais n'est pas de moindre importance. Rien de pareil à cet ensemble bouleversé. Mais ces hauts débris d'œuvres détruites, ces immenses ossatures n'attristent point le regard. L'ordre corinthien, employé presque uniquement à Palmyre, a empreint ce qui en reste d'une majestueuse élégance. Plus

que les autres ordres, celui-ci emprunte à la nature.
Avec ses chapiteaux décorés d'acanthe, avec ses
entablements ornés et qu'on dirait fleuris, il garde,
dans la destruction, quelque chose de sa gracieuse
origine. Sa végétation délicate ne se flétrit pas : il
est toujours vivant. Ses formes nous sont si familières que nous les restaurons par la pensée.

Quoique de loin, on peut se figurer quelle était
l'impression du voyageur en arrivant de Damas à
Palmyre. Après avoir suivi le chemin bordé de
riches tombeaux qui conduisait à la ville, après
avoir laissé à sa gauche l'aqueduc et franchi la
porte défendue par deux tours, il entrait aussitôt
dans la voie des portiques. La circulation s'y faisait
par une chaussée principale destinée aux cavaliers,
aux caravanes, aux bêtes de bât et de trait et à
leurs conducteurs, et par deux allées latérales réservées aux piétons. Dans son ensemble, elle était
couverte : la lumière y arrivait par un ordre attique
qui, posé sur l'ordre inférieur, restait à jour. A
l'endroit où la voie tournait pour se diriger sur
l'arc de triomphe, s'élevait le grand tombeau avec
ses cinq étages et par derrière le château d'eau et
l'acropole. Puis, en poursuivant sa route, et en
regardant par les arcades qui variaient à intervalles
égaux l'architecture à plate-bande des portiques,
l'œil plongeait à droite et à gauche dans des rues
régulières, se reposait un instant sur des maisons
peintes à l'angle desquelles coulaient des fontaines.
Bientôt on arrivait à un pavillon qui coupait, sans
l'interrompre, l'avenue monumentale. Il s'ouvrait

de quatre côtés, était soutenu par quatre groupes
de quatre colonnes posant sur des piédestaux et
laissant entre elles un vide occupé par une statue.
Cet ensemble était couronné par un dôme porté lui-
même par des colonnettes à jour.

A partir de là, entre le pavillon et l'arc de
triomphe, était la ville royale. On apercevait d'a-
bord le palais, et la restauration que M. Bertone
en prépare présentera un intérêt très vif. Elle fera
voir par quelles dispositions l'architecture grecque
arrivait à répondre aux besoins de faste extérieur
et de clôture qu'avait un prince asiatique. Et ce
que le voyageur entrevoyait au passage, — noblesse de l'ordonnance, finesse de l'ornementation, couleur pourprée des matériaux, colora-
tions décoratives, — était de nature à le frapper. Surprenants aussi étaient les thermes et le
théâtre placés face à face, le théâtre surtout, dont
les entrées percées à droite et à gauche du mur de
fond correspondaient à la colonnade qui entourait
les gradins. Au milieu, la loge royale était mise
en communication avec le palais par le passage
dont nous avons parlé. Cette partie de Palmyre
était pleine de mouvement. Entre les représentations, le théâtre était vide ou servait à des assemblées ; mais les thermes, à toute heure, étaient
remplis d'une foule bruyante ; tandis qu'à côté,
dans le musée, on entendait les déclamations et
les controverses des rhéteurs et des savants. Des
auditeurs s'y rendaient et parfois on pouvait en
voir sortir Longin ou Nicomaque allant chez la

reine qui les faisait appeler. Enfin, dans tous les
espaces laissés libres par les communications ouvertes entre la voie publique et les monuments
voisins, des boutiques plus riches qu'ailleurs ten-
taient le regard et retenaient le passant. Le cadre
formé par tant de colonnes peintes n'était pas
moins captivant. Ce qu'on ne pouvait manquer d'y
remarquer, c'est que souvent elles étaient ornées
d'une console portant une statue ou un buste vo-
tifs. Les portiques étaient ainsi des galeries où les
images des citoyens ayant bien mérité de leur pays
étaient exposées et formaient un véritable panthéon.
Le temple du Soleil devait mettre le comble à l'admiration de l'étranger. J'ai parlé de ses dimensions
extraordinaires. L'ordre corinthien y régnait, si ce
n'est autour de la cella où l'on voyait aux angles
un double pilastre ionique et deux colonnes ioni-
ques appliquées par paires au milieu de ses petits
côtés. Mais le péristyle était purement corinthien
et offrait cette particularité que le feuillage des
chapiteaux était en métal rapporté et certainement
doré.

Les temples de Syrie étaient d'une extrême richesse. Lucien, dans son petit livre de la *Déesse syrienne* décrit le sanctuaire d'Hiérapolis ou Bambyce
et nous donne ainsi l'idée de ce que pouvait être
intérieurement celui de Palmyre. Il fournit sur ses
dispositions et ses aménagements des indications
que M. Bertone se promet de mettre à profit dans
sa restauration. Dans la cella figurait sans doute
le trône d'or du Soleil, trône vide parce que le so-

leil est visible au ciel, et en même temps les statues
de divinités que leurs images rendaient toujours présentes. En ce lieu aussi devait être le trésor rempli
d'objets précieux venus jusque de l'Inde qui fut pillé
par les porte-enseigne d'Aurélien. En dehors, dans
la cour sacrée, s'élevaient en foule les autels, les
ex-voto, les monuments de consécration et de reconnaissance, dons des voyageurs et des pèlerins.

Quant à la décoration architectonique, elle devait
être superbe. A Hiérapolis, l'or brillait de toutes
parts ; il étincelait aux portes et aux voûtes. A
Palmyre, les chapiteaux dorés demandaient des
rappels d'or dans d'autres parties de l'ordon-
donnance. Et si l'on songe que cette architecture
était peinte, comme on en trouve partout la preuve,
on peut imaginer que, sous la chaude lumière du
jour, le temple dans son ensemble présentait un
aspect magnifique. Le spectacle s'animait et s'enri-
chissait encore et la polychromie devenait vivante
quand, sur la place qui s'étendait devant l'édifice,
se pressait, avec les habitants, toute la population
flottante que des causes diverses amenaient dans la
ville : les Arabes drapés de laine blanche, les Perses coiffés de la tiare carrée et portant de larges
pantalons flottants, les Mésopotamiens serrés dans
de riches étoffes, les Syriens habillés de rouge, et
les Grecs et les Romains... Mais c'est l'heure
des dévotions officielles, et le spectacle devient
splendide. La reine sort du palais et se rend au
temple. Elle est vêtue de cette pourpre de l'Inde,
à côté de laquelle la pourpre des empereurs est

comme de la cendre. A l'ombre du parasol, elle traverse la foule agenouillée ; ses yeux brillent d'un feu surnaturel. Entourée de ses fils et de ses généraux, accompagnée des sénateurs et des chevaliers, suivie de ses lettrés enveloppés du petit manteau hellénique, elle s'avance ; des gardes, couverts d'armures de cuivre et d'acier, lui ouvrent un passage. Elle monte les degrés, et sur le seuil du sanctuaire, avant qu'elle se prosterne devant le maître du ciel, les prêtres lui rendent le culte qu'elle vient rendre au Dieu.

V

Je n'ai pas la prétention de faire de Palmyre une restitution écrite : les mots sont insuffisants pour rendre les idées plastiques. Il faut attendre l'exposition des dessins et la publication de l'ouvrage que M. E. Bertone ne peut manquer de faire : monographie complète d'une ville frappée de mort à l'apogée de sa prospérité et qui, sous ce rapport, n'est pas sans analogie avec Pompéi. Elle présente, au point de vue de l'art hellénistique, un intérêt de premier ordre. Ce qu'il en reste suffit pour attester la puissance et le goût d'un temps que nous ne connaissions que par des documents imparfaits. Elle est en ruines ; mais le sol a conservé la trace de ses dispositions essentielles. D'après ce que j'ai essayé de faire comprendre, Palmyre a été bâtie sur le plan des villes gréco-asiatiques fondées par Alexandre et par ses successeurs. Le portique qui la traverse fait songer aux constructions semblables qui existaient à Alexandrie et à Antioche. Chose très particulière, elle avait un quartier royal, comme les capitales des États monarchiques. Ses édifices, de proportions très vastes, avaient peut-être devancé l'apparition des grands monuments romains.

Dans le domaine de l'architecture classique, on croit pouvoir reconnaître la décadence de l'art à différents signes. On la constate, par exemple, lorsque la multiplicité des ornements, en chargeant certains membres des ordonnances, semble en étouffer les formes et en effacer le rôle ; cette complication engendre la monotonie en faisant disparaître les repos qui doivent exister entre les parties ornées. C'est aussi un indice, lorsque, pour obtenir plus d'effet, on arrondit les frises, on attache des demi-colonnes à des pilastres, on interrompt les lignes verticales des colonnes par des consoles destinées à porter des statues et des bustes. Tout cela est assez barbare en Occident et y date en effet d'un moment où l'art s'abaissait : et tout cela, ou peu s'en faut, se trouve à Palmyre. Mais ici il faut faire la part des dates et de l'exécution. Ces modifications apportées aux formes primitives sont contemporaines de l'hellénisme et viennent de lui. Les Latins, avec leurs théories fermées, en ont souvent usé, vis-à-vis des Grecs, avec un pédantisme un peu dur. Ils n'admettaient guère la liberté que ceux-ci se réservaient toujours, et la variété qu'ils aimaient à introduire dans leurs ouvrages. Et quand ils adoptaient ce qu'ils regardaient comme téméraire, c'était tardivement et par la force des choses. Mais lorsque plus de trois cents ans avant notre ère, des architectes comme Dinocrate, comme Cléomène de Naucratis et les autres maîtres qui conçurent et bâtirent Alexandrie et plus tard Antioche et les villes syriennes, se mirent à l'œuvre, ils déployèrent un art vivant et original et firent fleurir une nouvelle architecture. Celle-ci répondait à des nécessités matérielles et aussi à des besoins d'esprit. De là tant d'édifices sans précédents. C'étaient bien là des créations de toutes pièces et non de ces inventions dans lesquelles, par pauvreté d'imagination, on s'efforce d'assembler des éléments qui s'excluent. Ces hommes travaillaient de génie. Leurs productions très ornées étaient en harmonie avec la riche culture intellectuelle qui se développait alors dans les pays hellénisés. Et si c'était une décadence, elle avait sa raison et émanait toutefois d'une civilisation éclatante. Au fond, l'architecture n'était pas indigne des lettres, de la philosophie et des sciences qui brillaient dans les écoles d'Alexandrie. Mais deux ou trois cents ans après, lorsque ces formes devenues banales furent portées en pays latin, ou se virent reproduites, à une époque assez basse, par des artistes dépourvus de sentiment et qui n'avaient qu'une technique imparfaite, la décadence devint manifeste. Seulement la faute en était en partie au temps et à l'ouvrier.

On aurait tort, à mon sens, de trop rapprocher la construction de Palmyre de l'époque où la ville a été ruinée. Elle datait des siècles précédents : c'était une œuvre grecque. Malgré les particularités que nous avons relevées, la proportion des ordonnances est très pure, les ornements, parfois de goût oriental, sont traités dans un style excellent. Les feuillages ont le caractère aigu, offrent les plans tranchés du corinthien épineux dont on voit des exemples à Athènes et à Rome. Ce n'est pas la mollesse de l'acanthe romaine que l'on trouve au temple de Balbek, rebâti par Antonin. Si j'en juge par quelques fragments, le travail est entièrement fait de ciseau ; la statuaire semble avoir été traitée de même. C'est un art d'une grande fermeté, vraiment lapidaire et monumental. Les matériaux employés par les artistes et tirés des carrières voisines réclamaient ce mode d'interprétation : ce sont des calcaires extrêmement durs et qui présentent souvent de petits trous. On les enduisait de stuc teinté qui revêtait les formes d'un épiderme polychrome. Les couleurs dont on se servait étaient au nombre de quatre : le rouge, le jaune, le vert, et le bleu turquoise. Les pierres elles-mêmes étaient d'un ton assez soutenu : généralement, elles étaient jaunes ; celles du palais, plus fines que les autres, sont d'un rose pourpré.

A l'aide de ce qui précède et après les détails que nous avons donnés, nous pouvons faire la part des découvertes dont l'honneur revient à M. Bertone. Pour cela, nous n'avons qu'à considérer d'abord le plan de Palmyre tel que Wood l'a dressé en 1751 et aussi celui de Cassas daté de 1798. Il était naturel que notre jeune explorateur accomplît pendant un long séjour ce que ses devanciers n'avaient pas fait au passage ; et je crois qu'il n'a rien négligé. Armé d'instruments très sûrs, il a relevé, en ingénieur autant qu'en architecte, la surface de la ville et ce qui s'y trouve encore debout. Aussi, le premier a-t-il délimité, au milieu des débris qui encombraient la place, l'édifice que nous avons appelé le sénat, puis le théâtre méconnu par Wood et le palais de Zénobie. Le premier aussi, il a distingué les thermes, le musée, les villas du dehors et signalé, près de la porte de Damas, un autre grand bâtiment dont je n'ai rien dit de peur de fatiguer le lecteur et qui était une caserne ou un caravansérail.

A cela ne se borne pas l'œuvre de M. Bertone : il a dessiné, avec le même soin qu'il apportait aux monuments, les constructions privées. Il les a étudiées rue par rue et maison par maison. On connaissait déjà plusieurs tombeaux. Mais le premier encore, notre architecte, après les avoir tous mesurés, se trouve à même de nous présenter dans sa totalité la nécropole de Palmyre si riche en admirables exemples. En somme, il a déterminé le caractère de l'architecture palmyrénienne et il en a noté la polychromie ; et si l'on pense qu'il est important de bien connaître cet art, M. Bertone en fournit le moyen avec ses dessins et ses aquarelles et surtout avec les nombreux moulages qu'il a rapportés. Cependant, ce n'est pas tout et je suis persuadé que la science épigraphique lui sera redevable, car il a estampé et copié beaucoup d'inscriptions dont plusieurs sont probablement inédites. Quelle somme de travail ! Quelle précieuse et quelle ample moisson !

VI

M. Bertone et ses compagnons ne se donnaient pas de repos et n'avaient guère de distractions. Mais plus ils étaient absorbés par la tâche qu'ils voulaient accomplir et plus les moindres incidents qui se produisaient autour d'eux prenaient d'importance. Cependant, c'était peu de chose. Lorsqu'ils allaient travailler loin de la maison, ils emportaient leur nourriture et, à l'heure du repas, ils entraient dans un tombeau. Ils y allumaient du feu et y faisaient cuire quelque morceau de chameau ou de chèvre. Or un jour, occupés qu'ils étaient de ces soins, ils furent visités par un serpent de la pire espèce, qui, après avoir tâté de ce qui était à sa convenance, se retira, les laissant tout émus. Un autre jour, au moment où ils s'approchaient d'un trou d'ombre, un loup en sortit et s'enfuit en hurlant. Une autre fois, ils furent distraits de l'étude d'une ruine par l'irruption d'une femme arabe dont la tente était proche, et qui, en les accablant d'injures, commençait à les lapider. Un soldat dut intervenir. Le jardin du cheik, à l'extrémité de l'oasis, avait aussi la visite des explorateurs. Il était planté de palmiers, de grenadiers et de figuiers. Mais les deux sources qui venaient s'y perdre ne l'empêchaient pas d'être brûlé par le soleil. Les arbres se chargeaient de fruits, bientôt desséchés. On n'y découvrait rien. Des moutons y vivaient paisibles, oubliant les chacals et les loups qui souvent franchissaient l'enclos.

Au milieu des ruines, la vie naturelle s'exerce avec toute son énergie. Là où la végétation est possible, elle monte sur les débris, les recouvre et les pare avec un art imprévu. Les aigles et les milans tournoient dans le ciel et s'abattent sur des vols de ramiers et de perdrix réfugiés à l'abri des grands murs. Depuis les serpents chasseurs que les toucas dévorent, jusqu'à l'insecte qui boit le sang et qu'on écrase, chaque animal y fait sa proie et y accomplit son sort. L'homme y retourne à ses instincts.

En sortant de la ville du côté de l'orient et en remontant un peu, on entre dans le domaine des bêtes féroces. A cet endroit, le pays est un territoire de chasse ; c'est là, sans doute, qu'Odeynath et que Zénobie s'étaient endurcis à la fatigue et rendus indifférents au danger. Dans les replis des collines, les léopards pullulent. Plus loin, il y a une source où les lions viennent boire. On les voit quelquefois, mais ils n'attaquent point. Auprès, les gazelles vivent en troupes toujours fuyantes. Il n'y a que des points perdus dans l'immensité. Des caravanes passent. Un soir on aperçoit un camp de nomades : le lendemain il a disparu. Les tribus sont souvent en guerre les unes avec les autres. On apprend qu'une razzia vient d'être faite; on a enlevé cent chameaux avec leur charge, plusieurs hommes ont été tués. Ailleurs un cavalier a été trouvé mort de soif. Les nouvelles et les bruits se répandent : il y a les on-dit du désert. Sur le sol tout s'efface, mais partout la parole humaine vole.

Assis au flanc de la dune, dans l'ombre violette 'et rose, le voyageur étend son regard sur la plaine et sur le ciel également sans fin. Le vent règne sur la mer de sable et agite comme l'eau cet élément mobile. Il le plisse, il le roule et le soulève. Il lui donne des formes : ce sont des cônes ou des tours rondes qu'il construit avec une admirable perfection. Rien n'égale le fini de ces figures matérielles, œuvre d'une force invisible; rien ne dépasse en rigueur leur mystérieuse géométrie.

Cependant à la surface de la terre, l'air ondule et tremble. Vers midi, à peine peut-on supporter le rayonnement de la lumière et de la chaleur. Les souvenirs reviennent comme un mirage et la mélancolie des choses mortes saisit l'âme. Palmyre est là baignant dans une atmosphère de fournaise. A cette heure, les ruines flambent comme étendues sur un bûcher ardent et le soleil qui les embrase semble faire, chaque jour, à la ville de Zénobie d'éclatantes funérailles.

VII

Après neuf mois d'absence, dont cinq et demi, ont
été consacrés à Palmyre, M. Bertone est revenu à
Rome. Je m'attendais à lui trouver un peu d'exal-
tation ; je constatai qu'il était singulièrement calme
et apaisé. J'avais beaucoup redouté pour lui les
hasards du retour. Les gens au milieu desquels il
vivait avaient remarqué qu'il attachait une grande
importance à ses papiers ; une tentative avait été
faite pour les lui soustraire. En même temps on
pensait bien qu'il avait de l'argent et il pouvait se
faire qu'il fût arrêté par les Arabes du désert avant
d'arriver à Damas. Heureusement il n'en fut rien.
Cependant son escorte l'avait abandonné parce
que, de ce côté, les tribus étaient en guerre. Puis
les chameaux avaient pris peur et s'étaient enfuis
au loin. On les avait repris, non sans qu'ils eussent
terriblement secoué les caisses contenant les moulages, les négatifs photographiques et quelques
débris tirés des ruines ; tout cela s'était trouvé fort
endommagé. Enfin, après huit jours de voyage et
d'appréhensions, M. Bertone rentrait à Damas ; il
était sain et sauf.

Au moment où, pendant son séjour à Palmyre,
il était si loin de tout secours, les passions religieuses qui produisent en Turquie des effets si ter-

ribles commençaient à s'émouvoir. La bonne fortune a voulu qu'il échappât à ce danger. Il l'a dû
certainement aux ordres venus de Constantinople,
mais aussi à son courage et à sa prudence. Notre
consul à Damas, M. Guillois, a rendu le témoignage le plus honorable de notre voyageur ; en réalité, il a toujours été respecté. Le jeune Effendi, —
c'est ainsi qu'on nommait M. Bertone, — était reconnu comme un chef. Près de lui, ses compagnons
ne couraient aucun risque ; c'était avec lui que l'on
traitait. Chose à noter ! son extérieur est des plus
délicats ; c'était donc par la volonté et par la con-
tenance qu'il imposait. Du reste, il n'a cessé de se
louer du concours qu'il a rencontré de toutes parts.
Il semble que l'on ait été touché de l'abnégation
absolue avec laquelle il affrontait une vie de privations et de dangers. Avec M. Saint-René Taillan-
dier, qui l'accueillit si bien à Beyrouth, avec
M. Guillois et M. Bertrand, qui veillaient sur lui de
Damas, il met au premier rang des personnes qui
lui sont venues en aide M. Baudouy, inspecteur
divisionnaire des revenus de la Dette ottomane, et
administrateur des salines situées à quelque distance de l'oasis. Il a reçu de ce distingué compa-
triote de signalés services. Il a contracté envers
tous des obligations qu'il n'oubliera jamais.

Aussitôt revenu à Damas, M. Bertone s'empressa
d'aller visiter Balbek. Il put en comparer les monuments à ceux qu'il venait d'étudier. Il vit leurs
différences et leurs points de conformité ; car, ici
comme là-bas, il s'agit d'art gréco-syrien. Mais à

Balbek une part importante doit être faite à l'influence romaine.

A mon sens, l'intérêt qu'offre ce genre de parallèle est très grand. Il s'accroît quand la comparaison s'étend à des œuvres créées dans d'autres milieux. La pression exercée sur les provinces par le génie de Rome et l'action réflexe des peuples conquis sur la métropole ont été considérables. On remarque dans la littérature latine les traces qu'y a laissées le goût espagnol, africain et gaulois. Cela n'est ignoré de personne. On constate également les modifications sensibles que l'esprit provincial faisait subir, notamment, à l'architecture. En Occident, nous avons des édifices gallo-romains, hispano-romains, africano-romains inspirés des chefs-d'œuvre qu'on admirait à Rome. En Orient, l'art hellénistique, antérieur à l'apparition de ces modèles, est resté indépendant. Il a vu quelques-unes de ses formes caractéristiques pénétrer dans la capitale ; néanmoins, sur le tard, il n'a pas été exempt des importations latines. Ç'a été une pénétration réciproque. J'ai souvent souhaité que des architectes, amoureux des recherches théoriques, entreprissent un parallèle des divers modes au moyen desquels l'architecture classique s'était adaptée au sentiment esthétique des principales régions du monde ancien. Le point de départ de ce travail serait une étude sur l'architecture romaine, ou plutôt gréco-romaine, dont la formation n'a jamais été suffisamment établie. Le tableau pourrait s'étendre jusqu'à la fin du IIIe siècle. Rien qu'à ce point de vue, M. Bertone a déjà rendu un grand service à son art. Il en a fixé une phase mémorable et fourni un élément essentiel à l'œuvre dont je viens d'indiquer l'objet. Mais il est allé chercher ses documents sur place.

Et maintenant dira-t-on que le prix de Rome ne fait que des artistes sédentaires et qu'on s'endort à la Villa Médicis? Mais d'abord une disposition, inscrite depuis quelques années au règlement de l'Académie de France, permet aux architectes d'aller chercher où bon leur semble le sujet de leur restauration. Ils n'ont pas manqué de répondre à cette invitation. Dernièrement, l'un d'entre eux, pour restituer l'Acropole de Pergame, a consacré à en étudier les ruines tout un hiver qui s'est trouvé des plus rigoureux. Dans ces conditions, il a préparé des dessins qui ont été, j'en suis sûr, admirés au Salon. On y a vu des monuments qui ont préparé l'introduction de l'architecture grecque à Rome, en face d'autres monuments élevés sous le règne de Trajan. Ce bel ensemble n'aura pas manqué de mettre en lumière le nom de M. Pontremoli.

J'ai dit ce que M. Bertone a fait à son tour. Il a étudié l'art gréco-syrien dans un pays qui, ayant plus longtemps que d'autres conservé son autonomie, nous montre cet art avec son caractère original. L'explorateur a bien conduit son travail et il l'a exécuté sans compter. Il n'a songé qu'à se faire honneur et à honorer son pays. Mais, il faut le dire, cela ne s'est pas fait sans peine. Dans de pareilles entreprises, il faut s'attendre à souffrir. Il le savait en partant, le jeune enthousiaste. Renseigné à Beyrouth, il n'ignorait pas que le voyage qu'il allait accomplir eût coûté, s'il se fût agi d'une mission donnée par l'État, une somme considérable. Il comprenait très bien qu'il ne s'en tirerait, avec le peu de ressources dont il disposait, qu'en s'imposant des privations infinies. En effet, ses compagnons et lui, forts de leur jeunesse, ont vécu, pendant leur long séjour à Palmyre, en épargnant sur le nécessaire. Quand ils suivaient les routes qui les amenaient sur les confins du désert ou les rapatriaient, ils prenaient les dernières places. En allant à Beyrouth et en revenant en Italie, ils restaient sur le pont du bateau... Je n'insiste pas : on voit assez ce qui leur a manqué.

Mais tant de constance et de talent n'aura pas été dépensé en pure perte. Sans doute, il était à craindre qu'on ne se rendît pas compte, au premier moment, de ce que vaut un travail aussi considérable. Heureusement inspirée, l'administration des Beaux-Arts en a reconnu le mérite. Grâce à son concours, la restauration de Palmyre pourra paraître. Nous la verrons partiellement aux prochains Salons et, dans son ensemble, à l'Exposition de 1900. Ainsi, le monde des artistes et des savants aura part à la riche contribution qu'une œuvre pareille apporte à l'architecture et à son histoire.

DANTE

CONSIDÉRÉ COMME ARTISTE [1]

Dante a raconté, dans la *Vie nouvelle*, que le jour anniversaire de la mort de Béatrice, il se tenait à l'écart et que, songeant à celle qui, selon son expression, avait pris place parmi les citoyens de la vie éternelle, il dessinait un ange. Quelques personnes s'étant approchées sans qu'il les vît suivaient des yeux son travail. A un certain moment il s'aperçut de leur présence, et comme il leur devait le respect, il se leva et, les ayant saluées : « Quelqu'un était tout à l'heure avec moi, leur dit-il, et à cause de cela je pensais. » Puis, ces personnes s'étant éloignées, il se remit à dessiner des anges...

Ce passage d'un livre qui est comme le prologue de la *Divine Comédie* éveille notre curiosité. Qu'étaient ces figures tracées par le grand poète? Quel était le sens des paroles mystérieuses prononcées par lui? Et quel lien unissait l'œuvre de sa main à ses plus profondes pensées? Telles sont les questions que l'on se pose aussitôt.

1. Lu dans la séance publique annuelle des cinq Académies, du 25 octobre 1889.

Dante dessinait, et de ce fait il ne nous reste rien de lui. Le moindre trait que l'on serait en droit d'attribuer à son crayon aurait pour nous une valeur extrême. Mais, du moins, nous voudrions savoir comment il s'était initié aux arts. S'il faut en croire la tradition, sa mère lui aurait fait enseigner le dessin aussi bien que la musique; et en cela elle se serait simplement conformée à l'usage. L'art tenait une grande place dans la vie florentine; peu après la naissance d'Alighieri, la ville entière, dans un mouvement spontané d'allégresse, n'avait-elle pas accompagné à l'église de Sainte-Marie-Nouvelle une Vierge de Cimabué que l'on y portait! A la vérité, le dessin n'entrait pas dans le cadre de la scolastique. Mais on voit dans Aristote qu'il était la condition obligée d'une éducation parfaite. D'ailleurs les nobles d'alors ne dédaignaient point de pratiquer la peinture : Cimabué et Gaddo Gaddi en étaient la preuve vivante. Dante, comme ses pareils, devait fréquenter les ateliers des peintres, des mosaïstes et des sculpteurs, ces *botteghe* déjà nombreuses d'où sortaient des ouvrages dont l'apparition était un événement public. Sans doute il avait approché quelque maître du temps. Non qu'il se fût soumis au long apprentissage que nous fait connaître le moine Théophile. Mais, jeune, il avait dessiné, désireux de tout savoir, ardent à tout embrasser.

Ce temps était déjà loin. L'épisode de la *Vie nouvelle* que nous avons rapporté a cet avantage d'avoir une date certaine : nous sommes en 1291.

Dante avait alors vingt-six ans. Giotto n'en avait que quinze et n'était encore qu'un enfant de génie. Si donc Alighieri eut un maître, ce fut Gaddi ou peut-être Cimabué lui-même, encore dans tout l'éclat de sa gloire. Mais, contre son habitude, ni directement ni par allusion, il ne nous éclaire à ce sujet.

Tout d'abord, on peut le croire : les anges qu'il dessinait de lui-même pouvaient ressembler à ceux que nous voyons dans les tableaux contemporains. Cimabué en a peint qui ne sont pas toujours impassibles dans leur gravité hautaine. Mais, soit par le privilège qu'ont les mots, soit par la force même de l'inspiration, ceux que Dante évoque paraissent avoir plus de mouvement et d'expression. Quand on lit le songe dans lequel peu de temps avant que mourût Béatrice, il la vit, comme une forme blanche que des anges portaient au ciel, on ne peut s'empêcher de penser, non pas à un ouvrage de Giotto, mais à quelque chef-d'œuvre d'un art plus avancé. En tout cas, et cela n'est pas sans intérêt, il dessinait assez bien pour contenter sa pensée, et cela ne paraît pas avoir été suffisamment remarqué. Lui qui a décrit si admirablement les anges et qui dans la *Divine Comédie* nous en a présenté des types d'une beauté et d'un éclat si frappants, ne pouvait, semble-t-il, se satisfaire des images qu'il voyait dans son esprit. Il voulait encore les figurer à ses propres yeux. La poésie ne suffisait pas au poète : il lui fallait encore des représentations effectives. Quel hommage rendu par lui à l'art qui a le pouvoir de les créer ! Quel témoignage pour le dessin !

Nous aussi, nous avons vu un grand poète dessiner comme pour compléter sa pensée et pour y ajouter. A bout de mots et d'expressions pittoresques et comme impuissant à évoquer des images suffisamment formelles, Victor Hugo traçait, avec de violentes oppositions de lumière et d'ombre, des fantômes d'édifices et des effets de clair-obscur indescriptibles : ciels irrités, repaires sombres où sa pensée, toujours agitée et avide de contrastes, se reposait un moment. Autres temps, autre manière de sentir les choses ! Ces incursions de deux puissants génies dans le domaine de la peinture sont caractéristiques. Le crayon à la main, Hugo amplifiait des réalités ; Dante représentait l'invisible.

Dante a-t-il continué de dessiner ? Nulle part il ne nous le donne à entendre. La tradition veut qu'une représentation de l'Enfer qui décorait la façade d'une vieille église de Volano ait été peinte d'après ses dessins. On lui attribuait aussi, sinon la composition, du moins le programme des fresques exécutées par Giotto dans le sanctuaire d'Assise et à Naples au couvent de Sainte-Claire. D'ailleurs, en plus d'un passage et à plus d'un trait on s'aperçoit qu'il était en possession d'une véritable critique. « La précipitation, dit-il quelque part dans le *Purgatoire*, fait perdre la dignité des attitudes. » Plus loin, dans le *Paradis*, on trouvera cette parole qui semble attester l'expérience d'un praticien : « La forme ne s'accorde pas toujours avec les intentions de l'art, parce que la matière est sourde à répondre. » Il faut donc reconnaître qu'il a été, pour le moins, un puissant inspirateur et un bon conseiller et que, par son autorité et par ses entretiens, il a préparé des chefs-d'œuvre. Giotto lui a dû le développement de son génie.

Pour lui, s'il n'a été ni peintre ni sculpteur, s'il n'a pas travaillé de la main, il demeure cependant artiste incomparable. La *Divine Comédie* est pleine de tableaux et de figures qu'aucun art n'a encore égalés. Flaxman, dans les compositions qu'il a tirées des trois cantiques, s'est privé d'un grand moyen d'expression : il a négligé la couleur et l'effet. De simples contours seront toujours impuissants à rendre des scènes éclairées ici par les flammes de l'Enfer, là par la douce lumière du Purgatoire, ailleurs par les clartés radieuses du Paradis. Tâche difficile à laquelle les artistes florentins, si nourris cependant de la moelle du poète, n'ont pas suffi ! Les dessins de Sandro Botticelli sont dépourvus de caractère. On a cherché dans le *Jugement dernier* de la chapelle Sixtine un reflet du divin poème. Le rapprochement paraît naturel; mais au fond les sujets sont très différents. L'art aussi est tout autre : l'œuvre de Michel-Ange est abstraite; elle est d'un dessinateur, et l'influence de l'art antique s'y fait plus sentir que la tradition dantesque. Cependant Buonaroti savait par cœur la *Divine Comédie*. Alors, sans doute, les arts étaient plus indépendants les uns des autres qu'ils ne le sont aujourd'hui. Pour Dante, si admirateur qu'il fût de l'antiquité, il était maître de sa forme. Rien ne s'interposait entre lui et son sujet : il le voyait directement. Aussi avait-il le trait original et décisif, et en même temps on peut dire que, pour peindre les choses, il était un coloriste inouï. A ce point de vue, la *Barque* d'Eugène Delacroix n'est pas indigne des vers qui l'ont inspirée. Et en y réfléchissant, on en vient à penser que Rubens seul, parmi les peintres, eût été capable de se mesurer avec Alighieri. Il eût pu, avec une égale puissance, nous donner l'idée des splendeurs du ciel et des sombres clartés au sein desquelles souffre, maudit et pleure le peuple lamentable des damnés. Mais eût-il su mettre à chaque personnage et à chaque épisode le caractère qui lui appartient?

En effet, une des grandes supériorités du poète consiste à imprimer à toutes choses un caractère ineffaçable. Ses créations ont une détermination propre, et une mesure telle qu'on ne peut songer à leur en substituer une autre. On les voit clairement dans son esprit; et c'est pour cela qu'on oppose toujours à l'artiste qui les interprète une image intérieure que le poète a gravée en nous et qui y reste comme un défi. Dante est grand portraitiste et on n'oublie plus les personnages qu'il a touchés. Il a même une tendance à exagérer qui était déjà dans le goût florentin. Il semble parfois charger la touche, comme Léonard de Vinci et Michel-Ange le feront plus tard. Mais pour lui la laideur ainsi obtenue n'est pas un jeu; elle procède d'une observation profonde et d'une rare faculté de ressentir les formes pour accroître l'expression. Il est permis de penser que Dante, à son époque, n'a pas été sans influence sur l'art du portrait, qui s'est, en effet, formé à partir de la fin du XIIIe siècle. En 1298, Giotto, ayant eu à décorer la chapelle du palais du Podestat, introduisit dans une de ses fresques Dante lui-même, qui était devenu son ami, Brunetto Latini et d'autres contemporains. On serait curieux de savoir quelles idées échangeaient sur la manière d'établir la ressemblance le poète et le jeune peintre qui, dans ce genre aussi, dépassait ses devanciers.

En réalité, c'était ainsi que l'art retournait à la nature. A la fin du XIIIe siècle, ce mouvement rénovateur était autre chose qu'une affaire d'école et un besoin d'imitation. Il se rattachait à l'immense développement qu'avait pris la personnalité humaine. Toutes les activités de l'esprit se déployaient alors avec une énergie extraordinaire. Si les tyrans et les citoyens des républiques brûlaient de s'illustrer, fût-ce par des crimes, la chevalerie, les ordres monastiques et hospitaliers brillaient d'un éclat très pur, auquel la sainteté ajoutait son suprême idéal. Sous l'influence des idées chrétiennes, l'âme de l'homme avait pris une valeur infinie qui donnait à la personne une importance qu'elle n'avait jamais eue; et, soit par le désir d'assurer le souvenir de l'individu, soit à raison de son mérite ou de sa dignité, on n'hésitait point à fixer ses traits.

Mais le sentiment de la nature pouvait s'appliquer à des sujets plus considérables. Dante, qui avait pu guider les contemporains dans l'art du portrait, était capable de leur donner des leçons plus hautes. La puissance d'animation, la réalité qu'il porte dans ses fictions est extrême; et souvent, par ses descriptions, il nous donne l'impression que nous éprouverions devant de véritables œuvres d'art. Songez à ces sculptures qu'il nous montre dans le premier cercle du *Purgatoire*. J'en ai toujours été frappé. Au moment de s'élever dans la voie difficile qui le conduira au sommet de la montagne, il remarque taillés, sur la paroi de marbre qui borde le chemin du côté opposé à l'abîme, des bas-reliefs « tels, nous dit-il, que non seulement Polyclète, mais encore la Nature les aurait admirés à sa honte ». Ceux qu'il voit les premiers sont à la gloire des humbles; ceux qu'il trouvera bientôt, ceux-ci sculptés sur le sol même et destinés à être foulés aux pieds, sont à la confusion des orgueilleux. Pour les rendre sensibles, les expressions du poète prennent un relief merveilleux, et il faut, en vérité, s'incliner devant l'excellence de l'ouvrier. C'est d'abord l'Annonciation; et les paroles de l'Ange et la réponse de Marie sont aussi fidèlement empreintes dans les attitudes qu'une forme sur la cire où on l'applique. Les possibilités de l'expression ne sont-elles pas poussées jusqu'à leurs limites, et ne sommes-nous pas bien loin des personnages qui parlent au moyen de banderoles qui sortent de leur bouche ? Mais écoutez encore le grand artiste. Nous sommes devant un autre sujet. « Ici, dit-il, sur la matière étaient représentés le char et les bœufs traînant l'arche sainte... En avant se voyaient quantité de gens ; et cette troupe divisée en sept chœurs faisait dire à deux de mes sens : Oui, elle chante ! Non, elle ne chante pas ! De même, devant la fumée de l'encens si bien représentée, mes yeux et mon odorat étaient en désaccord et sur le oui et sur le non. La robe relevée et dansant, l'humble psalmiste précédait l'arche bénite... Vis-à-vis et du balcon d'un grand palais, Michol le contemplait de l'air d'une femme dédaigneuse et triste. » Que de variété ! Quel sentiment de la vie et quelle puissance attribuée à l'art, celle de faire illusion et de tenir en suspens les sens et le jugement ! Ce n'est pas un artiste du temps qui eût été capable d'exécuter un pareil ouvrage. Il faut, pour trouver l'équivalent de ces chœurs de musiciens et de chanteurs, aller jusqu'à Luca della Robbia !... Enfin un autre sujet s'offre à nos yeux : la Justice de Trajan ; et l'idéal de la sculpture est encore reculé, puisque la forme arrive à rendre la couleur. « Au frein du cheval de l'empereur était une femme en pleurs, désolée. Autour de lui on distinguait une foule nombreuse de cavaliers et, au-dessus de sa tête, les aigles d'or s'agitaient au vent. La malheureuse, au milieu, semblait dire : « Maître, donne-moi vengeance pour mon fils qui est mort ; mon cœur est navré. » Et il lui semblait dire : « Attends que je revienne. » Et elle, comme une personne que pousse la douleur : « O mon seigneur, si tu ne reviens pas !... » Suivent quelques paroles sublimes et Trajan s'arrête : ainsi le veulent la pitié et la justice. N'est-ce pas un magnifique spectacle que cette foule d'officiers, et ces étendards qui semblent flotter au soleil; uné scène à jamais émouvante que celle où figurent cette mère si bien inspirée dans sa prière et ce prince qui s'arrête au nom de son devoir! N'est-ce pas un chef-d'œuvre! Me trompé je? cette description n'évoque-t-elle pas le souvenir d'une œuvre toute moderne, du beau tableau qu'Eugène Delacroix a consacré à rendre le même sujet ?

Rien ne ressemble moins que les ouvrages de Giotto à de pareilles conceptions sorties de toutes pièces de l'imagination de Dante et pour ainsi dire de ses mains. C'est un art précurseur et nouveau. Ces bas-reliefs qui, par le pathétique, se rapprochent, peut-être, de ceux de Jean de Pise, appartiennent à un art mixte : ils tiennent aussi bien de la peinture que de la sculpture. Et par là encore il devancent le temps et relèvent d'une théorie qui ne se dégagera que plus tard. Ils sont étrangers à l'antiquité; ils annoncent la seconde Renaissance.

Et pourtant Dante voyait les ouvrages de ses contemporains, et parfois, sans doute, il en était satisfait. Rien ne prouve mieux l'inconscience du génie, et en même temps la grandeur du champ qu'il peut embrasser. Longtemps on a lu le Xe chant du *Purgatoire* et l'on n'a pas vu que, comme bien d'autres chants de la *Divine Comédie*, il révélait un art nouveau. C'est le caractère des grandes épopées, non seulement de contenir toute une époque avec son passé, mais encore de préparer l'avenir. Ainsi l'*Iliade* et l'*Odyssée* nous offrent un merveilleux tableau de la Grèce héroïque et font apparaître à nos yeux des figures et des personnages si bien caractérisés et d'un travail si parfait qu'ils semblent sortir des mains d'un habile artiste. La même puissance d'évocation appartient aux hymnes homériques. Cérès chez Démophon, Bacchus au milieu de ses transformations diverses, Apollon qui, dans l'assemblée des Dieux, s'avance en jouant de la lyre, brillent comme des chefs-d'œuvre plastiques. Et cependant ni la peinture ni la sculpture n'étaient encore pratiquées chez les Hellènes. Ce fut seulement après des siècles d'efforts que le génie du père de la poésie grecque parut égalé par le génie d'un artiste. En formant d'ivoire et d'or l'admirable colosse du Jupiter Olympien, Phidias sembla s'être dignement inspiré d'un vers d'Homère.

Telle fut, d'une manière générale, l'influence de Dante, autant, du moins, qu'une action suivie peut s'exercer sur le génie instable des peuples modernes. A mon sens, on n'a pas encore tiré de son œuvre tout ce qu'elle contient. Le *Purgatoire* et le *Paradis* restent encore inexplorés : le Purgatoire, milieu délicieux, à la fois humain et idéal ; le Paradis, plein de lumière, de cette lumière, le plus immatériel des éléments et qui est, par excellence, l'élément de la peinture. La *Divine Comédie* conserve donc intacte une partie de ses trésors : elle a toujours le privilège de l'épopée. Mieux que toute autre poésie, elle répond aux aspirations modernes, et, rien que par les procédés qu'elle emploie et par son principe esthétique, elle ouvre la voie à des créations sans fin. Ici le poète continue à porter en lui un long avenir. Peintres et sculpteurs y feront encore des découvertes et les penseurs chercheront longtemps encore la mesure de son inspiration. C'est ainsi que la poésie, affranchie de la matière, s'élance vers l'infini ; les autres arts suivent d'un pas tardif.

On a dit qu'au moyen-âge on avait plus souci de savoir que de penser. Cette appréciation ne saurait s'appliquer à Dante. Non seulement il a embrassé tout ce qui constituait, à son époque, le savoir humain, mais il en a condensé la substance dans une œuvre, fruit d'une méditation profonde. Systématique et inspiré, il dit lui-même qu'il y a un sens double et multiple en tout ce qu'il écrit. De ce fait il a été l'objet d'un travail immense. On l'a étudié comme historien, comme philosophe et comme théologien non moins que comme poète. Aujourd'hui je voudrais chercher quelles ont été ses idées sur l'art, en me bornant toutefois à un aperçu.

Pour rester dans mon sujet, je dirai d'abord que, comme historien, il nous a conservé le souvenir du musicien Casella, des miniaturistes Oderisi d'Agubbio et Franco Bolognese. Il nous apprend qu'au commencement du xive siècle le cri public plaçait Giotto au-dessus de son maître Cimabué. De sa philosophie, je ne retiendrai que l'esthétique.

Marcile Ficin a remarqué que, sans parler la langue de Platon, Alighieri est plein d'idées platoniciennes. Il est vrai qu'il connaissait le *Timée*. Son esthétique est de même essence que celle de l'Académie. Elle ne constitue pas une théorie écrite ;

mais chez lui elle est en puissance; elle est, pour ainsi dire, identifiée à son œuvre, aux aspirations de son âme, à toute sa vie. Je n'ai pas à rappeler comment, d'après Platon, l'idée du beau vient à se former. On sait par quels états successifs celui qui est appelé à en être pénétré, considérant les beaux corps et les belles âmes, arrive à concevoir une perfection qui leur soit commune; et puis comment, emporté par l'admiration et unissant dans son enthousiasme le beau avec le bien, il s'élève à la notion d'une bonté suprême qui réside et vit en Dieu. Cet effort de tout l'être, c'est l'amour qui le produit, l'amour, source de tout mouvement, hommage rendu à toute beauté et qui remonte à son principe.

Pour Dante aussi, l'amour est la source de l'esthétique. Enfant, il voit Béatrice et il l'aime pour toujours. Pour bien comprendre sa philosophie, il faut songer à l'état moral apporté par le christianisme, aux sentiments épurés dont la femme était devenue l'objet, et aussi à la théorie de l'art telle que les idées religieuses l'avaient faite. La beauté physique était toujours admirée; mais l'idéal de la perfection n'y était pas attaché. Il ne résidait plus dans une belle âme nécessairement identifiée à un beau corps, mais dans une âme belle, se traduisant par son rayonnement dans un corps, fût-il imparfait. Tous les corps étaient donc appelés à donner ce spectacle, et si jamais l'âme n'avait autant valu, jamais aussi le corps n'avait eu autant de prix. Quel vaste champ s'ouvrait à l'art qui, au lieu de se borner, comme chez les Grecs, à figurer quelques types de formes corporelles conduites par un long travail à la perfection, embrassait désormais l'humanité tout entière ! C'est ainsi que Dante cherchait à la fois le caractère individuel et l'expression idéale.

Mais la réalité des choses avait besoin d'être encore plus efficacement relevée. Le symbolisme et l'allégorie tenaient une grande place dans l'art chrétien, symbolisme de faits et d'idées auquel on pouvait toujours ajouter. Les premiers docteurs de l'Église s'étaient plu à voir dans l'univers entier la figure de la pensée créatrice et à regarder les êtres et les choses comme une image de l'esprit de Dieu. Cette conception avait ses degrés. Elle avait été étendue à l'autre monde, singulièrement peuplé et animé par les différents ordres des hiérarchies célestes. Le sentiment qui portait à rechercher dans les choses matérielles le principe immatériel dont elles étaient le simulacre était bien fait pour soutenir l'esprit de l'artiste ; mais il risquait aussi de l'accabler. Un idéal si étendu n'était pas facile à réaliser. L'art s'épuisait dans le mysticisme ; le naturel disparaissait dans le divin. Alighieri, doué au plus haut degré du génie qui crée des symboles et du sens mystique, associe à ce don le sentiment énergique de la réalité.

Je ne sais si l'on a remarqué qu'il rapproche toujours l'art et la nature comme deux termes inséparables. En tout cas, ce fut une de ses gloires d'avoir donné à ses conceptions un corps digne à la fois d'un grand idéal et de la vérité. Quelles qu'elles soient, elles revêtent toujours des apparences vivantes : elles sont douées de beauté ou de puissance et d'une sorte de naturel qui parle aux yeux. Dans l'*Enfer*, dans le *Purgatoire* et dans le *Paradis*, les âmes, si immatérielles qu'elles soient, nous apparaissent comme les fantômes visibles des corps anéantis.

Admirablement pourvu du sens de la forme, le maître fécond établit dans ses créations des degrés et une progression plastique. Autant l'*Enfer* est rempli de personnages d'une réalité et d'une violence saisissantes, autant le *Purgatoire* si voisin de notre monde supérieur, nous offre déjà des formes adoucies ; autant, dans le *Paradis*, les élus, se mouvant dans la lumière, en sont pénétrés et revêtent l'éclat de corps glorieux. Ainsi le portrait s'idéalise, se transforme et peut s'élever au symbole. Mais, je le répète, infatigable créateur d'images, jamais Dante ne se réfugie dans l'indéterminé pour rendre les choses les plus subtiles, les plus rebelles à la forme, les plus difficiles à saisir par notre entendement. S'il le fait, c'est volontairement. Autrement, tout a son contour et son coloris. Au plus haut des cieux, la Trinité brille comme un triple cercle, dans lequel l'œil distingue encore, mêlée aux splendeurs divines, une forme humaine. Il dessine avec le besoin de précision d'un Florentin du xve siècle.

Parmi toutes les conceptions symboliques, celle des anges a sa prédilection. Dans les trois cantiques, on croit entendre partout le bruit de leurs ailes. Leur vue rassure, charme et console, et comme associés à l'existence de chacun de nous, ils deviennent l'idéal de la vie humaine.

Toute l'œuve de Dante se rattache à Béatrice; tout vit et se meut autour d'elle. Sans le secours de la dialectique, en elle le beau et le bien se confondent. Dans la *Vie nouvelle*, elle est enfant et jeune fille; elle meurt et aussitôt se transfigure. Dans le *Banquet*, elle s'efface sans disparaître. Dans la *Divine Comédie*, elle est la Théologie, elle siège parmi les Trônes et devient un symbole, mais elle ne perd point sa forme, et à mesure qu'elle monte dans les sphères du Paradis, elle devient plus belle. C'est le travail idéal du poète : il nous donne son secret. Exaltée par l'amour, Béatrice est une œuvre d'art... Elle est l'image accomplie de l'esthétique d'Alighieri.

La brève description qui nous est restée de l'enfant dont la vue émut pour toujours Dante, âgée de neuf ans, est ravisante. Avec sa robe rouge, elle est belle, pleine de décence et d'une naïve gravité. Jeune fille, elle brille au milieu de ses compagnes d'un éclat extraordinaire dans ses vêtements d'une éclatante blancheur. Elle est parée d'une béauté angélique, d'un charme céleste. Le sentiment qu'elle inspire est l'admiration et le respect. Devant elle on baisse les yeux et on n'ose les relever. Dante, qui cherche un regard d'elle, ne peut le soutenir : un jour, à sa vue, il est prêt à s'évanouir. Au ciel, ces yeux couleur d'émeraude jettent un éclat extraordinaire ; ils l'appellent et l'attirent et lui donnent

la force de s'élever à Dieu. Mais quel n'est pas le
bonheur du poète quand au regard s'ajoute le sourire! Alors sa joie s'épanche en expressions péné-
trées de gratitude et de passion mystique. A ce
moment Béatrice, devenue la Théologie, lui apparaît
vêtue de rouge, de vert et de blanc, couleurs symboliques et désormais consacrées au personnage
qu'elle représente. Mais, qu'on veuille bien le remarquer, là s'arrêtent les descriptions du poète ;
de sa noble dame, il ne nous montre que ce
qui exprime le mieux les sentiments de l'âme : le
regard et le sourire. Il n'en dit pas davantage. Ah !
Pétrarque nous entretiendra plus longuement de la
beauté de Laure. Nous apprendrons de lui comment étaient son visage, ses cheveux, sa main,
quelles étaient les perfections de sa personne.
Après lui d'autres, dans leurs vers, analyseront
avec plus de détails encore les charmes de celles
qu'ils aiment, et, en cela, l'amour platonique ne
sera pas le moins abondamment inspiré. Mais
Dante, en parlant de Béatrice vivante, éprouve le
trouble d'une passion profonde et un respect qui
l'empêche de parler. Par révérence, sans doute, il
évite de décrire la beauté qu'il contemple ; ou plutôt, à travers cette beauté, c'est l'âme qu'il admire
et qu'il aime. Dans l'objet de son amour il voit une
image des perfections divines, perfections immatérielles et qui ne sont pas de ce monde. Ainsi la
femme se transfigure. Et lorsque celle qu'il voyait
déjà sur la terre comme un esprit céleste revient
à sa mémoire, lorsqu'il songe à Béatrice le jour

anniversaire de sa mort, et qu'il veut, sous l'empire du sentiment le plus profond, donner à sa pensée une forme figurée, il trace, non pas le portrait de celle qu'il a perdue, non pas sa ressemblance corporelle, ni même le personnage symbolique avec lequel il doit l'identifier plus tard : non, il songe à Béatrice et il en dessine un ange.

Ainsi se montre à nous, à côté de l'historien, du philosophe et du théologien, et à côté du grand poète, l'artiste à la fois réaliste et mystique, qui, unissant la nature au symbole et la science à l'amour, a magistralement employé les différents modes de l'art. Son travail, en ce genre, paraît aussi complexe que son travail de poète ; car tous les dons qu'il a reçus du ciel ne font qu'un dans son esprit. Il nous donne la représentation intellectuelle d'un art aussi bien contemporain de l'avenir que du siècle où il a vécu.

En consacrant ces lignes à Dante, je n'ai fait qu'une ébauche ; mais peut-être ai-je ajouté quelque chose à l'idée que l'on se fait de son universalité. A Florence, Dante était lu et expliqué en chaire sous la coupole Sainte-Marie-des-Fleurs. Le lieu où nous sommes réunis et l'occasion m'ont paru convenables pour appeler l'attention sur un côté de son génie, jusqu'ici négligé, je crois, par les commentateurs.

APOLLON

Apollon ou Phœbus [1], dont le nom s'écrit *Aplu* sur les monuments étrusques, est une création du génie des Grecs : dans une haute antiquité, il était déjà l'une des douze grandes divinités de l'Olympe hellénique. Les théogonies le disaient fils de Jupiter et de Latone et frère jumeau de Diane.

Honoré comme générateur de la lumière et de la vie, *Apollon* était avant tout un dieu qui triomphe. Distinct du soleil, il représentait l'énergie de cet astre avec les analogies morales que son action présente. On voyait en lui le modérateur des saisons et des destinées; il était la personnification de l'ordre et de l'harmonie qui luttent et triomphent sans cesse au sein de l'univers; et tandis que dans la nature il chassait l'hiver pour ramener le printemps, dans ses rapports avec l'humanité il châtiait le superbe, secourait l'homme pieux, le purifiait, lui donnait la santé et les honneurs, calmait à l'aide de la musique son âme troublée, l'éclairait par des

1. Sources générales : Ott. Muller, *Manuel d'archéologie;* — Sillig, *Catalogus artificium Græcorum et Romanorum;* — Clarac, *Musée de sculpture;* — Gerhard, *Grieschische mythologie;* — Guigniaut et Creuzer, *Religions de l'antiquité;* — Maury, *Histoire des religions grecques;* — *Hymnes Orphiques*, hymne xxiii.

oracles et des augures, illuminait son intelligence des plus vives clartés.

L'hellénisme, associant ces idées, leur donna la forme d'un dieu tout brillant de jeunesse, de force, et finalement de beauté. La religion, qui avait réglé ses fonctions, avait aussi, dès le principe, déterminé les attributs qui les caractérisent. L'art vint plus tard les fixer d'une manière définitive.

Considéré comme dispensateur de la lumière et de la santé, *Apollon* porte l'arc d'argent et les flèches, emblèmes des rayons solaires qui donnent la vie et la mort. Les couronnes et les rameaux de laurier, les bandelettes de laine le montrent comme présidant aux purifications et aux sacrifices expiatoires. Prophète, il s'appuie sur le trépied. Dans ces différents cas on place près de lui le serpent, symbole médical et divinatoire, ou simplement image de Python. Son costume est la chlamyde et le manteau : leur couleur est rouge ou violette, à moins qu'ils ne soient d'or. La cithare, le cygne, font reconnaître le dieu de la musique et de la poésie, arts intimement unis dans la pensée des anciens. La lyre indique aussi le conducteur des Muses ; mais alors il porte une robe longue et un manteau attaché sur les deux épaules, appelé *stolè*, qui complète la costume du citharède pythien ; la *stolè* est toujours rouge. *Apollon* est encore remarquable par une abondante chevelure d'un blond doré. Le griffon est une marque de sa puissance [1] ;

---

1. Millin, *Galerie mythologique*, pl. 20, n° 52.

le corbeau et le dauphin lui sont consacrés ; l'épervier, oiseau du soleil, porte ses messages ; le cerf marque la rapidité de sa course. D'abord divinité pastorale et portant le pédum, il devint ensuite divinité gymnique. Enfin, une ancienne tradition conservée par les hymnes, mais qui n'a pas laissé de traces dans l'art, lui attribuait l'invention de l'architecture.

Ses temples les plus vénérés étaient : celui de Didyme près de Millet, celui de Délos, où l'on voyait un autel ouvrage de ses mains [1], et celui de Delphes, dont il avait lui-même posé les fondements [2]. C'est autour de ces sanctuaires que les Grecs s'assemblaient pour célébrer ses fêtes par des exercices gymnastiques, des chœurs de danse et de musique et des chants inspirés. A en juger par Homère, longtemps avant que la sculpture et la peinture eussent pris leur essor, la poésie imprimait à la personne d'*Apollon* un idéal éminemment plastique. Mais tandis que l'épopée le revêtait de formes pleines de vie et de souplesse, la piété populaire se contentait de simulacres grossiers. Tel était le pilier conique qui, sous le nom d'*Apollon Agyeus,* se voit au revers des monnaies d'Oricus et d'Olympe en Illyrie [3]. L'art n'a rien de commun avec des objets qui se passent de forme et n'ont besoin que de consécration ; c'est pourquoi nous ne nous

---

1. Callimaque, hymne iv.
2. Homère, hymne i.
3. Millingen, *Ancient Coins of Greek cities and Kings,* pl. 3, nᵒˢ 19 20.

arrêterons pas aux travaux demi-fabuleux de Smilis
et de Dédale. A ce dernier cependant revient l'honneur d'avoir fondé l'école crétoise, qui acquit une
renommée particuiière en sculptant des images
d'*Apollon*. Indépendamment de Dipœnus et de
Scyllis et de Chirisophus, tous Crétois, qui trai-
tèrent ce sujet, nous apprenons que Tectæus
et Angélion, aussi de Crète, exécutèrent l'*Apollon* destiné au temple de Délos [1]. Dans sa main
droite il portait le groupe des Grâces ; la main
gauche était pendante et tenait l'arc et les flèches :
c'était à peu près la composition de la statue de
Delphes. Une monnaie athénienne rapportée par
Combe-Taylor [2] donne une idée de ces ouvrages où
Phœbus était représenté nu et debout. A la fin de
ce siècle (600 avant J.-C.) se rapporte l'*Apollon*
pythien, sculpté par Téléclès et Théodore de Sa-
mos pour leurs compatriotes, et qui est resté
célèbre par une légende qui donne à penser que ces
artistes travaillaient d'après un *canon* ou règle de
proportions. En même temps, Canachus de Sicyone
produisit l'*Apollon Philésius* qu'on adorait dans le
Didyméon. Nous savons qu'il était debout, portait
sur la main droite étendue un cerf ou un faon et
tenait un arc de l'autre main. Cette composition,
attestée déjà par les monnaies de Milet, se retrouve
dans une figure de bronze du Musée britannique [3] ;
on la voit également dans un marbre d'une rigi-

1. Pausanias, IX, 35.
2. Combe-Taylor, *Veterum populorum et regum numism.*, 7.
3. *Specimens of ancien sculpture*, pl. 12.

dité presque égyptienne où la tête du dieu est à la fois ornée d'un diadème et d'une couronne de roses[1]. Au nombre des grands artistes qui précédèrent Phidias et qui tous s'exercèrent avec prédilection sur notre sujet, il faut encore ranger Onatas d'Égine, le contemporain et l'émule de Polygnote. Dans un style déjà assoupli, et sous la forme d'un adolescent majestueux, il avait exécuté en bronze, pour les habitants de Pergame, un *Apollon* qui était fameux dans l'antiquité.

Pour compléter par des exemples ces données historiques, nous citerons l'*Apollon* en marbre trouvé par M. de Prokesch-Osten dans les ruines de Ténée [2] ; puis la petite figure de bronze du Musée du Louvre qui a été recueillie dans la mer à Livourne. Au même caractère d'art appartiennent encore : l'autel rond du Capitole autour duquel *Apollon* marche en cadence entre Diane et Mercure; les bas-reliefs chorégiques d'un style si élégant; un grand nombre d'autres bas-reliefs représentant la dispute du trépied [3] ; et enfin un *Apollon* étrusque en ronde bosse appartenant à la villa Borghèse [4], marbre curieux où l'on voit le dieu appuyé sur un trépied, entièrement vêtu à la manière des femmes et avec des formes hermaphrodites, qui sont rares dans cette période de l'art. En effet, abstraction faite

1. Musée Chiaramonti, et Clarac, *Musée de sculpture*, t. III, pl., 483, n° 931, — Villa Albani.

2. *Monuments de l'Institut de correspondance archéologique.* t. IV, pl. 44.

3. Musée Napoléon III et Villa Albani.

4. Clarac, *Musée de sculpt.*, t. III. pl. 479, n° 922.

des caractères qui sont propres à l'archaïsme, le type d'*Apollon* offre, à cette époque, quelque chose de plus mûr et de plus viril que celui des temps postérieurs. Ce type est en partie fixé : la poitrine est haute, les flancs étroits, souvent déjà les cuisses sont longues ; c'est un dieu agile, mais d'une structure carrée et dont les muscles sont fortement accusés. Quant à la tête, en laissant de côté les *Apollons* barbus qui ont tant d'analogie avec Jupiter, et en consultant les sculptures et surtout les médailles, on peut dire qu'elle est plus ronde qu'ovale, et que l'expression en est quelquefois sévère et dure jusqu'à la colère ; telle on la voit sur les monnaies d'Amphipolis et de Catane [1] où elle est présentée de face avec les cheveux ondoyants. Ailleurs, la chevelure forme tantôt des boucles régulières sur le front et une sorte de queue sur le cou ; tantôt séparée au milieu du crâne elle s'écarte de chaque côté des tempes ; tantôt encore elle flotte sur la nuque et vient y faire un nœud. Souvent il y a une couronne de laurier. Généralement le dieu est armé et nu, à moins qu'il ne soit représenté comme citharède pythien. En résumé, jusqu'ici (450 avant J.-C.), c'est l'influence de la gymnastique et de l'orchestique qui domine dans l'art et non celle de la poésie [2].

Mais nous touchons à une époque où l'inspiration devient plus littéraire. Nous savons que Phidias (445 av. J.-C.) a traité deux fois le sujet d'*Apollon ;* la première dans les trophées de Marathon ; la

---

1. Mionnet, *Supplém. III*, pl. 5.
2. Athénée, XIV.

seconde dans une statue de bronze qui ornait l'acropole d'Athènes ; celle-ci représentait Phœbus dans l'attitude de tendre son arc [1]. La beauté dans tout son éclat, l'animation puissante et contenue, expression d'une vie supérieure, caractérisaient sans doute ces images du plus beau des dieux représenté par un artiste qui cherchait ses inspirations dans Homère. *Apollon* n'a pas été l'objet d'une de ces grandes créations en toreutique où Phidias avait déployé son génie novateur. Mais si nous ignorons dans quelle mesure il avait pu, par lui-même et par son école, modifier l'idéal créé par ses prédécesseurs, nous savons qu'à cette époque la numismatique conservait religieusement les types anciens, et que depuis longtemps elle les exécutait avec une perfection remarquable. Elle y resta fidèle jusqu'au temps de Philippe.

Ce fut après la guerre du Péloponèse que l'école attique, s'adressant à une génération affaiblie, modifia au profit de la grâce la tradition sévère que le génie dorien avait fait prévaloir jusque-là. On attribue généralement à Scopas (390 avant J.-C.) l'original de l'*Apollon Musagète* ou conducteur des Muses, dont la reproduction la plus belle se voit au Musée du Vatican. En prenant la figure anciennement consacrée et en lui communiquant une expression pleine d'enthousiasme et d'élan, il arriva à faire une création véritable. Exemple admirable de la puissance qu'avaient les artistes grecs à se

1. Paus., I, ch. 34. On le surnommait *Paropios, qui tue les sau terelles.*

montrer originaux tout en restant fidèles aux conceptions de leurs devanciers! Dans cette statue, le
génie ionien brille de tout son éclat : c'est la réalisation du beau passage d'une hymne d'Homère,
où Phœbus préside aux concerts célestes.

Peu après Scopas, l'athénien Praxitèle vint accroître la tendance qu'avaient les artistes à provo-
quer des sensations plus molles. L'*Apollon Sauroc-
tone* est un exemple de sa manière : c'est un ouvrage
charmant dans lequel le sujet est certainement amoin-
dri, mais où la grâce la plus élégante et la plus pure
règne jusque dans la pose des pieds. A partir de
cette époque, *Apollon* est représenté définitivement
sous des apparences plus sveltes et plus éloignées
de la maturité, tantôt avec un caractère herma-
phrodite ou comme un adolescent dont le développement n'est pas achevé ; tantôt comme un jeune
homme dont les formes, merveilleusement fondues,
réunissent la délicatesse de la jeunesse à la force
de l'âge viril. La poitrine est moins développée qu'à
l'époque précédente, les hanches sont hautes, les
cuisses toujours grandes. La tête est plus ovale et
paraît encore allongée par un nœud de cheveux
placé sur le front [1] ; dans tous les traits respire un
sentiment noble et ouvert. Enfin la conformation
générale rappelle soit la vigueur gymnastique de
Mercure, soit les formes plus rondes de Bacchus,
qui sont communes aux divinités solaires.

Les œuvres d'art qui appartiennent à la seconde

---

1. Voir la belle tête d'Apollon de l'ancienne collection Pourtalès.

moitié du troisième siècle avant notre ère, et qui représentent *Apollon*, sont nombreuses et variées; mais on ne peut les attribuer avec certitude à aucun des artistes célèbres qui florissaient alors. Aussi ne chercherons-nous pas à établir ici des noms d'auteurs et une chronologie douteuse. Nous nous contenterons de présenter ces ouvrages dans l'ordre que nous avons préalablement assigné aux différentes activités du dieu.

Apollon portant l'arc, combattant ou au repos. — Nous placerons en tête de cette première classe d'images deux figures de bronze de petites dimensions, ou Phœbus nous est montré dans l'action de tendre son arc : l'une appartient au Musée de Naples, l'autre, qui porte dans sa composition le caractère de l'école de Praxitèle, est au Musée britannique. Ici vient se placer le chef-d'œuvre connu sous le nom d'*Apollon* du Belvédère. Dans cette statue, qui exprime d'une manière frappante l'antique tradition du dieu qui combat et qui triomphe, le vainqueur de Python a rejeté sa chlamyde en arrière; il vient de lancer un trait inévitable, et, plein de dédain, il continue sa marche. Sur les monnaies de Sélinonte et d'Himéra en Sicile, où il est représenté décochant une flèche, tandis qu'on voit au revers un sacrifice à Esculape, il apparaît comme une divinité qui donne les maladies ou les guérit. Enfin un grand nombre de monuments de nature diverse retracent la mort des enfants de Niobé. A ces représentations du dieu en action nous ferons succéder celles où il se repose et semble apaisé. Ici l'arc est détendu, et le carquois détaché des épaules est souvent fermé. Tel est d'abord l'*Apollon Lycien*, du Musée du Louvre; puis dans la galerie des Offices, à Florence, la charmante figure appelée l'*Apollino*. Les monnaies de Thessalonique et une peinture de Pompéi offrent le même sujet.

Apollon purificateur. — Épurer l'âme, la laver de ses souillures par des sacrifices et des offrandes était une des importantes fonctions d'*Apollon*. L'art l'a consacrée par des monuments remarquables où il est le plus souvent représenté nu. Dans une belle statue qui a fait partie de la collection Pacetti, on le voyait posant la main droite sur un vase placé sur un trépied, et tenant de la gauche une bandelette flottante[1]. Dans un autre marbre, celui-ci au palais Giustiniani[2], Phœbus est appuyé sur un grand laurier orné de tout son feuillage; au pied de l'arbre est un serpent, au sommet un épervier. Une cornaline gravée offre un *Apollon* avec la chlamyde sur l'épaule et plantant un laurier devant lui[3]. Les monnaies de Myrrhina d'Éolie le montrent portant à la main une branche de laurier et des bandelettes[4]. Enfin, sur des vases peints, reproduits par Tischbein et Millin, il préside à l'expiation d'Oreste réfugié dans le sanctuaire de Delphes[5].

---

1. Clarac, *Musée de sculpture*, t. III, pl. 479, 480, n° 923.
2. *Id.*, *ibid.*, pl., 482, n° 933.
3. *Trésor de numismatique*. — *Nouvelle Galerie mythologique*, pl. 46, 10.
4. *Nouvelle Galerie mythologique*, pl. 31, 67.
5. Millin, *Galerie mythol.*, t. II, pl. 171.

Apollon possesseur du trépied, dieu de la divination et de la musique. — Si l'on considère *Apollon* comme maître du trépied, le premier monument qui se présente est une monnaie de Crotone, où le jeune dieu va lancer un trait contre Python, qui se dresse de l'autre côté du trône fatidique [1] ; puis l'on se reporte aux nombreuses compositions, peintures de vases, bas-reliefs en terre cuite et en marbre, le plus souvent d'origine archaïque, où l'on voit Hercule lui en disputer la possession. Mais il n'est pas d'ouvrages qui caractérisent mieux ce sujet que deux statues presque semblables, dont l'une se trouve à Naples et l'autre à la villa Albani. Elles représentent le dieu de Delphes, le torse nu, assis sur le trépied et les pieds posés sur la cortine, que recouvrent un réseau de bandelettes et la peau d'une victime [2]. C'est ainsi, sans doute qu'était placée la Pythie pour rendre ses oracles. Des vases de Volci offraient particulièrement des représentations du même genre; mais on y trouvait encore le dieu assis sur le trépied et tout à la fois jouant de la lyre [3], expression du lien étroit qui unissait dans les idées des Grecs l'inspiration divinatoire et l'inspiration poétique. Une pensée plus complexe est exprimée dans une statue du Musée du Capitole, où *Apollon*, les jambes drapées, le bras droit placé sur la tête et tenant la cithare de la main gauche, s'appuie sur un trépied, entre

1. *Id., ibid.*, t. I, pl. 16.
2. Clarac, *Mus. de sculpt.*, t. III, pl. 486, n° 937; 486, n° 737.
3. *Mon. de l'Inst. arch.*, t. I, pl. 46.

les supports duquel un serpent se déroule en larges anneaux. Dans la même collection, un autre
marbre, d'un style ferme et grandiose, nous offre
ce dieu se reposant dans une attitude analogue ;
mais il est nu et sa lyre est portée par un griffon.
La même composition se voit fréquemment sur les
gemmes [1]. Une peinture de Pompéi, où l'instrument de musique est suspendu au pilier qui sert de
support à la divinité, et les monnaies de Delphes,
qui portent un *Apollon* enveloppé dans une ample
chlamyde[2], serviront à compléter la série des monuments qui nous montrent le chantre immortel
méditant ou au repos. Comme exemple de Phœbus
qui paraît chanter en s'accompagnant de la cithare,
nous donnerons d'abord une remarquable figure
de la collection de Saint-Marc, à Venise ; elle est
nue, elle a le pied gauche levé et posé sur un rocher. Puis une statue du musée Bourbon, d'un
sentiment exquis, et dont il existe une imitation
au Capitole. Des formes délicates, quelque chose
de la grâce d'une femme, une expression céleste
distinguent cette figure dont l'action est bien ca-
ractérisée par le cygne qui lui sert d'attribut, et
qui offre l'image de la beauté unie à l'intelligence
dans la fleur de la jeunesse.

Arrivés aux monuments qui représentent *Apollon
Musagète*, nous citerons (après la statue de Scopas), à laquelle nous nous sommes arrêtés déjà) le

---

1. *Trésor de numismat.* — *Nouvelle Galerie mythologiq.*, pl.
46, fig. 9.

2. Millingen, *Med.*, pl. 2, 10, 11.

marbre colossal de la Glyptothèque de Munich, et
une figure assise, en porphyre, qui est au Musée de
Naples. Ce sujet est d'ailleurs souvent reproduit
sur les vases : des traits arrondis et des formes
efféminées caractérisent, en général, tout cet ordre
d'ouvrages. Observons que c'est généralement dans
le costume de citharède pythien qu'*Apollon* reçoit
l'ambroisie des mains de la Victoire. Mais il n'est
pas seulement le conducteur des Muses, il guide
encore le chœur des astres, et ramène le printemps.
Des peintures de vases et de médailles indiquent
le retour du dieu qui revient porté par un cygne ou
un griffon [1].

Enfin, quoique le mythe de *Phœbus*, considéré
comme divinité champêtre, soit très ancien, et celui
qui explique le mieux l'influence qu'un peuple primitif et des tribus pastorales lui accordaient sur
la nature, il est rarement représenté avec les attributs rustiques. Nous ne pouvons citer dans ce
genre que l'*Apollon* de la villa Ludovisi, qui tient
une lyre en ayant un pédum à côté de lui.

Jusqu'ici (200 av. J.-C.) nous avons vu l'idéal
d'*Apollon* se perfectionner sans relâche et s'étendre librement. A partir de l'époque des successeurs
d'Alexandre, ce type admirable, objet de l'incessante prédilection des poètes et des artistes, ne se
développe plus. Le génie grec cesse de s'appliquer
aux compositions élevées qui avaient signalé le

---

1. *Monnaies de Chalcédoine.* — De Laborde, *Vases*, t. II, 26. —
Trésor de numismatique. — *Nouvelle Galerie mythologique*, pl. 40,
fig. 2 et 3.

temps de sa force et de son indépendance. En même temps que les religions locales disparaissaient avec l'autonomie des cités helléniques, le culte des astres venait de l'Asie vaincue réagir sur l'Occident. *Phœbus-Apollon*, le dieu de la lumière et de la beauté, le dieu qui exerçait surtout son pouvoir dans le domaine de l'intelligence, et qui laissait à Hélios le soin presque matériel de conduire le char du soleil, se vit confondre avec le soleil lui-même et absorber par lui. Après avoir été, pendant tant de siècles, l'un des ressorts les plus énergiques de la vie politique et intellectuelle des Grecs, il cessa d'être un besoin de leur existence et d'inspirer leur activité créatrice. Dès lors, les artistes ne songent plus qu'à concilier deux types déjà pleins d'affinité; ils transforment en usage ce qui était une exception et représentent Phœbus la tête radiée, monté sur un char attelé de deux et de quatre chevaux, ou traîné par des dragons.

Malgré le voisinage des Étrusques, les Romains semblent n'avoir admis que tardivement le culte d'*Apollon*. Ce fut seulement au commencement du quatrième siècle avant notre ère qu'ils lui élevèrent pour la première fois un temple (an de Rome 324)[1] : il devint un des douze grands dieux du Panthéon gréco romain. Nous savons qu'Auguste l'avait pris pour son dieu protecteur. Il fit porter à Rome l'*Apollon* de Scopas, et le consacra sur le Palatin, en actions de grâces de la victoire d'Ac-

---

1. Apollodore, 2 76.

tium. On le reconnaît sur ses monnaies, où il paraît avec la double épithète d'Actius et Palatinus[1]. Les poètes latins du temps distinguent *Apollon* de Phœbus, dont le nom est alors synonyme de celui du soleil. Quand l'esprit des conquérants s'en empare, c'est pour le considérer de préférence à un point de vue pratique. On en voit la preuve dans l'autel ou vase du Louvre, où *Apollon*, représenté en buste, figure comme l'un des douze signes du zodiaque, et préside au mois de mai. Quoiqu'on le trouve au revers d'un grand nombre de monnaies impériales des villes grecques d'Europe, d'Asie et d'Afrique, et souvent tout à fait conforme aux types les plus anciens, Phœbus-Soleil est d'ordinaire un être hybride qui a perdu le sens de son origine[2]. Puis à mesure que l'on avance, l'idée artistique s'affaiblit. Notre dieu est de plus en plus absorbé par les divinités solaires, telles que Mithra, apportées de l'Orient; et il vient figurer, mêlé avec elles, sur les gemmes et les monnaies, parmi des représentations astrologiques et autres emblèmes d'une superstition qui n'avait rien de commun avec le culte du beau[3].

1. Eckhel, *Doctr. num.*, VI, pp. 94-107.
2. *Trésor de numismatique.* — *Nouvelle Galerie mythologique,* pl. 42, nᵒˢ 3. 7, 13.
3. Kopp, *Palæogr. critica,* t. III, p. 325.

BACCHUS [1]

Bacchus nommé d'abord Dionysus, était le plus
récent des dieux grecs. Il présidait, selon l'opinion
commune, à la culture de la vigne et résumait en lui
la vertu et les effets du vin. Mais, dans son essence,
c'était une divinité agricole et solaire qui représentait de la manière la plus étendue et le principe actif
de la nature qui, après avoir fécondé, fait croître et
mûrir toutes choses, perd momentanément sa force
pendant l'hiver ; et la vie physique qui, du sein même
de la destruction, renaît inépuisable et multiple
sous l'influence de la chaleur et de l'humidité. C'est
pourquoi on voyait en lui un principe alternativement générateur et funèbre. Dans ses manifestations, *Bacchus*, image accomplie du monde sensible, réalisait toutes les métamorphoses, avait tous
les âges, réunissait les caractères des deux sexes,
s'adressait à tous les sens ; sa suite nombreuse était
composée d'êtres aux formes complexes et variées :
il était le tout qui se produit sous la diversité des
apparences. Enfin son culte, dont la libation était

---

1. Creuzer et Guigniaut, *Religions de l'antiquité*, t. III, 1re partie ; — Maury, *Histoire des religions grecques ;* — Dupuis, *Abrégé
de l'origine de tous les cultes*, ch. 7.

la pratique caractéristique, était un mélange d'orgies et de mystères augustes : et si, d'une part, il n'était autre que celui de la nature dont la puissance invincible, exprimée surtout par le vin, arrache l'âme humaine au calme et à la possession d'elle-même; d'un autre côté, par la doctrine d'une incessante transmission de la vie et partant de la migration des âmes, il ouvrait des horizons d'immortalité. Nous suivrons cet ordre d'idées en examinant successivement les images symboliques de *Bacchus*, ses représentations sous la figure humaine, et enfin les monuments qui ont rapport à son culte.

I. *Symboles*. — Cette religion, étrangère à la Grèce primitive, tirait son origine en partie de l'Inde, en partie de la Phénicie et de l'Égypte. Venue plus tard avec ses formes de la Phrygie ou de la Lydie, elle s'établit dans la Thrace macédonienne, et de là se répandit dans l'Hellade, le Péloponèse et l'Italie. Les premières représentations de *Bacchus* devaient être symboliques. L'antiquité, jalouse d'exprimer exactement par des images les lois de la nature, figurait par le Phallus le dieu source intarissable des générations. On lui donnait aussi la figure du serpent, emblème de l'élément fluide; mais le plus ordinairement, à cause de son action solaire, il recevait la forme d'un taureau. Ce taureau était, soit le signe du zodiaque qui préside à l'équinoxe du printemps, soit l'expression de la force du soleil à cette époque de l'année. Selon les mythographes les plus autorisés, notre dieu serait ainsi représenté sur les monnaies de Naples, ou encore comme un taureau à face humaine sur celles de Géla [1] et de Sélinonte [2], villes de Sicile, qui l'adoraient de la sorte avec le surnom d'Hébon. Quoi qu'il en soit, les chants religieux attribués à Orphée [3] célèbrent ce *Bacchus-Taureau*, dieu bienfaisant qui revient chaque année [4] ; et, sur les vases peints [5] et les pierres gravées, ce symbole bachique est maintes fois reproduit [6].

II. *Représentations sous les formes humaines*. Il était dans l'essence de *Dionysus* de posséder le don des métamorphoses. Dans l'hymne homérique qui lui est consacré par exemple [7], au milieu de plusieurs prodiges qu'il accomplit, on le voit se changer en lion ; et déjà, sous cette apparence, il passait pour avoir combattu les géants. Par suite, dès que l'on entreprit de le représenter sous les traits de l'homme, on le fit en lui attribuant des caractères variés. Une tête barbue, grossièrement sculptée pour surmonter un tronc de lierre, un cep de vigne ou un hermès phallique fut le premier essai de la sculpture pour donner à *Bacchus* la forme humaine. Cette tête est celle d'un homme dans la force de l'âge, couronné de pampre ou de lierre. La

---

1. Millin, *Galerie mythologique*, pl. 64, n° 254.
2. Eckhel, *Doctrina nummorum veterum*, t. I, pl. 4.
3. Hymnes orphiques, XXIX, XLIX, L.
4. Nous ne parlons pas du Vase Dorsay, dont l'authenticité est contestée. (Clara, *Mus. de Sculpt*, t. II, p. 464 du texte).
5. Millin et Dubois-Maisonneuve, *Peintures de vases antiques*, t. II, pl. 6 et 12.
6. Millin, *Galerie mythologique*, pl. 55, n° 256.
7. Hymnes d'Homère, VI.

barbe est longue et quelquefois taillée en pointe;
les cheveux forment des boucles sur le front, ou,
relevés sur les tempes, viennent en longues mèches
retomber sur les épaules [1]. A toutes les époques de
l'art, on se plaira à tailler des bustes semblables;
mais dès l'origine les artistes s'appliquent à développer ce type vénérable, qui est celui de *Bacchus*,
appelé vulgairement Indien, à cause de son origine
ou de son costume oriental, et que l'on nomme aussi
Pognon ou barbu. Plus tard, quand des images se
complètent et s'animent, la tête continue à offrir le
même aspect : des traits majestueux, une expression ouverte et riante; la chevelure du dieu inven-
teur des couronnes et du diadème, cette chevelure
qui n'avait jamais été coupée, est pressée par un
large bandeau. Du reste il est vêtu d'une longue et
fine tunique qu'il porte quelquefois toute seule [2],
mais sur laquelle s'ajuste d'ordinaire un ample
manteau. La statue dite le Sardanapale [3], qui est
au Vatican, et le joli bas-relief de *Bacchus* chez Ica-
rius [4] le montrent avec ce double costume : et l'on
voit, par une statue de Glyptothèque de Munich,
qu'il peut encore y ajouter une peau d'animal [5].
Comme exemple d'un costume différent, une figure
de la Villa-Albani [6], en complet accord avec la tra-

1. Bouillon, t. III.

2. Millin et Dubois-Maisonneuve, *Peintures de vases antiques,*
pl. 25.

3. Bouillon, t. I.

4. *Id.*, t. III, *Bas-reliefs*, p. 6.

5. Clarac, *Musée de sculpture*, p. 696 A, n° 1641; Macrobe, *Sa-
turnales*, I, 18.

6. Clarac, p. 770 B, n° 1907 B. Voir comme exception un Bac-

dition conservée par Apollonius de Rhodes [1], rappelle que, par-dessus la tunique, Dionysus se parait d'un riche péplus, ouvrage des Grâces. Sur quelques vases peints, il est coiffé d'un bonnet phrygien qui témoigne de son origine asiatique. En général, il tient d'une main le canthare, vase à boire profond qui lui est particulier, dont il répand le contenu ; de l'autre, il porte une branche de lierre ou bien il s'appuie, en guise de sceptre, sur un thyrse ou une tige de férule. Lorsque sa tunique est relevée, on lui donne une haute chaussure, un cothurne de peau de panthère qui lui est propre aussi, et qui ne monte pas plus haut que le genou. Le caractère dominant de ces représentations est une douceur grandiose et sereine, une noblesse que l'ivresse même ne peut altérer. En effet, la dignité convient au propagateur des mystères, au personnage tout oriental de ce *Bacchus*, fils de Jupiter et de Proserpine, image de la vie dans sa plénitude et de l'année vers son déclin. Elle sied au dieu qui porte le titre de Père comme signe de douceur et de bonté majestueuse ; à cette création antique que la religion avait consacrée et qui était le plus souvent reproduite dans les temples.

Peu après paraît et se développe avec indépendance un type tout différent : celui du jeune et riant Dionysus, du *Bacchus* Thébain, fils de Jupiter et de Sémélé, à la fois héros et dieu, nature in-

chus Indien à torse nu (Clarac, p. 686, n° 1641 A), Bacchus avec une peau sur la tunique (Gerhard. *Vases et Coupes*, p. 297).

1. *Argonautiques*, c. IV, v. 425.

termédiaire entre les habitants de l'Olympe et les fils de mortels qui s'élèvent jusqu'à eux. Les fictions inépuisables de sa fable, les divers épisodes de sa légende d'un caractère purement grec et voisin de l'histoire, sont devenus dans l'antiquité les sujets favoris des poètes et des artistes. Nous signalons dans les notes les monuments charmants qui ont rapport à la naissance de *Bacchus*[1], monuments parmi lesquels les statues de Leucothée[2] et du vieux Faune[3] sont des ouvrages célèbres. Dans ces représentations, le dieu enfant ne se distingue que par ses attributs des autres enfants ou petits génies bachiques. Comme un souvenir des anciennes représentations symboliques, on trouve sur les monnaies béotiennes sa tête imberbe, mais encore ornée de cornes de taureau[4]. Parvenu à la perfection, le nouvel idéal nous offre *Dionysus* sous la forme d'un beau jeune homme, dont les membres arrondis et les molles attitudes respirent la langueur et un gracieux abandon. C'est une nature à moitié féminine : la poitrine est proéminente et les hanches sont larges ; le visage n'a rien de viril ; les yeux, à

---

1. Bacchus s'élançant de la cuisse de Jupiter, *Mus. Pio-Clementino*, t. IV, p. 19: porté par Mercure. Zoëga, *Bassi rilievi antichi*, t. I, p. 3 ; remis à Leucothée, Tichsbein, *Vases grecs*, t. III. p. 8 ; balancé dans un van en guise de berceau, Campana, *Opere antiche in plastica*, part. II, p. 50 ; dans les bras de Silène, *Antichita di Ercolano, Pitture*, t. II, p. 79 ; avec Sémélé qu'il a ramené des enfers, Millin et Dubois-Maisonneuve, *Peintures de vases antiques*, t. I, 59 ; *Monumenti ined. di Corrispondenza archeolog.* 1832, p. 56.

2. Bouillon, t. II.

3. *Id.*, t. I.

4. On voyait dans ces cornes l'origine du rhyton, vase à boire, souvent placé dans les mains de Bacchus.

demi fermés, prouvent que ce dieu partage l'ivresse et a l'enthousiasme qu'il inspire ; la chevelure ondulée est ordonnée à la manière des femmes et retenue par le bandeau bachique sur lequel une couronne de pampre vient projeter son ombre. Dans ses mains paraît le thyrse ou le pédum. Quelquefois il a des ailes, emblème des effets prophétiques que l'on attribue à l'ivresse. Comme le *Bacchus* barbu, il porte le cothurne, qui deviendra celui de la tragédie [1] ; sans cesse il boit ou épanche le vin qui remplit sa coupe [2]. Ses statues sont généralement nues, avec une petite peau de panthère ou de chevreau (la nébride) ; mais elles sont encore ajustées soit avec un manteau [3] qui couvre les cuisses et les jambes, en laissant à découvert les signes de la virilité, soit avec d'amples vêtements qui rappellent ceux des femmes [4] ou les costumes de théâtre [5]. Ce type, préparé particulièrement par Calamis, reçut sa consécration et tout son éclat des mains de Praxitèle. La statue dite de Richelieu au Louvre [6], des pierres gravées [7], de charmantes peintures trouvées à Herculanum et à Pompéi [8], font admirer cette belle création du génie grec, et l'un de ses chefs-d'œuvre en ce genre est certainement le torse Far-

---

1. *Musée du Capitole,* t. III, p. 30.
2. Clarac, *Musée de sculpture,* pl. 678 B, 1584, Musée de Munich.
3. Clarac, *Musée de sculpture,* p. 678, B , n° 1584. *Munich.*
4. *Ibid.,* p 697, n. 1643. *Museo Pio Clementino,* t. VIII, p. 2.
5. *Musée de sculpture,* p. 695 ; *Guattani,* 1785.
6, Bouillon, t. I.
7. *Muséum de Florence, Pierres antiques,* t. II, pl. 63, n°s 2, 3, pl. 65, n°s 2, 3.
8. *Antichita d'Ercolano. Pitture,* t. III, p. 2.

nèse, maintenant à Naples [1]. Dans ce précieux fragment, le fils de Sémélé nous apparaît comme l'image de la jeunesse revêtue de tout son éclat, comme la source de la vie dans toute sa fraîcheur.

Quel que soit celui de ces deux types auquel se rapportent les productions de l'art, les panthères, les tigres, les léopards jouent aux pieds de *Bacchus*; ils boivent à sa coupe, le portent lui-même [2], partagent avec les lions le privilège de traîner son char [3]. Le bouc, l'âne, parmi les animaux; la vigne, la férule et avant tout le lierre, parmi les plantes, lui sont spécialement consacrés. Des masques de théâtre, des corbeilles ou cistes d'où sortent des serpents et qui renferment les attributs sacrés des mystères, des candélabres remplissent le champ des peintures et les plinthes des ouvrages sculptés. Dans les peintures, la chevelure du dieu est d'un blond doré et ses yeux sont noirs; son manteau et son peplus sont de pourpre, sa tunique blanche ou couleur de safran. Ces dernières couleurs se voient aussi sur ses brodequins. La nébride est tachetée. Plusieurs passages de Pausanias nous apprennent que, dans ses statues, la tête au moins était peinte de vermillon [4]. Quoique les poètes le nomment tan-

---

1. *Museo Borbonico*, n. 201; Clarac, *Musce de sculpture*, p. 683, n° 1599.

2. Clarac, *Mus. de sculpt.*, p. 985, n° 1610. *Collection Giustiniani*, p. 139; Dubois-Maisonneuve, *Peintures de vases*, t. II, p. 17.

3. Aussi sur un quadrige précédé d'un bouc (Gerhard, coupes et vases, vases étrusques et campaniens, 4-5), traîné par des boucs (*Museum de Florence*, t. II, pl. 80).

4. Pausanias, I. II, 2; I. VII, 6 et 39.

tôt joyeux et riant, tantôt insensé et furieux, l'art
l'a consacré de préférence sous des dehors doux et
séduisants. On le représente couché à l'ombre de
pampres, dans l'antre dionysiaque, séjour délicieux [1], ou bien assis de face sur un trône [2], mais
ordinairement chancelant par l'effet de l'ivresse, ou
encore nonchalant et s'appuyant avec mollesse sur
un tronc d'orme ou de vigne, ou sur quelqu'un des
personnages qui forment sa suite.

Bacchus, en effet, même dans les œuvres de la
statuaire, n'apparaît pas toujours comme une divinité isolée. A la galerie de Florence, on voit le
dieu soutenu par un faune qui guide ses pas [3];
ailleurs il se repose sur un génie [4] ou sur quelque
autre divinité secondaire. Mais sur les bas-reliefs
et les vases, il est toujours accompagné d'un cortège ou pompe auquel les Grecs ont donné le nom
de *thrase*. Dieu nouveau, étranger à l'Olympe primitif, Dionysus semble présider à un Olympe particulier. Autour de lui paraissent les nymphes de
Nysa, ses nourrices, reconnaissables sur les peintures à leurs vêtements étoilés, à la férule qu'elles
ont à la main. Sur ses pas se pressent les Bacchantes ou Ménades. Échevelées, la tête rejetée en
arrière, couvertes de longs vêtements flottants,
elles écrasent le raisin, immolent des victimes, ou
portent les instruments d'une musique bruyante,

1. Tischbein, t. I, 32.
2. Zahn, *Les plus beaux ornements*, etc., *de Pompéi*, etc.,
t. II, cah. 9, pl. 81.
3. Clarac, *Musée de sculpture*, page 591, n° 1628.
4. *Musée de sculpture*, p. 690, n° 1626. *Mus. Worsley.*

des serpents, des glaives, des portions d'animaux
égorgés. Puis viennent les Satyres rustiques, aux
oreilles pointues, souvent caractérisés par une
queue de cheval ; les Panisques, aux pieds de
chèvre, avec des cornes au front ; les Centaures et
enfin plus tard les Faunes italiques, tout remplis
d'une gaieté naïve, dont les formes varient à l'infini,
mais qui sont remarquables par leurs protubé-
rances frontales et les grosses verrues qu'ils ont
sur le visage. Au milieu de ces personnages
on distingue le vieux Silène, au front chauve, au
nez épaté, aux proportions courtes, aux chairs re-
bondies, Silène, précepteur de *Bacchus*, père de
tous les Silènes et chef aimé des Bacchantes. Vêtu
d'une peau de panthère ou d'un manteau rouge, souvent il monte un âne [1], mais il fléchit toujours sous
le poids du vin. C'est ainsi qu'à partir du beau et
voluptueux *Dionysus*, aux formes pleines mais
nobles et à la riante ivresse, on voit se développer les
types de ces divinités secondaires, chez lesquelles
l'embonpoint va jusqu'à l'enflure, pour qui la puissance de la nature s'exprime par des formes bes-
tiales, et les transports qu'inspire le vin deviennent
violents et désordonnés. Ajoutons encore à ces
figures quelques-unes des personnifications bachiques que l'on trouve particulièrement sur les vases :
le Vin (Œnos), qui danse avec une torche enflam-
mée ; le Vin pur (Acratos) ; le Vin doux, représenté par un satyre couché [3] ; la Vigne figurée

---

1. *Museum de Florence*, t. II, p. 71, n° 1 ; p. 56, n° 1.
2. Panofka, *Terre cotte*, pl. 37, 2, p. 119.

par Ampélos ; la Comédie [1] par Marsyas [2] ; le Chœur de la comédie sous les traits d'un satyre [3] ; enfin l'Ivresse, et Comus, jeune homme vêtu d'une nébride et qui porte un flambeau [4]. Le lierre, le pin, le pampre, le peuplier et même le laurier couronnent les personnages de la suite de *Bacchus*. Au cri d'Évohé se mêle une musique tumultueuse, à laquelle prennent part la flûte, qui passait pour exciter l'emportement des sens ; les tambourins, les cymbales, les castagnettes, les crotales et les sonnettes, instruments d'origine phrygienne empruntés aux orgies de la Mère des Dieux. Le vase de Saint-Denis, conservé à la Bibliothèque impériale de Paris, nous offre la réunion de tous les objets et de tous les instruments qui appartiennent au culte dionysiaque.

Dans l'appareil que nos venons de décrire, *Bacchus* se montre comme un dieu voyageur et conquérant. Son expédition dans l'Inde a inspiré un grand nombre d'ouvrages, surtout en bas-relief ; les plus célèbres sont à la Villa Albani. Le vainqueur y figure sur un char triomphal, entouré de son thiase, dont les personnages, mêlés aux prisonniers, montent souvent des chameaux et des éléphants couverts de filets [5]. Sur quelques peintures, le fils de Sémélé lui-même, coiffé du bonnet phrygien, est

1. Dubois-Maisonneuve, *Introduction à l'étude des vases antiques*, pl. 22 et 33.

2. Millin et Dubois-Maissonneuve, *Peintures de vases antiques*, t. I, p 9.

3. Gerhard, *Vases et coupes*, pp. 6, 7.

4. Gerhard, *ibid.*, p. 6, 7.

5. Clarac, *Musée de sculpture*, p 125, nos 120 et suiv.

porté par un dromadaire richement caparaçonné [1]. Mais ce que l'on remarque au milieu des trophées, c'est le Cratère bachique [2], grand vaisseau en forme de calice, dont le vase Borghèse et le vase de Warwick sont isolément des exemples magnifiques. Dans les compositions que nous venons de mentionner, le caractère poétique du dieu est bien marqué : terrible dans le combat [3], il semble plein de douceur dans la victoire, et nous savons qu'en cela *Bacchus* était l'idéal qu'Alexandre le Grand s'était proposé d'imiter. Observons ici que le vainqueur de l'Inde n'est pas généralement le *Bacchus* barbu que l'on nomme improprement indien, mais, à peu d'exceptions près, le *Bacchus* thébain [4].

III. *Culte.* — C'est au retour de ses conquêtes dans l'Orient que l'on place la rencontre de *Dionysus* avec Ariane, à Naxos, son île favorite ; ses unions avec Cora, Proserpine, Libéra et Vénus, divinités unies par des affinité funèbres, qui nous amènent à parler des mystères.

Mais complétons d'abord en quelques mots ce qui a été dit sur son culte extérieur. Les libations en étaient les pratiques essentielles : on buvait largement, on répandait le vin, le vin aimé des dieux, et dont la douce chaleur communique aux hommes la force, la gaieté, l'enthousiasme, un joyeux ou sombre délire. Les fêtes bachiques avaient en effet

---

1. Zoëga, *Bassi rilievi antichi di Roma*, t. II, pl. 76.
2. *Monum. inéd. de l'Inst. arch.*, Vᵉ année, pl. 4, p. 102.
3. Zoëga, *Bassi rilievi ant. di Roma*, t. I, pl. 18.
4. Bacchus armé combattant le roi indien Deriades (Hirt., *Bilderbuch*, 83).

ce double caractère dont le dieu lui-même était revêtu : les unes étaient joyeuses, les autres tristes. Les premières se célébraient principalement au printemps, lorsque l'on dégustait le vin, puis en automne, à l'occasion de la maturation et de la récolte du raisin et de la réception du vin dans les outres [1]. Les sujets empruntés aux vendanges et aux pressoirs appartiennent à cet ordre d'idées.

Il y régnait une allégresse vive et bruyante ; les hommes, les femmes, les enfants, les vieillards prenaient part à ces réjouissances. Elles étaient l'occasion de processions où l'on portait le phallus ; quelques-unes étaient magnifiques, et Athénée nous a conservé la description de l'une de ces pompes, dans lesquelles on voyait des images de *Bacchus* environné de son cortège représenté par des personnages travestis [2]. Il s'y produisait aussi des danses, des scènes grotesques de Satyres, sujets rentrant dans la caricature et qui sont figurés fréquemment sur les vases peints de la plus ancienne manière. Mais ces solennités, accompagnées d'une musique tantôt grandiose et tantôt bouffonne, toujours retentissante et variée, ces solennités, disons-nous, où des boucs étaient solennellement immolés, tiraient leur plus grand ornement des représentations théâtrales issues des processions et des chœurs, et qui reçurent la forme de la tragédie et de la comédie. Elles avaient

1. Ses fêtes étaient les Anthestéries où l'on dégustait le vin ; les Thalysies, fêtes champêtres ; les Ascolies pour réception du vin dans les outres ; les Lénées pour opérations du pressoir ; les grandes et les petites Dionysies.

2. Athénée, liv. V, ch. 7. Voy. aussi Polybe, XXXI, 3, 13.

un caractère sacré, et elles étaient exécutées par des
confréries religieuses : les membres de plusieurs
d'entre elles portaient le nom d'artistes de Dionysus. Les autres fêtes de *Bacchus* [1] étaient sombres
et terribles ; on les célébrait au solstice d'hiver,
quand le soleil semble nous fuir et laisse la nature
en deuil. Les femmes seules y étaient admises. Re-
tirées la nuit sur la cime déserte des montagnes,
elles se livraient à des transports furieux, poursui-
vaient les bêtes sauvages, les déchiraient de leurs
mains, en dévoraient la chair : orgies sanglantes
qui avaient été souillées, dans l'origine, par des
sacrifices humains.

Nous n'avons pas à pénétrer bien avant dans la
partie secrète du culte de *Bacchus*. Nous avons dit
en commençant quelles en étaient les doctrines fon-
damentales : l'action du soleil sur la matière sym-
bolisée par le taureau ; la fécondité exprimée par le
phallus et par les formes du dieu qui offrent à la
fois un caractère viril et féminin ; les différentes
phases de l'année rendues par les âges différents
que l'on donne à ses représentations ; enfin la mort
naissant de la plénitude de la vie, la régénération
sortant la mort, et la migration des âmes, sujets
plus abstraits, mais que l'art devait aussi aborder.
Les vases peints que l'on déposait dans les tombeaux
étaient décorés de compositions destinées à rappeler les modifications de l'essence divine et les ini-
tiations qui en donnaient le sens caché. D'ordinaire,
sur ces monuments, Dionysus boit ou répand du

1. Les Nyctélies et les Triétéries.

vin, source des ivresses divines, le vin qui inspire le désir [1], qui rend l'âme libre, lui ôte le souvenir, lui confère le don prophétique. Ici on le voit guidant le chœur de ses suivants, dont les figures variées et composées de formes empruntées au règue ani-mal, expriment la vie naturelle à tous ses degrés. Ailleurs il célèbre ses noces mystérieuses avec les déesses que nous avons nommées plus haut et pré-side à des banquets qui réunissent à l'image de tous les plaisirs, l'idée des funérailles. Dans cette der-nière classe de sujets, des génies mâles ou femelles, qui passaient pour les dispensateurs de formes, portent des bandelettes et planent sur des convives demi-nus, qui se réjouissent au milieu du vin et des joueuses de flûte [2] ; ou bien encore volent au devant de personnages plus graves, enveloppés de larges manteaux. Bien qu'il n'y ait rien en ceci d'absolu, on peut dire qu'au milieu de ces scènes *Bacchus* est de préférence figuré barbu quand il prend part aux bacchanales ou à des processions [3], et plutôt jeune et riant lorsqu'il faut jeter un voile sur ses attributions infernales [4].

Une religion qui donnait naissance à des fictions si variées, à des croyances dont le cercle était aussi étendu, devait avoir bien des points de contact avec les mythes propres à d'autres divinités. Indi-

---

1. Bacchus et le Désir, Dubois-Maisonneuve, *Introduction à l'étude des vases antiques*, pl. 33.

2. *Ibid.*, pl. 45; Millin et Dubois-Maisonneuve, *Peintures de vases antiques*, t. I, pages 28 et 40.

3. Gerhard, *Vases et Coupes*, pl. 4 et 5.

4. Millin et Dubois-Maisonneuve, *Peintures de vases antiques*, t. I, pl. 67; t. II, pl. 16, 21, 69.

quons en passant la ressemblance de ce culte avec
le culte phallique d'Osiris, avec celui de Sabazius,
dieu serpent qui présidait à l'élément humide; avec
celui du Soleil, père des Saisons [1]. Disons encore
que, comme divinité agraire, on confondait *Bacchus* avec Iacchus, démon androgyne, génie des
mystères d'Eleusis. Un magnifique camée, qui appartient au Louvre, représente cette idée : Dionysus et Cérès sont portés sur un char traîné par
deux Centaures et deux Centauresses qui jouent
des instruments [2]. Mais ce mélange d'un culte relativement nouveau avec les religions antiques de
la Grèce ne semble avoir eu lieu qu'après une lutte
acharnée. Euripide, dans sa tragédie des *Bacchantes*, en a retracé une phase terrible. L'art en
a figuré des scènes nombreuses. Sur la panse d'un
vase publié par Millingen, nous voyons la fureur
et le châtiment de Lycurgue, roi de Thrace, qui
avait voulu s'opposer à la plantation de la vigne [3].
Un bas-relief de la galerie de Giustiniani nous
montre la mort de Penthée, puni pour avoir profané
les mystères [4]. Et la mort d'Orphée, le joueur de
lyre, déchiré par les Bacchantes, est représentée
sur de nombreux monuments [5]. Parmi les cultes
établis, aucun ne devait opposer plus de résistance

1. Bacchus traîné par deux griffons (*Introduction à l'étude des
vases antiques*, Dubois-Maisonneuve, pl. 11.); Bacchus présidait
aux quatre saisons (*Admiranda*, etc., pl. 79 ; Clarac, *Musée du
Louvre*, pl. 146, n° 116).
2. Millin, *Galerie mythologique*, pl. 48.
3. Millingen, *Peint. antiq. de vases grecs*, p. 1.
4. *Galeria Giustiniani*, I, 104.
5. *Monumenti di corrispondenza archeolog.*, 1829, p. 5.

que celui d'Apollon. Malgré la parenté qui l'unit à
Bacchus et les analogies que présentent les images
de ces deux divinités solaires, de profondes différences existaient entre eux et les séparaient. Il suffit, pour le comprendre, de comparer, par exemple,
les bas-reliefs chorégiques soit avec le bas-relief du
Musée Pio Clementino, qui offre une danse animée
de Faunes et de Bacchantes [1], soit avec les nombreuses scènes de Bacchanales qui décorent les
vases peints et sculptés. Du côté du dieu de Delphes,
nous voyons des mouvements graves, des draperies
aux plis immuables et majestueux, des coiffures
symétriques, l'abstention des dépouilles d'animaux
dans le costume. Du côté du dieu de Nysa, des
attitudes violentes, des vêtements en désordre, des
cheveux dénoués, et des peaux de panthère et de
chevreuil employées comme parties nécessaires des
ajustements. Ainsi donc, à *Bacchus*, qui trouble les
sens, il appartient d'inspirer des transports insensés
et furieux ; à *Phœbus*, dieu-médecin et poète, conviennent la dignité sacerdotale et la vie en équilibre
exprimée par la cithare. Le supplice de Marsyas le
joueur de flûte vaincu, semble un épisode de la lutte
et paraît consacrer le triomphe de la lyre.

Le génie grec concilia des éléments si contraires ;
il épura ce que le culte de la nature avait de brutal
à son origine en lui donnant un développement
idéal [2]. Chez un peuple qui n'avait pas de théologie

---

1. *Museo Pio-Clementino*, IV, 23.
2. Pline parle d'un groupe de Bacchus debout, ayant la Valeur à
côté de lui (*Hist. nat.*, XXXV, 36, 10),

officielle, l'art était, en résumé, l'arbitre souverain
des croyances ; plus que le temps il contribua à un
rapprochement qu'il a, de plus, consacré par des
chefs-d'œuvre. Ce rapprochement paraît d'abord
avec évidence dans des monuments, tels que le
vase de Borghèse où les instruments à cordes se
trouvent mêlés, dans les mains du compagnon de
Bacchus, aux instruments bruyants qui accompagnent les orgies [1]. Il se manifeste encore davantage dans la représentation des Muses, caractérisées à la fois par des attributs bachiques tels que les
masques de théâtre, les tambourins, les couronnes
de pampres et par la cithare et les lyres aux
formes variées, attributs d'*Apollon* [2]. Aussi Dionysus, père de la tragédie et de la comédie, a-t-il
en partage le nom de Musagète. Et c'est ici le lieu
de remarquer que les habillements de théâtre, chez
les Grecs, sont un mélange du costume pythique
et des vêtements portés dans les pompes diony-
siaques. Mais la conciliation éclate dans la manière
de plus en plus voisine dont les deux fils de Jupiter
sont représentés. Elle est très sensible dans le beau
Bacchus dit de Versailles, dont l'attitude et les
formes font penser à l'*Apollon* Lycien [3]. Plus tard,
on voit les deux frères réunis, par exemple, sur
une monnaie de Chio [4] et sur une médaille d'A-

1. Bouillon, *Musee des antiques*, t. III.
2. *Ibid.*, t. I.
3. Clarac, *Musée du Louvre*, p. 272, n° 1571.
4. *Trésor de numismatique et de glyptique. Nouvelle galerie
mythologique*, pl. 15, n° 5.

drien [1]. En terminant et pour conclure, citons encore une belle peinture de vase qui représente *Dionysus* et *Phœbus* debout devant le palmier de Délos et se donnant la main [2]. Autour d'eux, des Satyres et des Bacchantes jouent de la lyre, et, familièrement rapprochés du trépied, semblent s'adoucir au contact des instruments d'un culte de paix et de lumière. N'oublions pas non plus un autre ouvrage digne d'intérêt, un beau bas-relief du Musée du Louvre [3]. Au milieu d'un chœur de suivants de *Bacchus* paraît un personnage vêtu du costume de cytharète pythien ; la tête est entièrement mutilée. Faut-il y reconnaître *Apollon* ou le fils de Sémélé ?

Quoi qu'il en soit, on peut dire que ces dernières compositions, indépendamment du mérite très supérieur de leur exécution, sont des symboles d'une signification élevée et vraie ; car, comme on l'a remarqué avec une grande autorité, l'union des deux cultes a produit ce caractère à la fois riant et serein qui est le trait dominant de la vie et de l'art chez les Grecs.

---

1. Venuti, *Mus. Valic.*, XIII. Apollon et Bacchus avaient des fêtes communes, les Icades.

2. Compte-rendu de la commission imp. archéologique de Saint-Pétersbourg. Atlas 1861, pl. 4.

3, Autour d'un putéal, Bouillon, *Musée des antiques*, t. III, *Vases*, pl. 11.

CÉRÈS

CÉRÈS OU DÉMÊTER. *Cérès*, s'il ne fallait tenir compte que de son nom, qui est latin[1], devrait être uniquement considérée ici comme une divinité du Latium. On sait que de toute antiquité elle eut un culte dans cette contrée, que ce culte se mêlait à celui de Tellus, et que les deux déesses, souvent confondues, étaient regardées comme des personnifications soit de la terre par opposition avec le ciel, soit de la nature prise à la fois comme le berceau des choses et comme leur tombeau : car dans les mythologies anciennes les divinité sagraires avaient des affinités étroites avec les dieux infernaux.

Malheureusement aucun monument d'un caractère certain ne représente cette *Cérès* latine. L'esprit pratique des religions du centre de l'Italie ne recourait pas spontanément aux formes de l'art. Ce que l'on pourrait apprendre et dans les fastes d'Ovide[2] sur les traditions relatives à *Cérès*, et dans les écrits agronomiques de Caton[3] sur quelques fêtes

---

1. Cérès, selon les uns, viendrait de *creare*, créer, et selon d'autres, de *genere*, porter, et par extension porter des fruits.
2. Ovide, *Fastes*, l. IV, v. 389 et suiv.
3. Caton, *de Re rustica*.

célébrées en son honneur, n'a rien au fond qui appartienne en propre aux Latins. Leurs fables avaient avec celles des Hellènes une origine commune. Chaque race les avait modifiées suivant son génie. Mais les Grecs eurent ce privilège que la religion, la poésie et les arts furent toujours intimement unis dans leurs conceptions comme dans les formes qu'elles ont revêtues : et c'est pourquoi l'étude des sujets mythologiques nous ramène toujours à la Grèce.

Dans son panthéon, la divinité que nous appelons *Cérès*, d'après les Latins, se nommait *Démêter*. Ce mot, composé de γῆ et de μήτηρ, signifie la terre-mère, et donne l'origine et le sens plastique de toutes les traditions qui se rapportent à notre sujet.

En effet, on voyait dans *Démêter* la figure de la terre féconde et cultivée, de la nature productrice et nourricière; elle était honorée comme la mère universelle. Des attributions morales découlaient de cette donnée première dont le caractère était tout physique, et venaient, comme nous le verrons plus tard, en relever la signification.

Dans la religion des Pélasges, *Cérès* avait eu comme dans celle du Latium d'étroits rapports avec Cybèle et Rhéa, déesses de la terre proprement dite; mais déjà elle présidait d'une manière spéciale aux bienfaits de l'agriculture. Dans ce sens, des fables célébraient son union avec Neptune, le dieu de l'élément humide.

Ses premières images dans lesquelles on cherche à donner l'idée de ses attributions et de sa puissance, avaient le caractère d'un symbolisme monstrueux. Les formes les plus diverses s'y trouvaient associées. *Cérès* y paraissait avec la tête et la crinière d'un cheval, portant un dauphin d'une main et de l'autre une colombe. Autour de sa tête étaient placées des bêtes féroces. Telle était la statue décrite par Pausanias dans sa visite à la grotte du mont Élaüs, près de Phigalie en Arcadie, pays où la race et les traditions pélasgiques s'étaient conservées[1].

Le souvenir de ces anciens simulacres se maintient assez tard dans les œuvres de la numismatique, parce que cet art respecta longtemps les types que les âges primitfs avaient accrédités. C'est ainsi que les monnaies de Parium et de Sélinonte nous montrent *Cérès* enveloppée dans les replis d'un serpent, symbole de l'agriculture, et le pied posé sur un dauphin[2].

A des représentations complexes et qui portent le caractère d'un naturalisme déréglé, le génie hellénique substitua peu à peu un type plus rapproché de l'humanité, plus conforme aux lois de l'art. Durant des siècles les poètes s'appliquèrent à dégager et à définir le personnage de *Déméter*. L'hymne homérique qui lui est consacré expose dans une suite de scènes, ou plutôt de tableaux admirables, le mythe de la déesse arrivé à sa perfection. Les phénomènes physiques de la germination, de la récolte et surtout celui de l'apparente désolation de la terre après les semailles, deuil auquel succède bientôt le

1. Pausanias, I.VIII, c. 42,
2. Millingen, *Ancient coins*, 5-10,

retour d'une riante fécondité, ces faits nous apparaissent revêtus par le poète d'un anthropomorphisme éclatant. Sans vouloir en développer le commentaire, il est nécessaire de dire ici, pour l'entière intelligence du caractère que *Cérès* a revêtu dans l'art, que Proserpine, cette fille chérie enlevée par Pluton et que la déesse cherche sur toute la surface de la terre, n'est autre que la semence qui, cachée pendant quelque temps dans les entrailles du sol, germe au printemps. Un autre point important de cette légende est celui qui nous montre *Déméter* allaitant Démophon, lui donnant ses soins, et enseignant à Triptolème[1] l'art de labourer, les lois garantes de la propriété agricole, et enfin les mystères.

Ces faits nous instruisent non seulement des fonctions de *Cérès* et divisent notre sujet, mais il en ressort surtout ce caractère de mère tendre, de nourrice et d'institutrice que les artistes grecs trouvèrent déjà formé dans l'imagination populaire et qu'ils ont réalisé dans leurs ouvrages.

Cérès offre donc, dans ses images, le type de la maternité. Comme l'observe très justement C. O. Müller, d'après les monuments, elle est plus matrone que Junon ; on peut ajouter que son visage a plus de douceur, que ses yeux plus petits ont moins de fierté. Sa blonde chevelure représente les moissons mûries. Sa tête est ornée du polos ou d'une couronne d'épis. Enfin sa personne entière exprime la jeunesse de la femme dans cette mesure où une force sereine et l'accomplissement des devoirs de la fa-

____

1. *Museo Borbonico*, t. IX, pl. 35.

mille se traduisent par un charme sévère qui inspire le respect. Les vêtements de la déesse sont amples et quelquefois traînants. Ils se composent en général d'une tunique et d'un péplos; la tunique est violette ou bleue, le péplos blanc. Blanc aussi est le manteau quand *Démêter* en est revêtue et blanches les chaussures quand elles paraissent sous le bord des draperies. La tête est souvent couverte, du moins dans les représentations de style hiératique, soit par la partie postérieure du péplos ramenée sur les cheveux, soit par un grand voile. Enfin ce qui sert le plus ordinairement à faire reconnaître la déesse, c'est qu'elle porte d'une main des épis et des pavots, et que de l'autre elle s'appuie sur un sceptre ou plutôt encore sur un flambeau.

Les autres attributs caractéristiques de *Cérès* sont nombreux et se présenteront à nous à mesure que nous examinerons ses images; mais le plus important de tous est le calathos, sorte de corbeille haute qui lui était consacrée, soit qu'elle contînt les instruments employés dans ses sacrifices ou relatifs aux mystères, soit qu'elle fût destinée à contenir des graines, des fruits, de la laine et des fuseaux.

C'est dans les bas-reliefs d'ancien style, dans les peintures et les terres cuites ou sur les monnaies que le type de *Démêter* s'est conservé dans sa grandeur et dans sa pureté. Par exemple, on le trouve sur un autel rond du musée du Capitole qui représente une procession des grands dieux, et dans de belles peintures de Pompéi où elle est représentée tantôt debout appuyée sur un grand flambeau [1], tantôt assise sur un trône, entourée des attributs que nous avons spécifiés plus haut [2]. Un denier de Mummius Quirinus la montre tenant un flambeau et des épis avec un serpent à ses pieds. Sur une monnaie de Sardis, *Cérès* est figurée debout avec un sentiment plein de grâce et de dignité [3]. Enfin une terre cuite du musée royal de Berlin nous offre la déesse coiffée du polos et drapée majestueusement dans de longs vêtements [4].

Au point de vue du style, les statues de *Déméter* sont inférieures aux monuments que nous venons de citer. D'ailleurs, celles qui peuvent passer pour authentiques sont rares; car, en restaurant en *Cérès* nombre de figures d'un caractère indéterminé, on a créé une foule de représentations sans autorité. Il faut ajouter que la plupart des statues véritables qui nous restent doivent leur importance bien plus à ce qu'on ne saurait en contester le sujet qu'à leur mérite au point de vue de l'art. Parmi ces statues, l'une des meilleures est celle de la Glyptothèque de Munich : on peut citer encore celles du musée de Naples et de la galerie Torlonia, et enfin celle qui est donnée, dans l'ouvrage du comte de Clarac, comme appartenant à la collection Smith-Barry [5]. Maintenant, si l'on considère les représen-

---

1 *Museo Borbonico*, t. IV, pl. 54.

2. *Nouv. Trésor de Numismatique*, pl. 38.

3. Panofka, Terres cuites du Musée royal de Berlin, pl. 51.

4. On ne peut oublier ici la charmante Cérès du musée Pio Clementino, bien que. par son agrément un peu mondain, elle s'éloigne plus que toute autre de la tradition généralement acceptée.

5. Mionnet, pl. 72-5.

tations isolées de la tête de *Déméter*, malgré l'affinité qui existe entre elle et Proserpine, on est d'accord pour la reconnaître toutes les fois qu'elle est voilée. Ainsi c'est *Cérès* qu'il faut voir sur les monnaies des Amphictyons de Delphes [1] et sur celles de Métaponte [2]. De même en est-il de plusieurs camées où elle est figurée seule ou avec sa fille [3].

Tels sont, dans ce qu'ils ont de plus général, les traits du personnage de *Cérès*. Voyons maintenant comment ils se modifient quand la déesse se trouve en rapport avec sa fille Proserpine, et d'abord au moment où celle-ci fut enlevée par Pluton.

Cérès ressentit de ce rapt une violente douleur, et, comme nous l'avons dit, elle parcourut toute la terre pour retrouver celle qui lui avait été ravie. Elle prit des vêtements de deuil, et c'est pourquoi, entre autres surnoms qui lui étaient donnés, elle était appelée la noire. Sur les monnaies impériales de Cyzique, elle était figurée marchant à grands pas ; ses vêtements sont flottants, elle tient de chaque main un flambeau [4]. Sur un denier de la Gens Vibia [5], on la voit de même avec des torches, mais emportée par un taureau. Les monnaies d'Enna la montrent avec des flambeaux allumés et poursui-

1. Mionnet, pl. 64-6.
2. *Nouv. Galerie mythologique*, pl. 52-4.
3. *Id*, pl. xlv.
4 Quand Cérès est armée de flambeaux, elle prend le surnom de Dadouque.
5. Millin, *Vases peints*, t. II, pl. 31. Même sujet avec variantes dans Millingen, pl. 70. Nous ne parlons pas des représentations où Proserpine seule porte Iacchos enfant. Voy. *Compte-rendu de la commission impériale archéologique de Saint-Pétersbourg*, année 1859, pl. 1.

vant Pluton sur un char attelé de chevaux. Ailleurs le char est tiré par des dragons, comme sur les monnaies d'Athènes, de Cyzique et de Magnésie. Enfin le sujet du rapt de Proserpine se trouve sur un sarcophage du musée du Capitole.

Au milieu des faits nombreux et souvent obscurs qui composent cette fable, nous éviterions de parler du retour de Proserpine à la lumière et de son ascension au ciel, si, dans les monuments qui représentent ce fait, *Cérès* ne se trouvait point figurée. Une célèbre peinture de vase représente cette scène importante, à laquelle préside Jupiter, placé à la partie supérieure de la composition. Proserpine, parée comme une jeune mariée, semble s'élancer vers lui, tandis que *Cérès*, voilée et portant sur l'épaule un instrument aratoire, donne des conseils à Triptolème, qui est figuré debout dans un char traîné par des dragons [1].

Nous arrivons ainsi à examiner un ordre nombreux de monuments ayant trait aux rapports de *Cérès* avec Triptolème [2]. L'éducation, la mission et l'initiation sont trois sujets presque toujours unis dans les peintures des vases. Il semble que chez les Grecs la manière de concevoir le sujet change selon la forme des monuments et surtout selon la matière qui les constitue. Dans le beau bas-relief en marbre moulé à Éleusis par Ch. Lenormant, *Cérès* paraît se borner à remettre à Triptolème enfant le grain

1. Lenormant et de Witte, *Elite des monuments céramographiques*, t. III, pl. XLVI.
2. En ce qui concerne les relations de Cérès avec Démophon, voir *Elite des monuments céramographiques*, p. 45.

de blé qu'il doit confier à la terre. Mais sur les vases, le héros, sous la figure d'un jeune homme, est assis sur un char ailé, prêt à parcourir le monde ; il porte un sceptre et des épis [1]. Près de lui se tient *Cérès*, coiffée du polos et quelquefois d'un diadème crénelé [2]. Il arrive quelquefois que Triptolème tient une coupe et que la déesse y verse un liquide qui déborde et qui tombe sur la terre ; on pense qu'il y a dans ce sujet une allusion au breuvage que prenaient les initiés. Très souvent, enfin, Proserpine, ou quelque divinité placée près du propagateur de l'agriculture, se prépare à lui ceindre la tête avec une couronne de myrte ou une bandelette. L'ouvrage intitulé *Élite des monuments céramographiques* et le *Compte rendu* de la commission impériale archéologique de Saint-Pétersbourg contiennent un nombre considérable de belles représentations de ces diverses scènes : nous y renvoyons dans une note qui les présente rangées dans un ordre méthodique [3]. Mais, dans ces recueils, il est encore des sujets plus remarquables par le style et par le nombre des figures : ce sont ceux qui se rapportent aux mystères.

On a fait beaucoup et de très savants efforts pour pénétrer les mystères de *Cérès*. Nous n'avons à

---

1. Lenormant et de Witte, *Élite des monuments céramographiques*, t. III, pl. XLVI.

2. *Élite des monuments céramographiques*, pl. XLII.

3. *Élite des monuments céramographiques*, t. III, pl. 54-55-56. — *Compte rendu de la commission impériale archéologique de Saint-Pétersbourg*, année 1869, pl. 2. — *Monuments inédits*, publiés par l'Institut de correspondance archéologique, t. I, pl. 4.

nous en occuper que dans le cas où l'art nous fournit des témoignages qui s'y rapportent.

Il faut considérer comme ayant ce caractère les peintures où interviennent Hécate et Proserpine armées de torches ; Proserpine y paraît quelquefois avec une charrue. Plus caractéristiques encore sont celles où l'on voit rassemblées les divinités que l'on sait avoir été invoquées dans les solennités d'Éleusis : d'abord celles que l'on nommait les grandes déesses, *Cérès* et Proserpine, la première parfois assise sur un sac ; puis Hécate, Minerve, Bacchus, les Saisons ou les Heures ; et enfin les héros protecteurs d'Éleusis, Celeus et Hippothoon. Tous ces personnages portent de longues gerbes, des flambeaux, des thyrses, et sont entourés de bêtes réelles et fantastiques [1]. Ce mélange des attributs caractéristiques de l'agriculture proprement dite avec ceux de la culture de la vigne, symbolise l'union des religions de *Cérès* et de Bacchus dans les mystères. C'est ce que nous montre formellement un célèbre camée du musée du Louvre, où ces deux divinités, s'appuyant l'une sur l'autre, sont représentées dans un char traîné par des centauresses et par des centaures [2]. C'est dans le même sens que Triptolème est représenté avec Bacchus [3]. On ne doit pas prétendre en savoir beaucoup davantage sur ce sujet ni s'attendre à pénétrer au moyen des monuments

1. *Compte-rendu de la commission impériale archéologique de Saint-Pétersbourg*, 1862, pl. III.
2. *Galerie mythologique*, II, 48.
3. *Élite des monuments céramographiques*, pl. 49.

des doctrines dont les artistes ont aussi bien gardé le secret que les écrivains. Peut-être serait-il permis de voir quelque image des perspectives ouvertes aux initiés sur la vie future, sur un vase qui représente une femme qui traverse l'espace entre deux génies, dont l'un porte une torche et l'autre une corbeille sacrée [1]. Mais ce n'est qu'une conjecture, et nous ne la rapportons que parce qu'elle est appuyée par de graves autorités.

La pompe extérieure de ces fêtes est mieux connue. M. Guigniaut, dans son ouvrage sur les religions de l'antiquité, a réuni tout ce que les anciens nous ont transmis de renseignements sur les rites publics des solennités célébrées en l'honneur de *Cérès* dans les différentes contrées où elle était vénérée. Il paraît, d'après l'hymne de Callimaque adressé à *Déméter*, que la corbeille ou calathos, dont nous avons parlé plus haut, y était portée processionnellement. « Le calathos revient, s'écrie le poète;... quatre coursiers aux crins argentés traînent le calathos... nous te suivons les pieds sans chaussures, la tête sans bandelettes; des vierges portent en ton honneur des paniers tressés d'or. » Les artistes pourront consulter, non sans profit, l'ouvrage que nous indiquons en note [2].

Mais ce qui est hors de doute, c'est que *Cérès*, après avoir été honorée comme la terre qui produit,

---

1. Gerhard. *Vases et coupes du musée royal de Berlin*, 2ᵉ partie. G.

2. Voir, à propos du calathos, le *Compte-rendu de la commission impériale archéologique de Saint-Pétersbourg*, 1865, pl. 1 et 2.

et Proserpine comme la semence qui germe, réunies
dans le culte d'Éleusis sous le nom de grandes
déesses, y étaient vénérées à la fois comme divinités
législatrices et comme divinités infernales.

Ce sont d'abord des terres cuites qui nous montrent les deux déesses réunies, et représentées
comme grandes déesses ; elles sont généralement
assises, et coiffées du polos. Une pièce remarquable
du musée Napoléon III, où elles sont ainsi figurées,
introduit entre elles un enfant, qui est probablemen
Iacchos. Iacchos est la personnification du germe
et, par extension, de la vie et de l'âme immortelle[1].
Bien que d'une exécution sommaire, ce groupe es
d'un grand style ; il a de la majesté.

Le caractère de *Cérès* comme divinité législatric
était consacré par le nom même de l'une de se
principales fêtes qui s'appelaient les Thesmophories
c'est-à dire qui portent les lois. Ce n'était poin
assez, en effet, d'avoir montré aux hommes à tire
des fruits du sein de la terre : la récolte ne serai
rien, si la possession du sol n'était assurée. On rap
portait donc à *Cérès* l'honneur des lois qui régissen
et garantissent la propriété. Comme telle, on la re
présentait un rouleau à la main, et c'est ainsi qu'ell
se montre dans un beau camée du cabinet des an
tiques de la Bibliothèque nationale, où, accompa
gnée de Triptolème, elle triomphe avec lui dans u
char traîné par des dragons ailés ; et c'est avec c

---

1 Guigniaut, *Religions de l'antiquité*, part. II, t. III.
Maurz, *Histoire des religions de la Grèce antique*, t. I, surtou
pp. 68-74-278-463-683 ; t. II, pp. 220 et suiv., 315 et suiv., 389 e
suiv. ; t. III, pp. 26, 27.

même attribut qu'elle figure sur une monnaie du roi Démétrius Soter.

Quant aux attributions infernales de *Cérès* unie à Proserpine, on les trouve spécifiées plus particulièrement dans les terres cuites; dans l'une d'elles, par exemple, qui appartient au musée de Berlin et qui offre ces deux divinités avec un porc.

Le porc et la truie leur étaient, en effet, consacrés comme objets de sacrifice, et on les immolait avec l'intention d'apaiser les mânes, d'assurer le repos des morts. C'est donc un attribut infernal de la déesse; et une autre terre cuite de Berlin, reproduite comme la précédente dans l'ouvrage de Panofka, fait voir la *Déméter* infernale le polos en tête, et reconnaissable à la fois par le porc et par le calathos qu'elle tient entre ses mains.

On ne peut qu'être frappé de l'enchaînement de ces idées mythiques qui, partant de la simple transfiguration de phénomènes physiques par l'anthropomorphisme, s'élèvent aux plus hautes conceptions morales. Le Grec voit d'abord dans *Déméter* la mère tendre, la nourrice infatigable qui se révèle à l'homme par les bienfaits de la nature; il arrive ensuite à la conception d'une institutrice divine qui, après lui avoir donné les premières leçons qui assurent sa vie, consacre son bonheur matériel et sa richesse au moyen des lois. Enfin, il formule cette croyance que celle qui préside au bon ordre sur la terre, unie, par la parenté étroite qu'il y a entre la vie et la mort, aux divinités infernales, doit encore exercer son influence sur la paix du tombeau et la rémunération future des actions humaines.

On comprend aisément qu'à l'époque romaine l'adulation ait conduit à représenter plusieurs princesses des familles impériales sous les traits de *Déméter*. Le caractère de bienfaitrice du genre humain était celui que la politique devait donner de préférence à des femmes qui avaient part à l'empire. Les statues de Livie et de Julie en *Cérès* sont célèbres. Agrippine, femme de Germanicus, et Faustine, femme d'Antonin le Pieux, ont été représentées, la première en camée et la seconde sur un bas-relief de la Villa Albani, avec les attributs de la déesse de l'agriculture.

On conçoit aussi que les attributs de cette divinité, si profondément morale, aient été recherchés comme une sauvegarde pour les villes et comme une garantie de la bonne foi dans les transactions. C'est pourquoi l'on voit des épis sur les monnaies des amphictyons; des torches et des épis entrelacés sur les monnaies de Thèbes; des serpents enroulés autour de flambeaux sur les monnaies de Cyzique et sur celles de l'impératrice Faustine. Ces types sont en général d'une beauté remarquable et dignes de la pensée qui les a inspirés.

LE COSTUME

Le mot *costume*, qui veut dire en général la manière de se vêtir, s'entend particulièrement, dans la langue des beaux-arts, de l'habillement aux différentes époques et dans les différents pays. Il conserve ainsi fort peu du sens de l'italien *costume*, au pluriel *costumi*, et qui signifie les habitudes, les mœurs, les coutumes. C'est cependant avec cette acception que *costume* figure dans la première édition du *Dictionnaire de l'Académie française*, et qu'il est employé au xviie siècle par Poussin et par Félibien. Mais, depuis lors, il s'est substitué peu à peu au mot habit, qui était seul usité autrefois pour désigner le vêtement avec tous les caractères qu'il est susceptible de recevoir. On disait : habit à la grecque, à la romaine ; habit religieux et habit de théâtre comme nous disons aujourd'hui de préférence, *costume* grec, *costume* romain, etc. Cependant *costume* a une signification plus étendue qu'habit, qui ne se rapporte qu'à la partie extérieure du vêtement. Le *costume* se compose de ce qui est caché, aussi bien que de ce qui paraît. Il comprend tout ce qui, au point de vue du vêtement, caractérise les diverses époques et en constitue ce que l'on nomme la couleur locale.

On ne saurait présenter ici une histoire du *costume*, fût-elle même abrégée. Un pareil travail dépasserait de beaucoup la mesure d'un résumé tel que celui-ci. Il existe, sur la matière, des ouvrages importants qui ont paru en France et à l'Étranger. Nous en indiquerons quelques-uns dans les notes [1]; on pourra les consulter avec fruit. Ces travaux répondent bien au souci de la vérité historique et à la curiosité qui sont propres à notre temps. Pour nous, nous devrons nous borner à un aperçu. Nous ferons observer toutefois que nous n'embrassons pas le sujet dans son entier, chaque partie du *costume* pouvant être l'objet d'une notice particulière. Mais il y a un ensemble de considérations sur lesquelles il importe d'appuyer : considérations générales sur le caractère du *costume* dans l'histoire, sur son expression, sur la manière dont les artistes sont appelés à en faire usage et aussi sur sa valeur esthétique.

L'origine du *costume* est dans une nécessité matérielle et aussi dans un besoin de se couvrir inspiré par la pudeur, car il y a une part de conscience morale dans tout ce que l'homme accomplit. Les feuilles empruntées aux végétaux, les peaux de bêtes, les tissus grossiers dont se vêt le sauvage ou le barbare, répondent à cette double préoccupation.

---

1. Voy. *Kostumkunde. Handbuch der Geschichte der Tracht,* etc., von Hermann Weiss. — *Costume of the ancients, etc.,* by T. Hope.

Mais un autre instinct se fait jour dans l'accomplissement de cet acte spontané : c'est celui d'un arrangement et d'une recherche qui d'une part engendrent la parure, et qui, de l'autre, donnent au vêtement un caractère d'expression en rapport avec certaines idées toujours en puissance dans l'humanité : idées d'autorité civile ou religieuse, idées de joie ou de tristesse, et, avant tout, distinction des sexes et des rangs. Dans ces conditions, nous arriverons à différents ordres de *costumes* dont les formes varient à la vérité, mais qui, dérivant de conceptions immuables, se rapprochent par leur caractère. De là deux points de vue auxquels nous nous placerons successivement : celui de la variété des faits, ou de l'histoire de l'habillement, et celui de sa philosophie.

Coup d'œil sur la variété du costume dans l'histoire. — Le *costume*, envisagé au point de vue de la vérité historique, offre un vaste sujet d'étude; la variété en est extrême. Elle vient du génie des races, de la situation géographique des contrées qu'elles occupent, de l'influence des climats et des rapports des nations entre elles. De ces conditions résulte pour chaque peuple une manière d'être, un ensemble de manifestations telles qu'elles ne peuvent se confondre avec rien de ce qui, dans le même ordre d'idées et de faits, se produit ailleurs. C'est donc le propre de chaque grande civilisation de montrer, dans les arts, une originalité profonde, et partant aussi dans le *costume*. Ainsi en a-t-il été dans la vallée du Nil occupée depuis l'antiquité la plus reculée par une race restée longtemps sans mélange. Ce n'est pas le lieu de la décrire : bornons-nous à signaler son caractère svelte et élégant, indice d'une activité démontrée par l'histoire. On avait pensé d'abord que l'Égypte était organisée suivant une hiérarchie de castes héréditaires et infranchissables. Les inscriptions des tombeaux nous apprennent qu'on pouvait s'élever de la naissance la plus obscure aux plus hautes dignités; elles nous disent que l'humanité, telle que nous l'entendons, était alors une vertu courante, et que l'amour de l'homme faisait ainsi partie de cet amour de la nature qui était le fond de la religion [1]. On comprend mieux par là comment l'art égyptien représente avec une bienveillance égale le laboureur, l'artisan, le batelier, le pâtre, le soldat, le prêtre, le roi. Le *costume* égyptien est extrêmement simple. Il a une pièce essentielle, commune à tous les individus du sexe masculin, quel que soit leur rang ou l'action qu'ils accomplissent : c'est une sorte de caleçon, ou un morceau d'étoffe qui en tient lieu, et qui descend des hanches jusqu'au tiers supérieur des cuisses. Quand c'est une étoffe, elle est ramenée d'arrière en avant vers le milieu du corps. Là, elle est fixée par une ceinture ou un nœud et ses extrémités retombent en voilant la nudité du personnage. Cette manière d'ajuster les vêtements qui consiste à les serrer sur toute la partie postérieure du corps et

---

1. *Histoire ancienne des peuples de l'Orient*, par G. Maspero. — *Histoire de l'art dans l'antiquité*, par G. Perrot et C. Chipiez, tome I, *De l'Égypte.* — *Histoire de l'art égyptien d'après les monuments,* par Prisse d'Avesnes.

à en ramener en avant l'ampleur et les chutes, est
une caractéristique essentielle du *costume* égyptien.
Elle est très remarquable dans des robes qui sont
portées par les deux sexes et qui, pour les hauts
personnages et les divinités, sont d'une étoffe trans-
parente, raide et plissée finement. Ces plis forment
ainsi une sorte d'avancée qui laisse à la marche sa
liberté. Quoi qu'il en soit, les Romains en avaient
été frappés, et ils ont, entre autres imitations de
l'art de l'Égypte, exécuté des statues d'Isis dans
lesquelles cette particularité a été fidèlement reproduite.

En réalité, c'était dans les coiffures qu'il y avait
en Égypte le plus de diversité, et c'était aux formes souvent très compliquées de ces coiffures que
les dieux se distinguaient les uns des autres. Des
sceptres portant divers attributs aidaient encore
à ces distinctions qui étaient nécessaires, les artistes s'étant toujours bornés, dans ce genre de représentations, à figurer, ce semble, le type national
dans sa généralité.

La musique paraît avoir été en grande faveur
chez le peuple égyptien. Elle était riche en instruments, tels que flûtes, guitares, lyres de toutes
formes, harpes munies d'un grand nombre de
cordes, sistres et tambours. Les bijoux jouaient
un rôle important dans la parure. En résumé, les
accessoires du costume et les objets usuels étaient
d'un caractère élégant et léger : les armes, les en-
gins de toute sorte, les meubles, les vases, les barques qui sillonnaient le Nil.

Combien cette délicatesse ne contraste-t-elle pas avec la gravité et le caractère de stabilité pesante des édifices ! L'art monumental de l'Égypte n'a pas besoin d'être analysé et défini : sa caractéristique est assez connue. Dès lors, on ne peut s'empêcher de songer au spectacle unique que devait présenter l'activité de ces hommes, en apparence si frêles et si faiblement outillés, se déployant sur les rives d'un fleuve immense discipliné par eux, et au milieu des pyramides, des obélisques, des statues colossales et des constructions énormes de Memphis et de Thèbes qu'ils avaient conçues et exécutées.

Entre le *costume* assyrien [1] et le *costume* égyptien, il y a, au premier aspect, la même différence qu'entre l'habitant des bords du Nil au visage rasé, aux membres grêles, aux mouvements dégagés et alertes, et l'homme de Mésopotamie, remarquable par l'abondance de sa barbe et de sa chevelure soigneusement frisées, par ses membres épais et robustes, par sa démarche grave et ses actions compassées. A la place des tissus transparents on voit des étoffes pesantes. Le nu, qui est véritablement le fond de la sculpture et de la peinture égyptiennes, n'apparaît plus ici que par places aux jambes et aux bras. La femme n'est figurée que très rarement. Les hommes portent des robes longues, mais dépourvues d'ampleur; les manteaux sont sans plis; les ceintures sont hautes et ornées. Tout l'habillement est bordé de riches passemen-

---

1. *Monument de Ninive*, découvert et décrit par F.-E. Botta, mesuré et dessiné par F. Fladin, tome II.

teries : galons, franges, effilés. Les personnages ont souvent la tête nue, et leurs cheveux sont serrés du front à la nuque par de gros bandeaux. La coiffure royale, toujours de forme cylindro-conique ou conique, sera décrite ailleurs ; il en a été de même des lourds bijoux que l'on remarque sur différentes figures sculptées, parmi lesquelles on reconnaît des eunuques qui semblent avoir un rang considérable dans l'entourage du prince.

L'armement a un caractère particulier de force. Les casques sont pourvus de cimiers. A la place de la dague égyptienne, courte et aiguë, nous trouvons des épées droites et quelquefois un peu recourbées. Dans les combats, les carquois sont sous le bras gauche et non sur l'épaule ; les arcs sont lourds, les flèches grandes et munies, comme les autres armes d'hast, de larges fers en forme de feuilles lancéolées. Les boucliers ne sont plus plats et étroits, barlongs ou légèrement arrondis à la partie supérieure avec un trou en haut pour que le combattant puisse voir tout en se couvrant le visage ; les boucliers sont épais, ronds et bombés. Les haches ne sont pas contournées en hachoir, elles sont à double tranchant carré ; on les manie, à deux mains. Est-il besoin de pousser plus loin le parallèle ? de comparer la cange élégante, qui semble posée seulement sur l'eau, aux pesantes embarcations que porte l'Euphrate et le Tigre ; les chars de guerre faits pour un seul guerrier, aux larges chariots sur lesquels montent jusqu'à cinq personnes ; les chevaux d'attelage, là-bas presque nus et empanachés de plumes d'autruche et, ici, la tête, le poitrail et les épaules enveloppés d'un réseau de passementeries ; enfin, d'opposer aux sphinx des nécropoles les taureaux à tête humaine, gardiens des demeures royales ; et ces palais avec leurs dômes et leurs tours à étages, bâtis de brique et de pisé, aux palais et aux temples à toit plat le plus souvent construits ou revêtus d'immenses blocs de granit poli ? Il suffit d'avoir fait sentir, au moyen de ces rapprochements, et surtout du *costume*, la diversité frappante de deux civilisations rivales.

Si le *costume* des anciens Persans [1] a, en raison de sa gravité, de l'analogie avec celui des Assyriens, il en diffère par sa coupe et aussi par ses éléments essentiels. Les tiares basses et évasées comme les toques de nos juges, les camails à capuchon dont l'extrémité est renversée en arrière, les bonnets et les casques, dont la pointe est au contraire ramenée en avant, constituent les particularités de la coiffure chez les Médo-Perses. Nous trouvons ensuite les amples robes relevées sur la hanche droite avec leurs grandes manches pendantes ; puis les tuniques étroites qui viennent jusqu'au genou et qui sont serrées à la taille par une ceinture. On doit remarquer encore les lances et les flèches au fer en forme de losange, les épées larges et courtes qui battent sur la cuisse droite, les carquois énormes attachés au côté gauche. L'escrime de la lance devait s'exécuter avec les deux mains, et il y avait

1. *La Perse ancienne et moderne*, par P. Coste et E. Flandin ; tome I, partie ancienne.

des hommes armés de marteaux-d'armes bisaigus·
Enfin le bouclier portait deux échancrures. Mais la
pièce caractéristique du *costume* persan était le pantalon tantôt tombant sur le cou-de-pied et tantôt
entrant dans des bottes qui s'arrêtaient au-dessous
du genou. Les Grecs nommaient ces pantalons
anaxyrides. Ils les considéraient comme appartenant en propre et sans distinction aux nations
qu'ils nommaient barbares.

En réalité, les pantalons larges ou collants furent
portés par tous les peuples d'origine indo-germanique. On les trouve depuis l'Inde même jusque dans
les Gaules ; ils reparaissent à toutes les époques et
partout où se produisent les invasions des hordes
de l'Orient ou du Nord, que l'on sait maintenant
avoir eu, au centre de l'Asie, un berceau commun.
Nous comptons leur consacrer une notice.

Mais à différents égards, il convient de recourir
aux historiens pour suppléer à l'absence des monuments figurés. Hérodote est précieux pour nous ren-
seigner sur tous les peuples qui, avant lui et de son
temps, furent en rapport avec le monde hellénique.
D'un autre côté, Tite-Live et particulièrement Tacite
complètent ce que les monuments triomphaux de
Rome nous apprennent sur cette partie intéressante de notre sujet. Pour le moment, nous n'avons
pas à nous arrêter davantage à ces idées et à ces
indications, et nous sommes naturellement amenés
à parler des Grecs et des Romains [1].

1. *Choix de costumes civils et militaires des peuples de l'antiquité*, par Villemin.

En commençant par la Grèce et par le *costume* des hommes, il faut nommer d'abord la tunique (le chiton), toujours sans manches et faite d'une étoffe carrée cousue sur sa plus grande longueur; la tunique qui descend plus ou moins bas, suivant qu'elle a le caractère civil ou militaire; puis l'exomis, pièce d'étoffe carrée non cousue, qui, fixée au-dessus des hanches par une ceinture, et sur l'épaule gauche par une fibule, forme une tunique ouverte à droite et laissant du même côté la poitrine à découvert. Viennent ensuite le manteau (l'hymation), qui est un grand carré long de la hauteur d'un homme, et la chlênê encore plus ample, servant l'une et l'autre à envelopper tout le corps. Vêtement de dessus de moindre grandeur, la chlamyde s'attachait sur l'épaule droite et laissait aux mouvements plus de liberté.

Maintenant venons aux coiffures. Il y avait des bonnets arrondis se terminant en pointe et d'autres en forme d'œuf ou de pomme de pin; il y avait des chapeaux ou pétases, à la mode de Thessalie, de Macédoine et d'Arcadie. Aux femmes appartenaient la longue tunique descendant jusqu'aux talons, le péplos simple ou double, le manteau semblable à celui des hommes et dont elles s'enveloppaient la tête; les mitres, les chapeaux plats que l'on posait seulement sur les cheveux; enfin, communs aux deux sexes, les sandales, les cothurnes et les souliers d'étoffe. Remarquons la simplicité de ce costume, la manière dont il se prête à la représentation et à l'action, son aspect noble ou familier selon la manière dont il est ajusté. Il est plus sévère chez les Doriens que chez les Ioniens; mais il procède des mêmes coupes. Sa beauté vient plus encore de l'abondance des plis qu'il forme et de leur ordonnance, que de la richesse des étoffes : celles-ci sont toujours souples, quelle que soit la nature de leur tissu.

Le *costume* des divinités helléniques est le même que celui que portent tous les grecs. Le caractère en est à la fois pratique et idéal; mais la toge, qui est, par excellence, l'habit des Romains, n'est jamais attribuée aux dieux. Elle a dans la vie publique plus d'une signification. Pour les patriciens et les magistrats, elle est blanche et bordée de pourpre; elle est toute de pourpre pour le triomphateur. Relevée sur la tête, elle indique généralement l'exercice du culte ; roulée autour du bras gauche, elle devient le signe de troubles intérieurs : c'est l'habit des jours d'émeute. Le général d'armée qui se voue aux dieux infernaux la rabat sur son front et la serre sur sa poitrine. En tout cas, elle garde le caractère exclusivement civil. Avec elle on porte un brodequin qui monte jusqu'au tiers de la jambe. Les femmes romaines furent aussi vêtues de la toge, mais les plus riches adoptèrent l'habillement presque grec qu'on voit aux statues des princesses de l'époque impériale. En résumé, le *costume* est plus élégant en Grèce et plus grave à Rome. Mais ce qui distingue surtout le *costume* grec du *costume* romain, c'est que le premier devient pour ainsi dire l'habit du monde ancien tout entier, tant le caractère en est humain, à prendre le mot dans son acception antique ; tandis que le second reste aristocratique et politique, et qu'il faut être citoyen pour le porter.

On ne peut passer sous silence les Étrusques, quoique leur histoire nous soit à peu près inconnue. Quelle qu'ait été leur origine, ils empruntèrent beaucoup à l'art et à la civilisation grecques : et cela nous est attesté par un grand nombre de monuments dans lesquels nous voyons, par exemple, des personnages vêtus de la chlamyde. Une partie de leur *costume* national a passé aux Romains : la toge et la haute chaussure que l'on portait avec elle sont d'origine étrusque ; mais il y avait certaines formes du vêtement et certains ajustements qui restèrent en propre aux habitants de l'Étrurie. Ces ajustements ont un caractère qui semble asiatique. Telles sont chez les hommes et surtout chez les femmes les draperies jetées de manière à former des pointes, qu'il s'agisse de manteaux ou d'écharpes, qui étaient souvent posés sur les épaules comme des châles. Telles sont les coiffures qui, pour les femmes, sont généralement coniques et quelquefois assez élevées, et qui, pour les hommes, sont arrondies et présentent tout autour un retroussis. Telles enfin sont les chaussures, chaussons ou souliers, souvent relevées à leur extrémité en forme de poulaine. Les Étrusques portaient les cheveux courts et le visage rasé. Leurs vêtements étaient couverts d'ornements ; ils se paraient de riches bijoux.

Lorsque l'empire romain fut constitué, il se produisit dans le *costume* de la vaste agglomération de

peuples qui le composaient des transformations
dont nous indiquerons seulement les traits caractéristiques. Pendant la période du Haut-Empire, qui
va des premières années de notre ère jusque vers la
fin du IIIe siècle, on assiste, dans Rome même, à
une lente décadence du *costume* romain et à l'introduction graduelle, dans l'habillement, d'éléments
empruntés aux barbares. Dans ces modifications
les modes gauloises sont surtout mises à contribution. La toge commence à n'être plus portée que
dans l'exercice des fonctions publiques; mais déjà
la saie est devenue, sous le nom de *sagum*[1], le
manteau militaire. Bientôt on adopte en Italie la
tunique collante, allongée, entièrement ouverte par
devant et fendue en bas par derrière, qui est connue sous le nom de caracelle[2]. Les braies, ou pantalons, d'abord écourtées, comme on peut le voir
dans les monuments du temps de Trajan, finissent
par reprendre leur longueur primitive sous Alexandre Sévère. L'introduction du bouclier gaulois dans
l'armement[3] n'est que partielle et passagère; mais
les légionnaires continuent à porter, comme nos
ancêtres, l'épée à gauche et le poignard à droite.
Par contre, le costume romain pénètre dans toutes
les parties de l'empire. Les provinciaux qui étaient
citoyens et qui obtenaient des charges publiques
revêtaient la toge; les hommes libres, mais qui

---

1. *Colonna Trajana*, etc., da Santi Bartoli. Vexillaire, pl. 15.
2. Il s'agit de la *caracalla major*. Voy. Aurélius Victor. Épit.
21 et Spartien. Caracalla 9.
3. Clarac, *Musée de sculpture antique et moderne*, t. II, pl.
221.

n'avaient pas le droit de cité, conservaient leur costume national auquel ils ajoutaient quelques pièces choisies parmi celles qui étaient à Rome d'un usage journalier. Ainsi la lacerne [1] qui, dans le principe, n'avait été qu'une grosse couverture dont les anciens Romains se servaient pour se garantir, devint un sarrau plus ou moins long ou plus ou moins large, sarrau à capuchon, qui fut porté par les hommes et par les femmes dans tout l'empire. Il en fut de même du pallium qui, à l'origine, n'était que le manteau des Grecs adopté par les vainqueurs. Le linge de corps était de toile ; les habits de dessus, de laine. L'introduction de la soie et des soieries ne date que d'Héliogabale. Quant aux femmes, elles portaient la stolê, longue tunique avec ceinture, le pallium et la palla, sorte d'écharpe ou de mantille [2]. Toute la singularité de leur ajustement résidait dans leur coiffure, comme nous allons le voir. D'après les peintures et les mosaïques, les couleurs des vêtements qui semblent avoir été les plus usuelles sont le blanc, le vert, le jaune, le rouge de toutes nuances, le brun, le bleu et le violet. On continua à introduire des bandes de couleur dans les vêtements (claves) ; mais on commença à y coudre des bordures, de petites pièces de tissus divers et aussi de teintes variées (callicales) et des segments ou grands lés d'étoffe d'un ton tranchant qui

---

1. *Colonna Trajana, etc.* Voy. les personnages placés derrière Trajan, pl. 64.

2. *Admiranda romanarum antiquitatum.* Voy. pl. 83, le personnage placé au milieu de la composition.

faisaient partie des manteaux. Les personnes qui portaient des braies courtes les complétaient par des jambières. Les chaussures étaient les sandales, les souliers, les brodequins et les galoches, imitées aussi des Gaulois. Vers la fin du IIIe siècle, tous les hommes libres ayant reçu le droit de cité romaine, chacun put se revêtir de la toge : la fusion du *costume* fut alors complète.

Si, pendant le Haut-Empire, le *costume* subit surtout l'influence des provinces d'Occident, ce fut principalement l'action de l'Orient qui s'exerça sur lui durant le Bas-Empire (295-492). Il y a, de l'an 301, un édit de Dioclétien [1] qui est d'un grand intérêt pour les artistes : c'est celui qui fixe nommément le prix de toutes les pièces de l'habillement et qui, de plus, en indique la nature et la provenance. On y passe en revue celles de ces pièces que nous avons déjà définies, avec quelques autres que nous avons négligées et qui prennent alors une grande importance. C'est, par exemple, la dalmatique, large tunique flottante à manches, d'origine barbare, comme son nom l'indique, et le birre, épaisse capote à capuchon d'un usage déjà ancien, mais qui se distingue alors en danubien, norique, africain, achéen, etc. [2]. On voit encore, dans l'édit, le soulier gaulois taxé à côté de la chaussure baby-

---

1. Voy. : *Edit. de Dioclétien*, établissant le maximum dans l'Empire romain, publié avec de nombreux fragments et un comentaire par W.-H. Waddington, ch. VIII, IX, X, XI, XV, XVI, XVII, XVIII.

2. *Edit de Dioclétien*, ch. XVI, XVII et XVIII.

Ionienne en cuir de taureau doré [1]. Ce qu'il import
de noter, à ce même moment, c'est que les chré
tiens qui s'étaient voués au célibat commencèren
à se désigner par leur *costume*. Il était long et d
couleur sombre; le brun y dominait. Les vierge
portaient le voile, les hommes l'habit des philo
sophes grecs; les ascètes étaient reconnaissables
leur extérieur misérable [2].

L'avènement du luxe oriental date véritablemen
de Constantin. C'est alors qu'on vit apparaître le
soieries damassées et brochées, les toiles d'or e
d'argent, les riches franges, et surtout les perles e
les pierreries. Les manteaux présentaient des figu
res de fleurs et d'animaux tissées ou brodées, e
même des sujets presque toujours religieux. Le
consuls continuèrent à porter la toge et les générau
d'armée la chlamyde sur l'armure. Mais ces vête
ments de cérémonie sont enrichis de médaillons, d
rosaces et de pierres précieuses [3]. On peut lire dar
Sidoine Apollinaire la description d'une trabée o
toge d'honneur [4]. La décoration en était surpre
nante par la richesse et le nombre des ornement
Les statues honorifiques de ce temps nous apprei
nent qu'il y avait une nouvelle manière d'ajuster l
toge et de lui donner un air de chlamyde. Cett
mode remonte au règne de Théodose Ier, ve
l'an 380 environ. Il y eut alors dans le mond
entier une recrudescence de faveur pour la lacerr

1. *Edit de Dioclétien*, ch. IX.
2. *Les Catacombes de Rome*, par Perret, tome I.
3. *Thesaurus veterum diptychorum*, Gori.
4. *Œuvres de Sidoine Apollinaire*, carmen XII, édit. E. Bare

sous le nom de pœnule. On se couvrit aussi de
manteaux fourrés, on porta des chapeaux en forme
de mortier. Alors les personnes qui appartenaient
à l'église, évêques, prêtres, diacres, se distinguèrent
des laïcs par la longueur habituelle de leurs vêtements. Quant aux femmes, elles portaient sous le
manteau la tunique et la dalmatique sans manches
ou avec des manches très courtes; elles se ceignaient
de riches ceintures. Leur coiffure, basse au temps
de Constantin, affecta longtemps sous ses successeurs la forme d'un casque : d'où le nom de gale-
rus qu'elle portait [1]. Les hommes, aussi bien que
les femmes, étaient chargés de joyaux. En ce qui
concerne les armées, devenues très nombreuses
vers l'an 400 et composées alors de troupes de na-
tionalités diverses, on peut consulter un document
contemporain, d'un caractère officiel : la notice des
deux empires [2]. Disons seulement que les troupes
gauloises telles qu'elles sont décrites dans cette sta-
tistique, — légionnaires, archers et soldats armés
de toutes pièces, — conservèrent leur armement
et leur ordre de bataille jusque sous les fils de
Clovis [3].

Nous entrons maintenant dans une nouvelle
phase de notre sujet (490-722). L'invasion est con-

1. *Description historique des monnaies frappées sous l'Empire
romain*, etc., par H. Cohen, t. VI.

2. Notitia dignitatum et administrationum omnium tam civilium
quam militarium, etc., par Ed. Böcking.

3. Voy. pour ce qui concerne notre pays : *Histoire du costume
de France*, par Quicherat, dont nous suivons les divisions. *Le costume au moyen âge d'après les sceaux*, par G. Demay.

sommée en Occident. Romulus Augustule a été déposé par Odoacre, roi des Hérules, dès 476. Les barbares vivent avec toutes leurs habitudes au milieu des provinces conquises. Dans l'empire des Francs, dont l'influence devient dès lors considérable, on voit que la distinction entre l'habillement des vainqueurs et des vaincus persiste longtemps. Ainsi les sépultures, découvertes en grand nombre depuis 5o ans, nous apprennent que les guerriers des temps mérovingiens restèrent fidèles à leur harnais de guerre jusqu'au temps de Charles Martel [1]. Cependant, les chefs des peuples nouveaux, admis dans l'Empire à différents titres, exerçaient leur pouvoir, non seulement comme princes nationaux, mais encore comme délégués de l'Empereur. Ils furent donc conduits par là à s'entourer d'un appareil qui n'était autre que celui des magistratures romaines. Clovis porta le costume de consul, la trabée brodée d'or et la chaussure sénatoriale, dans des assemblées où figuraient les patriciens et le clergé gallo-romains. A mesure que les rois barbares allaient s'affranchissant des liens qui les rattachaient à l'Empire, ils prenaient davantage, eux et les chefs qui vivaient à leur cour, les habits et les autres usages de la cour impériale. On peut donc, non sans vraisemblance, se faire une idée du *costume* d'apparat porté par l'aristocratie conquérante installée dans les provinces, par quelques ouvrages gréco-latins du même temps et particulièrement par

----

1. *La Normandie souterraine*, par l'abbé Cochet.

les mosaïques de Ravenne [1]. On sait qu'elles représentent Justinien et l'impératrice Théodora, sa femme, dans un pompeux appareil. Elles servent aussi à fixer nos connaissances en ce qui concerne leur temps. D'ailleurs, les sépultures contemporaines (vi[e] et viie siècles) fournissent des pièces d'habillement qui confirment toutes ces données. C'est à cette même période qu'il faut rapporter la distinction qui s'établit dans le *costume* du clergé entre les vêtements portés au dehors et les habits sacerdotaux, ceux-ci spéciaux à l'exercice du ministère. Ils étaient généralement blancs et se composaient, pour le prêtre : d'une longue tunique qui lui couvrait les pieds, de l'aube serrée autour des reins par une ceinture et de la chasuble, sorte de pénule flottante. Les diacres avaient la tunique plus courte et par-dessus la dalmatique. Les évêques se distinguaient des prêtres par le pallium, qui n'était pour eux qu'une bande d'étoffe dont les bouts pendaient l'un sur la poitrine et l'autre sur les épaules. Tout le clergé portait la tonsure. Enfin, cette époque vit le développement des ordres monastiques et entre autres de l'ordre de Saint-Benoît. Le *costume* consistait alors en deux robes étroites en laine et en un capuchon muni par devant d'une sorte de rabat, tandis qu'il formait par derrière deux bandes qui se roulaient autour de la ceinture.

Les Parthes et les Perses, contre lesquels l'Empire romain soutint de si longues luttes, ont laissé

1. *Div. all. christlichen Bauerke von Ravenna*, etc., von A.-F. de Quartcouf; avec les photographies publiées par les Alinari.

de précieux renseignements sur leur costume. Dans de nombreux bas-reliefs habilement reproduits dans le *Voyage en Perse* de Flandin et Coste, nous voyons ces peuples figurés avec leurs amples vêtements d'étoffes fines et plissées. Ces monuments font vivement ressortir le caractère de l'armement et de l'habillement des Perses sous les rois Arsacides et Sassanides. Les coiffures de ces princes, bien rendues par la sculpture, nous sont encore mieux montrées, dans leur singularité, par les monnaies dont nous possédons deux riches séries : la première comprenant depuis 255 avant J.-C. jusqu'à 226 de notre ère, et la seconde de cette date jusqu'en 652.

Au moment du couronnement de Charlemagne [1], le monde connu des anciens se trouva divisé en plusieurs parties, qui vécurent désormais chacune d'une vie différente : l'Empire byzantin, où tout tendit à s'immobiliser ; l'Empire d'occident, où tout fut en mouvement, et les États musulmans, qui, dans leur brillant développement, pourraient présenter, au point de vue du *costume*, plus de variation qu'on n'est généralement disposé à le croire. La fixité dans les mœurs, que l'on considère comme propre à l'Orient, n'est pas absolue. Elle existe en Chine par exemple, parce que la race y est restée sans mélange ; mais partout ailleurs, on remarque cette mobilité qui semble appartenir à la

---

1. *Dictionnaire raisonné du mobilier français à partir de l'époque carlovingienne jusqu'à la Renaissance.* Viollet-le-Duc.

famille indo-germanique, ou résulter du mélange des nations. On n'est pas encore bien renseigné sur les modifications qu'a subies le *costume* dans les pays mahométans; mais il suffit de comparer les Turcs d'aujourd'hui à ceux qui sont représentés dans les peintures du xve siècle et dans les gravures du xvie, pour reconnaître que l'islamisme n'est point opposé au changement des habits.

En Occident, vers la fin du du viiie siècle, les vainqueurs avaient pris peu à peu le costume des vaincus. C'était encore la Gaule qui apportait le plus grand nombre d'éléments aux nouvelles modes et aux nouveaux habillements. Les Francs, par exemple, avaient adopté les longues braies, mais ils les serraient autour des jambes et des cuisses au moyen de courroies entre-croisées. Ils avaient quitté leur manteau national, qui était très ample et d'un ton verdâtre, pour les courtes saies aux couleurs brillantes, leurs vastes sarraux pour des tuniques à manches collantes, leurs brodequins pour des galoches. La nouveauté était que, par-dessus la tunique, on mettait, à l'occasion, une veste de fourrure, le roch ou le plisson.

Charlemagne était fort attaché à ce costume, il ne revêtit jamais les ornements impériaux. Deux fois seulement, et à Rome, il parut avec les insignes de patrice. Comme empereur des Francs, sa tunique, sa chlamyde et ses braies étaient richement brodées, mais dans la forme ordinaire. Il y ajoutait pour les cérémonies un diadème orné de pierreries. Habituellement il était coiffé d'un bonnet haut de forme, renflé et arrondi au sommet [1]. Ce furent ses premiers successeurs qui prirent la couronne fermée et la grande chlamyde romaine, à l'imitation des empereurs de Byzance ; et c'est de Charles le Chauve que date le costume attribué, à tort, à son aïeul.

On remarque, à cette époque, que les chefs militaires avaient seuls le droit de porter le casque et l'armure de corps ; les propriétaires d'une certaine importance possédaient aussi ce privilège. L'épée était large et droite, rarement recourbée. Les gardes de l'empereur avaient un armement analogue à celui des légionnaires romains. En même temps le luxe s'introduit dans le costume ecclésiastique par des broderies, par l'emploi des riches étoffes et la recherche des vives couleurs. L'étole, qui était primitivement une petite pièce d'étoffe passée à la ceinture, se réduit, comme le pallium, à une simple bande de toile bordée d'une frange à ses extrémités. Le prêtre est obligé de la tenir toujours à la main. La dalmatique n'est pas uniquement portée par le diacre, mais par le prêtre et par l'évêque. La mitre est considérée comme le signe distinctif de la dignité épiscopale ; mais on ne la trouve ni dans les tombeaux, ni sur les miniatures, qui deviennent, pour nous, une source de plus en plus précieuse de documents relatifs au vêtement [2].

1. Voy. la mosaïque dite du Triclinium de Saint-Jean de Latran. Pour le costume de Louis le Pieux, voy. une miniature du manuscrit intitulé : *Ademari chronicon*, Bibliothèque nationale, n° 5927, Colbert 797, ixᵉ siècle.

2. Voy. pour toute cette partie du costume : le manuscrit dit *Bible de Charles le Chauve* et le manuscrit intitulé *Astronomia*. Bibliothèque nationale, fonds Saint-Germain, n° 434.

Le peuple et les artisans conservent fidèlement le costume étroit et court des temps précédents.

Le xe siècle est signalé par un fait mémorable : l'organisation du service militaire fondée sur la possession ou plutôt sur la tenure féodale. Le propriétaire du sol devient le seigneur, l'homme de guerre de profession, le chevalier ; car, chez les barbares, les nobles avaient toujours combattu à cheval. Le chevalier a le privilège de porter l'armure complète. Elle consiste dans un casque rond ou plus généralement pointu, dans un corps de mailles ou de plaquettes de fer imbriquées (la brogne), souvent caché sous la tunique, dans un bouclier soit ovale, soit circulaire et bombé (l'écu), dans une lance garnie d'une bande d'étoffe qui sert de signe de ralliement [1].

Au xie siècle, le *costume* se régularise, et on le trouve soigneusement représenté sur la tapisserie de Bayreux [2]. L'armement qu'on y voit figuré est celui que portèrent les Normands conquérants de l'Italie méridionale, de la Sicile et de l'Angleterre ; c'est celui des chevaliers de la première croisade [3], et il se maintient ainsi pendant près de 100 ans, sans subir de grands changements.

Au commencement du xiie siècle, un bouleverse-

1. Voy. comme complément *Biblia sacra*, manuscrit du xe siècle, Bibliothèque nationale.

2. *La tapisserie de Bayeux*, reproduction d'après nature, etc., par J. Comte. *Le costume au moyen âge, d'après les sceaux*, par G. Demay : Habillement chevaleresque.

3. Voy. dans Montfaucon l'un des vitraux de l'église de Saint-Denys, représentant la *bataille d'Ascalon*.

ment complet se produit dans le *costume* des classes moyennes et du peuple en occident. De court et d'ajusté qu'il était, il devient long et demi-flottant[1]. C'est une mode originaire du midi de l'Italie, de l'Espagne, et aussi de l'Orient où, pendant les croisades, les hommes du Nord se rencontrent et se mêlent avec les Grecs et les Sarrasins. Tous les vêtements des hommes prennent de l'ampleur : il en est ainsi pour les deux tuniques qui étaient d'un usage général et pour la chlamyde. La chape, grand manteau posé sur les deux épaules, cousu ou rattaché à la naissance du cou par un cordon ou une agrafe, prend une place importante dans l'habillement. Le *costume* des femmes est d'abord celui que l'on a longtemps attribué, à tort, aux reines mérovingiennes, savoir : le corsage collant, sorte de cuirasse lacée sur le côté ; la tunique de dessous avec ses longues manches plissées ; la tunique de dessus formant une jupe traînante et la chape ou le manteau posé sur les épaules. La coiffure complète à souhait cet habillement plein d'élégance : les cheveux sont partagés en deux longues nattes pendantes ; un voile court et léger les recouvre, maintenu par un cercle d'orfèvrerie. Les hommes portaient alors une sorte de bonnet phrygien[2]. Un peu antérieurement au xiie siècle, ils se rasaient le visage et quelquefois la nuque ; les nobles, néanmoins, conservaient la moustache.

1. Voy. Villemin. *Monuments inédits*, t. Ier. Figures tirées du portail de Notre-Dame de Corbeil.

2. Voy. l'émail du Musée du Mans, représentant *Geoffroy Plantagenet*.

Au xiie siècle, la mode vint des cheveux longs, frisés par derrière, et des longues barbes divisées en petites masses au moyen de fils. La réunion de la dalmatique et de la chasuble forme décidément le *costume* distinct des évêques et des archevêques[1]. Ils se coiffent de petits bonnets ronds ou pointus ; mais, dans l'exercice du culte, ils ont des mitres de forme basse, dont les pans se présentent tantôt de face et tantôt de profil.

Le blason date du xiiie siècle. Les armoiries étaient brodées sur les vêtements et constituaient pour la noblesse une décoration. Le drap était l'étoffe dont on faisait le plus généralement usage ; mais le velours fit alors son apparition et fut très recherché. Les fourrures furent plus que jamais employées pour doubler et border les habits. Un usage s'établit qui sera durable : celui du linge de corps. Mais, contrairement à l'usage moderne, on le jaunit, on le passe au safran. L'habillement des femmes s'augmente donc de la chemise de toile : alors des deux tuniques portées précédemment la première devient la robe et la seconde le surcot. Elles sont de plus en plus flottantes et traînantes. Le manteau que l'on met par-dessus est toujours la chape retenue sur la poitrine au moyen d'un cordon. Les jeunes filles laissent tomber leurs cheveux sur leurs épaules ; les femmes les relèvent et en font un gros chignon. En France, on se coiffe de cha-

---

1. Voy. *Manuscrit des épitres de saint Grégoire*, Bibliothèque nationale. — *Manuscrit du dialogue de Grégoire*, n° 9917.Bibliothèque de Bourgogne, dans la Bibliothèque royale, à Bruxelles.

peaux de feuillage et de fleurs, selon la saison, et
aussi de chapeaux de satin et de taffetas en forme
de mortier [1]. Quand, vers la fin du xiiie siècle,
les chapeaux ne furent plus de mode, les femmes s'enveloppèrent le cou d'une guimpe qui
couvrait le menton et venait s'attacher au-dessus
des oreilles sur deux touffes de cheveux [2]; puis
elles portèrent de légers capuchons [3]. Le *costume*
des hommes se composait des mêmes pièces que
celui des femmes; ils y joignaient le mantel ou
chlamyde taillée en demi-rond ; mais ils se serraient
la tête dans une sorte de béguin, avaient des mor-
tiers ou des bonnets pointus, des chapeaux à
bords plats sous lesquels ils portaient aussi des
capuchons qui devinrent bientôt les chaperons.
Ils avaient le visage entièrement rasé [4]. Rien de
plus chargé, rien de plus étouffant, que ce *costume* porté à une époque de grande activité et
sous des princes qui, comme Philippe-Auguste,
saint Louis, Philippe le Bel et ses fils, n'étaient rien
moins que des rois fainéants. Il en fut de même de
l'armure, qui, depuis la fin du xiiie siècle, ne cessa
de se compliquer de nouveaux moyens de défense.
La cotte de mailles complète, le justaucorps mate-
lassé, la cotte d'armes, la gorgerette, le heaume, et

1. Voy. statue funéraire dans l'église de Joigny. *Bulletin monumental*, t. XIII, de Caumont.

2. Voy. tombeau de Marguerite d'Artois.*Monographie de l'église
de Saint-Denys*, par de Guilhermy.

3. Figure tombale de 1330. *Antiquités nationales*, t. II.

4. Voy. *Psautier de saint Louis*. Bibliothèque de l'arsenal, xiii[e]
siècle. *Les merveilles du monde*, manuscrit de la Bibliothèque
nationale du xive siècle.

après, le bassinet à camail, les cuissots et les grèves accablaient le chevalier de leur poids et l'empêchaient de se relever lorsqu'il était désarçonné.

Environ au milieu du xive siècle, le *costume* adopté à la fin du xiie est remplacé à la fois en Italie, en France et en Angleterre, par une autre manière de s'habiller dont la mode paraît être venue de la Catalogne. Aux vêtements larges et flottants succèdent des vêtements absolument différents : très courtes jaquettes, pourpoints collants et rembourrés, chausses dessinant les jambes et les cuisses dans leur entier. Le tout n'était pas sans quelque analogie avec le costume des anciens Gaulois. Avec cela on se coiffait de gros chaperons dont la cornette battait les jambes, et on se chaussait de souliers à la poulaine, empruntés à la Pologne, comme l'indique leur nom. Les cheveux étaient coupés courts et même rasés sur les tempes. On en revint aux moustaches, auxquelles on ajouta la barbe pointue. L'usage des habits longs se conserva dans la maison des rois, dans les administrations publiques ; il fut aussi porté par les magistrats, les légistes et les avocats. C'est là l'origine de la distinction qui subsista longtemps entre les gens dits de robe longue et les gens dits de robe courte. Outre les habits collants, on en avait des pardessus généralement découpés et tailladés sur les bords, fendus par le côté et par devant. C'était une sorte de révolte contre la gravité des anciennes modes ; on ne se contentait pas de ces formes bizarres, on portait des chausses de couleurs dépareillées et même des

vêtements complets mi-partis [1]. Alors les armures
enveloppent de plus en plus le corps ; ce sont comme
des boîtes dans lesquelles l'homme d'armes est en-
fermé.

Vers 1380, les hommes et bientôt après les femmes adoptent la houppelande, souvent représentée
sur les tapisseries et les manuscrits et dont le nom
nous donne encore une idée exacte. La houppelande
était très étoffée et avait de larges manches [2]. Elle
ressemblait à nos robes de chambre : mais alors
c'était un vêtement d'apparat. Le collet en était
montant, et sur ce collet les femmes plaçaient des
carcans d'orfèvrerie. C'est de 1400 que datent les
cuirasses en deux pièces, réinventées après bien
des tâtonnements. Presque en même temps on voit
paraître les canons à main.

Les grandes et cruelles guerres qui se produisent à la fin XIVe siècle et au commencement du
XVe n'empêchent pas le luxe de se développer [3]. La
Renaissance approche, et avec le retour à l'antiquité
se prononce le goût des travestissements, l'usage
du masque, et la passion pour les représentations
théâtrales. La reine Isabeau de Bavière, malgré le
malheur des temps, inaugure dans notre pays un
luxe inouï jusque-là : celui des pierreries. A son ini-

1. Villemin, *Recueil de monuments inédits*, t. I. Voy. *Chronique de Saint-Denys*, manuscrit n° 8395. Bibliothèque nationale.

2. *Costumes des ducs de Bourgogne*. Notice des desseins, etc., du
Musée du Louvre, I. P. n° 636.

3. Voy. dans *Gaignières*, t. VI, Bibliothèque nationale, le dessin
représentant *Charles V recevant la dédicace d'un livre, la statue
de Jeanne de Bourbon*, femme de Charles V, à Saint-Denis.

tiative se rapporte l'usage du hennin[1] et des amples robes à taille courte. Pendant la partie moyenne du xve siècle l'armement reçoit les plus grands perfectionnements. Le heaume, l'armet, les défenses de fer couvrant le cavalier et le cheval sont ornés de délicates ciselures. Le costume de guerre ou de tournoi atteint sinon à la plus grande perfection, du moins à tout son luxe.

On se lasse du chaperon, que l'on remplace par des chapeaux tout bâtis. Les femmes adoptent de hauts bonnets que rappellent ceux de nos Cauchoises; elles ont des robes à longues queues portées par des suivantes ou par des pages.

La fin du xve siècle présente le contraste de la pauvreté du costume français et du luxe extrême qui règne dans l'habillement en Bourgogne et dans les autres pays[2]. Louis XI, ennemi de tout faste, ne porte qu'à la fin de son règne des vêtements en harmonie avec sa dignité. Pendant toute sa vie, c'est l'habit de chasse qu'il préfère : courte jaquette, chausses, houseaux et chapeau ou casquette ornée d'une image en plomb. Néanmoins on le voit fonder à Lyon et à Tours des fabriques d'étoffes de soie imitées de l'Orient. C'est de son temps que la beauté du linge, linge de Hollande surtout, amène l'usage des crevés aux vêtements. Chez les femmes

---

1. Voy. dans ce volume, pages 222 et suivantes, la notice sur la *Coiffure.*

2. Voy. d'une part : *Manuscrit des chroniques de Froissart,* à la Bibliothèque nationale, et *Manuscrits des mêmes chroniques,* à la Bibliothèque de l'Arsenal, et d'autre part : les *Manuscrits d'O- thon et de la belle Hélaine.* Bibliothèque de Bourgogne, à Bruxelles.

de haut rang les bonnets élevés, comme entr'ouverts tantôt d'avant en arrière, tantôt d'une oreille à l'autre, sont remplacés par des bonnets pointus à l'extrémité desquels pend un voile. Les robes, décolletées par devant et par derrière, sont étroitement serrées à la taille. La tension de l'étoffe et une certaine manière de se tenir font paraître le ventre proéminent.

Nous n'avons point parlé du clergé pendant ces derniers temps. Il n'avait cessé de porter de longs vêtements; seulement ils étaient de couleurs variées. Il n'y a qu'une innovation; elle est aux mitres, dont la forme devient plus élevée.

A vrai dire, le moyen âge finit à peu près avec le xve siècle : une ère nouvelle va commencer. Par une anomalie véritable, l'influence de l'antiquité, déjà si grande à cette époque sur l'architecture, ne s'exerce en rien sur le *costume*, inspiré d'ailleurs par une élégante fantaisie. Les longs vêtements des siècles précédents ont disparu. Il n'en reste plus qu'une trace pour ainsi dire symbolique dans les habits des prêtres, des juges, des officiers de justice, des conseillers ou des magistrats des villes, des chanceliers et des membres des hautes cours souveraines, des rois et des seigneurs lors des grandes cérémonies. Ces graves vêtements contrastent profondément avec les habits portés dans l'ordinaire de la vie, surtout avec ceux auxquels les habitants des campagnes étaient toujours restés fidèles [1]. La distinction fondée sur la longueur de la robe devient

---

1. Voy. *Manuscrits français*, n° 2643. Bibliothèque nationale.

en ce moment une convention officielle et hiérar-
chique. On la trouve dans toute l'Europe.

Entre 1483 et 1515, on voit donc se manifester
de nouvelles tendances dans le *costume*. On aspire
à plus d'aisance et de liberté. Les vêtements de dessus s'ouvrent pour laisser paraître ceux de dessous. On remarque une certaine économie unie au
luxe, économie inconnue au moyen âge et qui vise
à l'apparence et au clinquant. Il nous reste sur les
modes de ce temps des témoignages nombreux qui
nous sont fournis par les œuvres d'art contemporaines [1]. Aux grands bonnets pointus portés surtout par les dames nobles, succèdent les coiffures
plates en manière de capuchons, comme celles qui
sont attribuées à la reine Anne de Bretagne. Il y a
deux robes : celle de dessus, au corsage collant,
aux longues manches pendantes et à la très ample
jupe, se relève sur les hanches et laisse voir la
robe de dessous ; mais quelquefois celle-ci ne paraît
que d'un seul côté.

Les guerres des Français en Italie firent pénétrer dans notre pays les modes de Gênes et de Mi-
lan, qui le disputèrent alors à celles de la Flandre.
Chez les femmes, la chemise finement plissée se
montre sur la poitrine et apparaît aux manches ;
les manches de la robe sont retroussées jusque sur
les épaules. On se coiffe de légers chaperons ou de

1. Voy. *Manuscrits français*, nᵒˢ 25431-166-145, pour le cos-
tume des femmes ; nᵒˢ 2692-873 et 591, pour le costume des hommes.
— *Chronique de Louis XII*, par frère Jean d'Auton, nᵒ 9701.
Bibliothèque nationale. — *Livre d'Heures d'Anne de Bretagne*.
— *Tombeau de Louis XII*, à Saint-Denis.

petits bonnets; on se ceint de riches cordelières. Ce que l'on remarque chez les hommes, ce sont des robes longues, serrées à la taille et ouvertes par devant, et de grands chapeaux dont les bords relevés en rond autour de la forme étaient surmontés de nombreuses plumes appliquées les unes sur les autres. Ces robes et les manteaux qui en étaient dérivés avaient des manches qui étaient ouvertes par le milieu, de manière que le bras s'en dégageait et que la manche tombait tout droit à partir de l'épaule. Dans toute sa recherche, le *costume* des hommes, avec les chausses collantes, le linge aussi souvent que possible mis en évidence et le vêtement de dessus flottant, ce *costume* a quelque chose de galant, mais d'abandonné et de relâché que l'on n'avait pas vu jusqu'alors.

L'armement devient plus complet, plus parfait, plus riche. Les hommes d'armes portent par-dessus la cuirasse la jaquette ou le sayon, — la jaquette avec de larges manches et le sayon sans manches; on y joignait la jupe tuyautée et serrée à la taille par un ceinturon. Les armées sont très pittoresques, composées qu'elles sont, en grande partie, de mercenaires le plus souvent allemands, suisses et albanais, ces derniers vêtus à la turque et combattant avec la lance et un cimeterre qu'ils portaient derrière l'épaule caché dans les plis de leur vêtement. Dans l'ordre de bataille, on distinguait les coulevriniers, les piquiers, les hallebardiers, mêlés par pelotons aux joueurs d'épée qui maniaient les grandes épées à deux mains. On peut avoir une

idée de ces braves par les dessins ou les estampes
d'Albert Dürer et d'autres artistes contemporains [1].
L'artillerie en France était déjà attelée de chevaux,
tandis que chez les autres nations elle était traînée
par des bœufs.

Le *costume*, à partir de 1515, jusqu'à 1550, est
remarquable, pour les hommes, par le nombre des
taillades et des crevés qui y sont pratiqués ; et pour
les femmes, par l'apparition de la basquine, origine du corset, et de la vertugade, qui inaugure les
jupes bouffantes [2]. La vertugade, part de la taille
qui est serrée par la basquine et, sans faire de plis,
va s'élargissant jusqu'à terre en forme de cloche.
On mettait par-dessus une jupe également sans plis,
la cotte, qui était brodée de bandes transversales.
Le tout était recouvert de la robe proprement dite,
robe décolletée en carré, munie de vastes manches
qui venaient au tiers supérieur de l'avant-bras et
dont la jupe, ouverte et tuyautée, laissait voir les
riches broderies de la cotte. A la partie antérieure
de l'avant-bras paraissait la large manche de la chemise serrée au poignet par une manchette godronnée et peu à peu recouverte par des brassards d'é-
toffe de couleur, d'abord simples, puis bouillonnés
par étages et tailladés de manière à montrer leur
doublure. Les femmes portaient encore la marlotte, manteau ouvert par devant et ayant la forme
d'un grand caraco froncé par derrière, et la berne,
sorte de marlotte sans manches, empruntée aux

1. Voir aussi les bas-reliefs du tombeau de François Ier.
2. *Recueil de Gaignières*, t. VIII : Bibliothèque nationale.

mores d'Espagne. Les carcans ornés de pierreries, les juzerans ou chaînes de métal que l'on arrangeait en guirlande sur le corsage, et les patenôtres qui étaient non seulement des chapelets, mais encore des pendants de ceinture, complétaient la toilette du corps. Celle de la tête variait suivant les pays : en France, c'était toujours un dérivé du chaperon sous lequel les cheveux étaient généralement partagés en bandeaux. En Espagne, c'étaient de riches coiffes et des bonnets d'où s'échappait la chevelure entortillée de rubans. En Italie, c'étaient des coiffes de linon fixées sur le front par une passe d'orfèvrerie et sur les tempes par des épingles à large tête : les cheveux retombaient derrière les oreilles en tire-bouchons. Nous passons les singularités que présentait la coiffure cornue des femmes en Lorraine et dans la région des Pyrénées pour revenir au vêtement des hommes.

Il se composait de bas, de hauts-de-chausses collants ou bouffants et d'un pourpoint collant et décolleté, le tout présentant autour du corps et des membres quantité de taillades ou de crevés disposés en cercle, en long et en spirale. Le manteau ou saie, qui dérivait de la cotte militaire portée sous les règnes précédents, s'en distinguait par de larges manches et par cette particularité que le corsage en était ouvert par devant. On se coiffait de petites toques plates ornées de plumes, chargées elles-mêmes de paillettes d'or et de pierres fines. Comme par-dessus, les hommes eurent la chamarre, puis la casaque, grandes vestes qui pou-

vaient s'assujettir à la taille avec une ceinture
et dont les manches étaient flottantes. Enfin l'u-
sage était aussi de porter des robes ouvertes par
devant et munies de larges collets que l'on rabat-
tait sur les épaules. La robe des gentilshommes
s'arrêtait au-dessous des genoux. Comme accessoires de toilette, les femmes tenaient à la main
un éventail et un miroir. Les hommes commencèrent à avoir l'épée pendue à la ceinture avec le
poignard généralement du côté opposé. Longs ou
courts, les cheveux allaient avec la barbe que l'on
recommençait à porter. Une mode caractéristique
de ce temps fut celle des souliers pattés, chaussure
plate, arrondie et tailladée, qui contrastait avec
les poulaines, auxquelles elle avait succédé [1].

Dans certains corps militaires commence à paraître l'uniforme, non pas tant par la coupe des
vêtements que par leur couleur. L'arc et l'arba-
lète cessent d'être en usage et font place à la ha-
quebute et à l'arquebuse qui, grâce à la crosse et à
la fourchette, devient une arme de précision. Les
bas-reliefs du tombeau de François Ier donnent des
renseignements importants sur l'armement de cette
époque ; tandis que dans les sculptures de l'hôtel
du Bourgtheroulde, à Rouen, on trouve de précieuses indications pour le costume civil.

Vers le milieu du xvie siècle, le *costume* se simplifie. En France un édit somptuaire de Henri II

---

1. *Recueil de Gaignières*, t. VIII. — Duplessis, *Costumes histo-
riques*, t. I. — *Recueil de costumes à la gouache du temps de
François Ier*. Cabinet des estampes de la Bibliothèque nationale.
— *Manuscrits français*, n°s 1189 et 1877. Bibliothèque nationale.

détermine la couleur et la qualité des étoffes que
peuvent porter les nobles, les bourgeois, les
paysans. Ce qui frappe, chez les hommes, c'est l'introduction de la cape, petit manteau·en forme de
cloche qui descendait jusqu'au tiers supérieur de
la cuisse [1] : la cape se distinguait en cape à l'espagnole sans collet, cape à collet droit, cape à
collet rabattu, cape à capuchon ; sans préjudice du
long manteau dit « à la reître » qui était porté par
les militaires. En même temps, il y a des chaussures à l'italienne, à la napolitaine, à la flamande,
à l'espagnole, etc. ; mais au fond le *costume* est
partout le même. Les toques dont on se coiffe
deviennent plus grandes que précédemment. On
porte aussi le chapeau à l'albanaise, dont la forme
haute est arrondie et entourée de bords plats. Chez
les femmes, la robe de dessus a le corsage et les
manches tailladées ; mais elle laisse toujours voir la
basquine et la vertugade. Elle a un collet droit et
relevé d'où sort une collerette brodée et godronnée.
Enfin, sur les cheveux frisés vers les tempes en boucles légères, on voit une toque à plumes, un chapeau haut de forme ou un chaperon. On recherche
de plus en plus la finesse de la taille et on l'obtient
au moyen d'un corset véritable. On revient aux
robes à queue, dont la longueur est réglée d'après

1. Voy. au Musée du Louvre, *Portrait de Henri II*, n° 111 du
catalogue ; — et, à la Bibliothèque nationale, *les gravures de Tor-*
torel et de Perissin, — *Portrait de Coligny*. Gravure de Marc
Duval. — Voy. aussi les gravures représentant *la Saint-Barthé-*
lemy, exécutées en France, en Allemagne et dans les Pays-Bas, par
les artistes contemporains. — *Recueil de Gaignières*, t. X.

la qualité des personnes. L'usage du masque s'établit parmi les femmes nobles. Par l'arrangement des cheveux on s'efforce de donner au front le plus de largeur possible.

Les armures que le perfectionnement des armes à feu rend de plus en plus inutiles, deviennent cependant de plus en plus magnifiques. Elles sont damasquinées d'or et d'argent et quelquefois même dorées en plein.

La mode fut extrêmement variable en France, sous les seconds Valois, et elle atteignit les dernières limites du caprice sous Henri III. Les hauts-de-chausses cannelés qui étaient alors en usage, les pourpoints armés d'un busc qui soutenait, de la poitrine au bas du torse, une proéminence difforme ; le petit manteau qui couvrait les bras jusqu'au coude, la toque avec une aigrette qui partait d'un joyau d'orfèvrerie, composent et caractérisent ce *costume* bizarre. Celui des femmes était non moins singulier. Le buste était de plus en plus emprisonné dans un corsage qui finissait en pointe; les manches étaient ballonnées et faisaient de gros gigots aux épaules; la robe, extrêmement bouffante sur les hanches et rejetée en arrière, laissait voir la cotte lorsqu'elle était relevée, et cela particulièrement pour danser. Une grande fraise godronnée et la coiffure dite en raquette achevaient la toilette des dames de la cour. Telle on peut la voir dans un tableau contemporain qui est au Musée du Louvre et qui représente la *Noce du duc de Joyeuse*[1]. C'est

1. Musée du Louvre, *Peinture française*, n° 656 du catalogue.

à cette époque que les simples ecclésiastiques commencent à porter le noir. La couleur des habits des évêques n'était pas encore fixée : c'était le bleu qui semblait préféré.

Au commencement du xviie siècle nous assistons à une réforme complète des habits, d'abord chez les hommes [1], et plus tard chez les femmes. Les pourpoints sont encore tailladés à l'infini, mais ils prennent bien la taille : les hauts-de-chausses sont souples et descendent jusqu'au genou. La cape est plus longue et devient flottante. En France, l'usage des bottes, introduit à la cour en 1608, se répand à l'étranger; on fait usage de grands manteaux pour monter à cheval. Les chapeaux sont de forme élevée et encore ornés de plumes [2]. Mais c'est à l'époque de Richelieu que les modes de la Renaissance sont décidément condamnées. Les hommes adoptent alors un habillement qui laisse au corps sa souplesse et en fait valoir les proportions. Tout le monde connaît le *costume* du temps de Louis XIII [3]. Les hommes ont les cheveux longs, la fine moustache et la royale, petite touffe de barbe qui est au menton. Ils se coiffent de chapeaux à larges bords ombragés de plumes. Leur pourpoint est une sorte de veste boutonnée jusqu'au-dessous de la poitrine et qui, ouverte à partir de là, laisse voir une che-

---

1. *Recueil de Gaignières,* t. X.

2. *Instruction du Roy en l'exercice de monter à cheval,* par messire Ant. de Pluvinel, etc. — *La Galerie de Médicis,* par Rubens. Musée du Louvre, n°s 434 à 454.

3. Consulter l'œuvre d'Abraham Bosse et, entre autres gravures, celle qui représente *Louis XIII harangué à son retour de la Rochelle,*

mise finement plissée. Les chausses descendent jusqu'au milieu de la jambe : la botte est souvent évasée ; elle monte jusqu'à l'endroit où le haut-de-chausses finit. Elle peut quelquefois se relever jusqu'en haut de la cuisse. Ses bouts, arrondis sous le règne de Henri IV, deviennent carrés; mais les talons sont toujours élevés. Le col est de dentelle, il est plat et s'étend sur les épaules. Les manchettes sont relevées et dentelées comme le col. La France donne le ton à tous les pays de l'Europe. Le *costume* des femmes aussi bien que celui des hommes justifie cette faveur. Les étroits corsages et les jupes bouffantes disparaissent. La robe de dessus est une sorte de redingote, étoffée, assez longue et même un peu traînante, dont les plis, bien que bâtis à leur départ de la taille, forment un grand nombre de riches cassures. Les manches ouvertes se ferment, au milieu du bras, par un nœud de ruban. Cette robe ouverte laissait complètement apercevoir la taille très courte, maintenue seulement par un corsage lacé, et la jupe, à laquelle des plis ménagés sur le côté donnaient l'ampleur nécessaire pour marcher. La coiffure, aplatie sur le front, formait sur les oreilles deux grosses touffes arrondies, composées d'une quantité de petites boucles frisées.

L'armure complète disparaît : elle est remplacée par le buffle, grande jaquette en cuir épais, à l'épreuve de l'épée et de la pique. En dehors de la cavalerie, il ne reste de l'ancien harnais de fer que le hausse-col. Les aiguillettes sur l'épaule annoncent les épaulettes.

Le *costume* inauguré sous Louis XIII parvint à
tout son développement et à tout son luxe sous
Louis XIV [1]. Mais alors les longs cheveux furent
remplacés par les perruques, le grand col se rédui-
sit au rabat; le pourpoint, plus court, découvrit
davantage la chemise et son jabot. Une pièce nouvelle, le tonnelet, sorte de petit jupon, descendit des
hanches au genou, laissant voir le bas des hauts-
de-chausses. Des souliers carrés du bout ajoutaient,
par leurs talons élevés, à la hauteur de la taille que
la multiplicité des divisions produites par les vêtements tendait à raccourcir. Les tableaux que nous
indiquons en note, ainsi que d'autres qui appar
tiennent à la même séric, offrent un parallèle intéressant des costumes espagnols, suisses et italiens
avec le costume français.

Chez nous, le chapeau de forme basse et à bords
variables était chargé de plumes; il était ferme et
avait la coiffe arrondie. L'habillement des femmes
se transforme aussi, mais sans perdre son élégance.
En grande toilette, le corsage était décolleté : les
manches courtes laissaient passer la chemise qui,
serrée à la saignée du bras et ensuite un peu plus
bas par la manchette, présentait ainsi deux bouil-
lons. La jupe resta double; celle de dessus, ouverte
par devant, fut souvent relevée sur les côtés et drapée au moyen de nœuds de rubans qui en retenaient
les plis à de certaines places. A l'ordinaire on por-

1. *L'entrevue de Louis XIV et de Philippe IV. — Le mariage de
Louis XIV avec Marie-Thérèse. — Le Serment des Suisses.* Peintures de Lebrun, gravées par Jeaurat.

tait le fichu, le justaucorps, corsage à basques serré à la taille, et, sur la tête, une sorte de capeline posée sur les cheveux. Ceux-ci, séparés au milieu du front, formaient, jusqu'à la naissance du col, deux masses de frisures. La mantille et les manchons étaient d'usage pour les sorties.

Le *costume* militaire, qui est si bien reproduit dans les peintures du temps, est intéressant à double titre, puisque, indépendamment de sa particularité, il annonce le *costume* civil qui prévaudra bientôt [1].

Vers le milieu du règne de Louis XIV, on voit graduellement tomber tout le luxe du commencement. Plus de broderies, plus de rubans. Alors un véritable événement se produit dans le vêtement.

Le *costume* apparaît avec les éléments qui le composent encore aujourd'hui : l'habit, la veste ou le gilet, et la culotte. Cet habit, ample et à pans carrés, descendait à peu près jusqu'à la hauteur du genou ; ses manches étaient longues et larges, et se terminaient par un vaste parement retroussé. Il était de velours d'un ton foncé et était porté sur une veste aux vives couleurs. Les souliers avaient une patte couvrant le cou-de-pied et lorsqu'ils étaient munis de talons rouges, ils complétaient ainsi le costume de cérémonie. Les bas à coins brodés étaient habituellement de la même couleur que l'habit, qui variait de l'amarante au brun. Les chapeaux, dont les bords étaient retroussés sur trois faces et annon-

---

1. Voy. les tableaux de Van der Meulen, représentant *les victoires et conquétes de Louis XIV*. Ils ont été gravés par R. et N. Bonnart, Beaudoin, Huchtenburg, Simonneau et plusieurs autres.

çaient le tricorne, restèrent orné de plumes jusqu'a-
près 1700. Parmi les accessoires nouveaux prennent
place la canne à pomme d'or et la tabatière [1].

Le *costume* militaire fut aussi profondément modifié et réunit à peu près toutes les conditions de
l'équipement moderne. L'armure de fer tend de
plus en plus à disparaître. La cavalerie ne compte
plus qu'un régiment de cuirassiers, mais en re-
vanche elle comprend beaucoup de régiments de
dragons singulièrement accoutrés de longues guêtres
et de bonnets pointus, et des hussards habillés à la
turque. Le fusil, la baïonnette à douille, la giberne,
les buffleteries datent du même temps. L'uniforme,
qui n'avait consisté que dans la couleur, se complète par l'adoption de la même coupe pour les
vêtement des soldats de la même arme. Bientôt le
tricorne est porté par les militaires aussi bien que
par les membres de la société civile.

Tandis que le *costume* des hommes prend ce caractère dégagé, les femmes adoptent des modes qui
rappellent, par leurs côtés fâcheux, celles de cent ans
en arrière : corsages à pointe et à basques extrêmement serrés, jupes relevées autour de la taille par
des tournures en grosse toile gommée. De manches
plates sortaient d'amples manchettes souvent à
double rang. Il y avait toujours deux jupes. Celle
de dessus s'appelait le *manteau ;* elle était ramenée
en arrière et d'un seul côté où elle faisait des plis
abondants. Celle de dessous, qui était découverte

1. Voy. *Costumes du siècle de Louis XIV.* Recueil de Bonnard.

par devant, était chargée de falbalas, de découpures
de différentes étoffes et de galons. Avec cela, on
portait des écharpes de taffetas souvent très amples
qu'il ne faut pas confondre cependant avec les
mantes dont les princesses et les duchesses se paraient dans les grandes cérémonies. La mante était
de gaze d'or et d'argent, pendait du derrière de la
tête jusqu'à la queue de la robe qu'elle devait re-
couvrir. Il y avait encore le couvre-chef de toile de
Hollande en usage pour les deuils. La coiffure à la
mode à la fin du xviie siècle était la Fontange, dont
les variétés furent infinies. C'était un amas de
boucles, de touffes et de tortillons réunis et élevés
sur le front comme un édifice. Il était couronné par
la passe d'un bonnet placé en arrière, passe haute,
tuyautée et projetée en avant, qui formait comme
un éventail de rayons [1].

Au commencement du règne de Louis XV, les
coiffures s'aplatissent et les paniers se montrent,
qui donnent aux jupes une envergure énorme : c'est
une mode d'importation anglaise ou allemande. Les
étoffes sont à raies, les robes sont ornées de bouquets de fleurs artificielles : elles sont ajustées à la
taille, mais elles restent flottantes au dos et sur les
côtés. Les cheveux relevés sur le front donnaient au
moins, avec le chignon, deux boucles qui devaient
pendre par derrière. Le tout devait être abondamment poudré. L'usage de petits bonnets en grosse
gaze se reprend. En hiver, on porte des *capelines*,

---

1. Voy. *Costumes du siècle de Louis XIV*. Recueil de Bonnard.

des mantelets et de grands manteaux ; en été, des mantilles. C'était là le costume des grandes dames. Autant il était provocant, autant celui des femmes de la bourgeoisie était sérieux et décent : on le voit par les peintures du temps [1].

L'habit, le gilet et la culotte deviennent de plus en plus légers et souples. En hiver, on met par-dessus une *redingote* dont la mode vient d'Angleterre. Les grandes perruques voient réduire leurs proportions. Maintenant elles se partagent en trois touffes : celle de derrière forme la *queue*. Celle-ci est d'abord nattée, ensuite étroitement serrée par un ruban, enfin enveloppée dans une bourse. Il faut mentionner ici la vogue des corsets ; nous assistons à l'apogée où la mode les porte, nous voyons les attaques dont ils sont l'objet de la part des philosophes et plus tard nous voyons leur décadence. Les jeunes filles furent toujours assez simplement vêtues, au moins dans la bourgeoisie. Elles ne portaient point de paniers, ni de ces parties flottantes dont nous avons parlé et qui étaient dans le dos et sur les côtés ; point de manteaux. Leur robe était ce que l'on nommait un *fourreau*.

Vers 1750, on reprend les coiffures élevées. La perruque redevient une nécessité : elle présente mille variétés. Les coiffeurs prennent une grande importance. L'un d'eux, Legros, fait un ouvrage

---

1. *Mœurs et costumes. Règne de Louis XV.* Recueil de la Bibliothèque nationale. — L'œuvre de Saint-Aubin. — Pour le costume militaire, voir l'ouvrage intitulé : *Maniement des armes de 1721.* — — L'œuvre de Gravelot. — L'œuvre de Watteau. — L'œuvre de Chardin.

ntitulé : *l'Art de coiffer les dames françaises.* Il
:ontient de bonnes gravures. Ce que l'on appelait
ilors le toupet à la grecque était pour les hommes
ine manière de porter les cheveux très haut sur le
'ront. En 1760, les habits des hommes sont plus
nesquins; on y joint de petits tricornes ou de pe-
,its chapeaux ronds. La redingote est par excel-
ence le vêtement d'hiver : on mettait dessous un
iabit très petit, nommé veston. Enfin d'une part le
'rac et, de l'autre, le pantalon font leur appari-
.ion.

A mesure que le *costume* des hommes devient
noins étoffé, celui des femmes augmente en am-
)leur; elles adoptent des coiffures énormes. Les
)lumes font fureur. On continue à porter des pa-
iiers, mais de différentes mesures, suivant que la
'obe est une polonaise, un caraco, une anglaise ou
ine lévite [1]. Les couleurs caractéristiques sont le
)uce et le gris cendré; le blanc n'est adopté que
)lus tard; c'est une nouveauté qui vient des colo-
iies. Malgré leur extravagance, les modes fran-
;aises, pour les femmes, se répandaient dans toute
'Europe. Pour les hommes, au contraire, elles arri-
/aient chez nous de Prusse, d'Amérique et d'An-
;leterre. Néanmoins, comme nous l'avons dit, le
'ond n'en était pas changé; c'étaient seulement les
'ormes qui se modifiaient sous l'empire de ce per-
)étuel besoin de renouvellement que nous appor-
.ons dans les habits comme en toutes choses. En

1. *Mœurs et costumes. Règne de Louis XVI.* Recueil de la Bibliothèque nationale. — *Le cabinet des modes.*

réalité, le *costume* moderne était définitivemen
fixé.

A l'approche de la Révolution il devint plu
simple. A partir de 1786, la Cour cessa de donne
le ton. Étoffes et coupes des vêtements vinren
d'Angleterre. Les modes des hommes furent imi
tées par les femmes. La redingote, les chapeau
de castor, les jabots furent portés par les élégantes
les caracos vinrent bientôt après avec les fichu
ramenés en avant, les secondes jupes formant l
queue par derrière, les volants autour de la jup
et les hauts chapeaux. Les hommes paraissent d
plus en plus serrés dans leurs habits. Ce qu'il y
de singulier dans leurs habitudes se remarque d'a
bord dans les perruques quelquefois très lourdes e
comme cannelées et quelquefois aussi dégagean
assez bien la tête, mais toujours poudrées à profu
sion; puis dans les chapeaux qui sont de forme
triangulaire et à deux cornes, comme nos gen
darmes les portent encore à présent. Mais ce qu
cette époque présente de caractéristique, c'est qu'i
s'établit dans le costume une égalité qui ne per
met plus de distinguer les classes et qui inaugur
les temps nouveaux.

De l'expression dans le costume. — On voit, pa
ce qui précède, qu'il y a dans la manière de s
vêtir une variété infinie. Le génie humain y montr
sa fécondité a créer des formes et à enrichir se
manifestations extérieures par des transformation
et des renouvellements incessants. Il obéit en cel
à un besoin et à une loi de sa nature. Mais, au

milieu de cette diversité qui semble inépuisable, l'homme a certaines manières de concevoir le *costume* qui sont constantes et qui, si elles ne produisent pas toujours absolument de même, visent cependant des objets qui ne peuvent changer. Il y a en nous quelques notions primordiales qui se retrouvent dans les sociétés de tous les temps et que celles-ci ne se lassent pas d'exprimer. L'idée d'autorité, par exemple, est inséparable de tout 'État constitué, et elle est en quelque sorte incarnée dans ceux qui ont mission d'exercer le pouvoir. Le besoin de rendre sensible, en leur personne, la dignité dont ils sont revêtus engendre dans le *costume* une sorte de symbolisme. Aussi, de tout temps, les rois ont-ils porté des insignes propres à faire reconnaître leur rang et à donner l'idée de leur pouvoir. Les couronnes, les diadèmes ornent leurs têtes; ils ont en main le sceptre, emblème de la puissance matérielle; ces attributs, avec les longues robes et les riches manteaux, indiquent leur dignité, leur donnent un aspect imposant. Les nobles, les officiers de leur maison ont aussi, suivant leur rang et leur fonction, quelque signe à quoi on les reconnaît. Mais c'est surtout quand il s'agit de la religion que le besoin de rendre le *costume* expressif devient frappant. Si simple que soit le culte, et quelle que soit l'époque, l'officiant se distingue toujours de la foule. Le grand-prêtre des Juifs porte le nom de Jéhovah inscrit sur son bandeau; l'augure a son bâton recourbé; le ministre des autels tient à la main quelque instrument de sacrifice.

L'habillement, dans son entier, ajoute à la gravité
d'un personnage qui sert d'intermédiaire entre ce
monde et le monde surnaturel et qui reçoit les inspirations d'en haut.

Le *costume* tient une place considérable dans
l'iconographie chrétienne. La détermination d'une
caractéristique qui soit propre à chaque personnage
divin ou reconnu pour saint a occupé profondément tous les peuples. C'est un besoin de mettre les
images en conformité avec les dogmes et avec les
traditions reçues. Bien que le travail qui conduit à
un pareil résultat soit lent, il est incessant, parce
qu'il est en puissance dans le sentiment religieux :
il arrive à quelque chose d'absolu. Les Égyptiens,
les Indiens, les Grecs, ceux-ci malgré leur grande
indépendance d'esprit, avaient arrêté le *costume* de
leurs dieux [1].

Nous possédons sur l'art byzantin un document
précieux : c'est le *Manuel d'iconographie chrétienne*
publié par Didron. Il enseigne comment on doit
traiter tous les sujets de sainteté, depuis les personnes de la Trinité jusqu'au plus humble des ana-
chorètes et des confesseurs de la foi. L'Église d'Occident n'a pas négligé non plus de fixer la hiérarchie de ces différents types, et nous avons du belge
Molanus une *Histoire savante des saintes images*.
Ce travail est spontané : il répond au besoin de
donner, par le *costume* et par les attributs, l'idée
d'un personnage ou d'un fait, cela conformément à

---

1. Voy. plus haut dans ce volume les notices sur *Apollon, Bacchus et Cérès*.

la croyance établie et en vertu d'une idée d'unité et d'orthodoxie.

Les magistratures civiles, les mandats politiques même temporaires ont leurs distinctions extérieures. Celles-ci impliquent, pour ceux qui en sont revêtus, l'inviolabilité et souvent le droit de requérir la force publique. On peut dire aussi que le *costume* militaire est loin d'être uniquement une chose de raison. Sans doute, il s'agit avant tout de préserver la vie du soldat et de lui assurer des moyens d'attaque et de défense ; mais l'uniforme est en même temps le signe de l'abdication personnelle. Enfin, il y aura toujours, dans l'armure comme dans l'uniforme, un air de parure qui sied à celui qui va au combat non seulement par devoir, mais encore avec l'idée d'y faire prouesse. Bien plus : il y a dans le *costume* militaire une coquetterie qui assure à celui qui le porte une sorte de prestige mondain.

Il n'y a rien à dire qui ne s'entende déjà des signes extérieurs auxquels se reconnaissent les ordres monastiques ou militaires et les associations, les confréries, les vêtements de fête ou de deuil. Tout cela : forme, couleur, ajustement et insigne, symbole et emblème, exprime une qualité et un objet, met l'extérieur de l'homme en rapport avec sa pensée intime et avec son état.

Ce qui résulte de cet exposé, c'est que l'humanité, toujours travaillée par les idées et toujours dominée par le besoin d'exprimer d'une manière sensible celles qui sont essentielles à son existence, est infatigable à les revêtir de formes. Suivant que l'objet qu'elles doivent représenter est plus ou moins complexe, plus ou moins abstrait, elle recourt à des figurations plus ou moins intelligibles, et ce travail la conduit quelquefois jusqu'au monstrueux. Mais quand il s'agit de notions simples, de notions essentielles et premières, aussi nettement établies dans l'esprit que le sont les idées d'ordre politique, de religion, de justice, pour ne citer que les principales, elle procède avec plus de clarté, et nul doute qu'à première vue on ne reconnaisse au manteau ou à la robe le roi, le prêtre, le magistrat. Bien que, pour chacun de ces états, la formule ne soit pas partout ni toujours la même, on sent, on distingue, la pensée immuable qui est sous les apparences. Par cette disposition constante à exprimer le monde de la pensée par des images matérielles, l'homme montre tous les jours qu'il est un créateur, un artiste, un idéaliste par nature.

Tel nous le retrouvons encore quand il s'agit du *costume* de théâtre. Le fait que les premiers essais dramatiques furent des poésies est à noter, parce qu'il indique que les sujets étaient pris en dehors de la réalité. Dès lors il était logique que les personnages qui paraissaient dans ces actions imaginaires eussent des *costumes* de convention. On sait comment étaient vêtus les acteurs dans l'antiquité. Les masques, les longs vêtements, les chaussures élevées sur de hautes semelles donnaient aux personnages un aspect surnaturel. Dans les conditions scéniques telles qu'on les entendait alors, l'ensemble et la combinaison des diverses parties du *costume* étaient soigneusement préparés de manière à résumer les caractères généraux d'un rôle. Le masque, en particulier, devait en donner d'une manière permanente l'expression fondamentale. Par là, on se refusait les jeux de physionomie; mais dès le premier moment, en voyant apparaître ces visages, les uns riants, les autres profondément tristes et lamentables, on comprenait au milieu de quels contrastes, de quelles oppositions de caractères la pièce allait se développer; les masques lui servaient en quelque sorte d'argument figuré. Le *costume* de théâtre chez les Grecs était très différent du *costume* ordinaire. Il avait son origine dans les fêtes de Bacchus : c'était celui des initiés. Aussi, tandis que les vêtements usuels étaient généralement serrés au corps et faits pour ne pas entraver l'action, les habits que revêtaient les acteurs étaient vastes et flottants. Soutenus par des cages en osier, ils avaient le caractère de machines.

Les traditions du théâtre antique, avec le masque, le cothurne ou le brodequin, persistent jusqu'au ve siècle. On ignore quel fut, depuis cette époque jusqu'au xie siècle, le caractère précis des représensations scéniques : cependant on connaît les sujets de pièces qui furent données au cours de cette période et qui indiquent que ce que l'on peut appeler alors le théâtre prenait peu à peu le caractère chrétien. Les personnages mis en scène et empruntés au ciel et à l'enfer avaient, sans doute, une manière de s'habiller qui les faisait ressembler aux personnages figurés par les sculpteurs et les peintres contemporains. Il en fut de même pour les mystères qui, dès avant le xiiie siècle, furent joués dans les églises par les soins de confréries telles que celle des Frères de la Passion. Le commencement du xvie siècle voit paraître en Italie cette foule de personnages comiques que leur costume rend encore reconnaissables : Arlequin, Brighelle, le Docteur et Pantalon, Pulcinelle, Tartaglia et Coviello. La plupart ont le masque, portent le manteau plus ou moins long, plus ou moins court suivant qu'ils remplissent le rôle de maîtres ou de valets.

Si ce n'est dans les farces jouées par les personnages de la comédie italienne, le masque a disparu de notre scène ; mais il est curieux de constater qu'il répond à une idée très générale que des peuples différents par la race et par la civilisation se sont faite de la convention théâtrale. Le masque a été et est encore en usage dans l'Inde, en Chine et au Japon. On remarque aussi que chez quelques peuples sauvages qui ont des représentations dramatiques, les acteurs se peignent le visage et s'accoutrent d'une manière spéciale pour figurer dans des scènes qui n'ont, le plus souvent, qu'un caractère d'imitation.

Les études historiques et l'archéologie ont introduit un nouvel élément dans les *costumes* de théâtre. Lorsqu'à l'époque de Louis David on commença à représenter les tragédies de Corneille et de Racine avec des ajustements empruntés aux statues antiques, on pensa ajouter à la vérité de ces représentations. Cependant, considérés en eux-mêmes, nos chefs-d'œuvre classiques ne visent point à l'exactitude archéologique. Le développement des caractères, l'expression des passions, l'effet tragique — terreur et pitié, — tel est leur objet; objet très général et avant tout humain. D'un autre côté, le théâtre n'est pas l'histoire. La vérité théâtrale n'est pas la vérité historique. L'histoire est une science, mais une pièce est une fiction. Dans ces conditions, le *costume* historique porté sur la scène n'est-il pas, en raison de son caractère positif, dans une sorte de désaccord avec le milieu imaginaire créé par l'auteur dramatique? N'est-il pas, dans ce milieu, à l'état de dissonance? C'est une question qui vaut qu'on l'examine. A tout prendre, l'idée que nous nous faisons de l'histoire dans les arts n'est pas constante. L'expression de « vérité historique » n'a pas un sens absolu. Devrait-on donner le masque et le cothurne aux personnages tragiques de Racine et de Crébillon? Cela pourrait se soutenir. Vaut-il mieux qu'ils portent l'habillement, autant que possible authentique, des personnages qu'ils représentent à l'époque où ceux-ci ont vécu? C'est l'idée qui paraît aujourd'hui la plus raisonnable ; mais peut-être à l'avenir le sentiment historique cherchera-t-il à se satisfaire de quelque manière nouvelle.

De l'idéal dans le costume. — Demandons-nous maintenant si, au milieu des différentes formes que le *costume* a successivement reçues, il n'a jamais atteint à un idéal tel qu'il eût pu dès lors rester à l'abri de tout changement? N'est-il jamais arrivé, par sa logique, par sa simplicité, par la beauté, non des matières employées à sa confection, mais bien des effets auxquels il se prêtait, à satisfaire au goût esthétique? Si cet état supérieur a jamais été réalisé, c'est certainement chez les Grecs. Et d'abord, le corps était, pour eux, comme un premier vêtement à travers lequel se montraient l'intelligence et l'activité individuelles, se traduisaient les aptitudes de l'esprit, ses dons naturels ou acquis. L'un des effets de leur gymnastique, son effet artistique, était de procurer à l'extérieur un développement et une dignité capables de donner de l'homme l'idée la plus haute. Perfectionner les formes d'une manière générale et ensuite, en vue d'exercices spéciaux, modeler toute la personne conformément à un idéal préconçu, tel était le but auquel tendait le travail de la palestre. Ce premier résultat obtenu, il restait un autre objet à réaliser : c'est que la beauté corporelle ne disparût pas sous les habits. Guidés par un instinct merveilleux, les Grecs s'en tinrent toujours à des vêtements extrêmement simples, bien que se prêtant à une grande variété dans leur ajustement. Ils en firent les auxiliaires de la beauté du corps. Quoique le nu eût pour eux le plus vif intérêt et que les artistes recherchassent l'occasion de le représenter, il importe de remarquer qu'ils ne le faisaient point arbitrairement et d'une manière abusive. La nudité était toujours justifiée dans leurs ouvrages. Elle était nécessaire lorsqu'il s'agissait de représenter des athlètes. Par extension, elle fut appliquée aux héros que l'on avait d'abord représentés armés, puis à quelques dieux tels qu'Hercule et Mercure, qui avaient eu, comme les héros, des rapports avec la vie athlétique et qui présidaient aux gymnases. La nudité, chez les femmes, avait aussi besoin de s'expliquer, par exemple, au moyen d'un vase, qui indiquait une source et par voie de conséquence un bain; ou par la présence d'un dauphin, comme c'est le cas pour plusieurs statues de Vénus qui, par là, nous est montrée comme née de la mer. Mais si le nu était pour les Grecs un moyen direct d'exprimer des idées souvent très élevées, ils ne s'y bornaient point, parce que les vêtements avaient aussi pour eux une haute signification. Leur *costume*, qui laissait libres tous les mouvements, éveillait l'idée de l'action affranchie d'entraves, il divisait bien le corps, en montrait les proportions, le dessinait exactement, le laissait toutefois à découvert aux places où cela importait au caractère et à l'action des personnages. De la sorte, le *costume* se trouvait intimement associé à la forme; et comme il était essentiellement ajusté et souple, on peut dire qu'il était d'autant plus beau que le corps qui le portait avait lui-même plus de beauté.

Aussi, chez les Grecs, les dieux avaient-ils le même *costume* que les hommes. Cependant ce costume contribuait essentiellement à faire reconnaître les divinités. Il était majestueux à divers degrés et de différentes manières pour Jupiter, pour Junon, pour Minerve, pour Cérès; il exprimait l'activité

chez Apollon et chez Mercure; il prenait un caractère auguste ou riant dans les représentations de
Bacchus.

La logique, bien que cachée, a une grande puissance, parce qu'elle a un caractère organique. Elle
est remarquable par ses effets dans le *costume* grec,
dont l'extrême simplicité se prête néanmoins à une
grande variété de combinaisons; mais le caprice de
l'artiste n'en fait jamais les frais et tout reste
dans les conditions du vrai et du possible. Des travaux récents démontrent que, dans l'art grec, les
ajustements procèdent régulièrement, sans altéra-
tion ni tromperie, des coupes primitives. Le vêtement est invariablement employé dans l'intégrité
de sa forme. Ici, la raison parfaite est un élément
de l'idéal. Alors la toilette ne consiste qu'en plus
d'ordre, qu'en plus d'élégance et de correction dans
le jet des draperies. Les accessoires, les colliers,
les boucles d'oreilles, les bagues y ajoutent par
leur perfection. Le Grec, dans ses formes corporelles, dans son *costume*, dans sa vie, est une
œuvre d'art.

Mais ce n'est pas uniquement sur l'étude des
monuments et sur le raisonnement que s'appuie
l'opinion généralement admise que le *costume* grec
réalise l'idéal. Ce jugement se trouve confirmé par
un fait considérable dans l'histoire de l'art : c'est
que ce *costume* a été adopté pour les représentations de l'ordre le plus élevé et, par les chrétiens,
pour les sujets religieux. Le Christ, la Vierge, les
anges, les évangélistes, les apôtres, les vieillards

de l'Apocalypse sont figurés avec l'habit grec : et cela est commun au style latin et au style byzantin. Ce mode d'ajustement a traversé le moyen âge et la Renaissance, et il est tellement entré dans les esprits et dans la langue de l'art que, malgré d'habiles tentatives faites pour vêtir les personnages de l'Ancien et du Nouveau Testament conformément à la vraisemblance ethnographique, la tradition n'a pu être changée. Elle persiste, non pas uniquement par un effet de l'habitude, mais parce que le costume grec a une simplicité, une gravité et une noblesse conformes au caractère des personnages sacrés. Elle se maintient par cette considération que des habillements plus vrais peut-être ne sont propres, à cause de leur singularité, qu'à piquer la curiosité, à distraire des sujets et à en altérer le caractère.

La vérité du *costume* a beaucoup préoccupé les artistes de notre temps. On est même disposé à croire que, jusqu'à nous, on n'avait jamais, en cela, songé à respecter l'histoire. Cette idée n'est pas exacte. Ainsi, il nous reste beaucoup de dessins de Poussin qui montrent avec quel scrupule il procédait, quand il voulait traiter des sujets empruntés à l'antiquité. On voit que Lebrun s'était nourri des mêmes études, et on peut dire que son œuvre témoigne qu'il était aussi en possession d'une science véritable. Seulement, ni lui, ni les artistes de son temps ne faisaient de ces documents un usage servile. Il y avait, au xviie siècle, une doctrine établie sur la façon dont on devait en user avec les anciens.

On était d'accord que leur manière d'être devait, dans une certaine mesure, se plier aux convenances de l'esprit français. On y distinguait entre ce qui était particulier à leurs mœurs, et ce qui, étant général et humain, pouvait, grâce à l'élévation des sentiments, la grandeur des situations et l'éloignement dans le temps, se prêter aux fictions de l'art. Ces idées étaient professées en matière d'art comme en matière de littérature, et on en trouverait aussi bien l'expression dans les conférences faites en 1667, en présence de l'Académie, par Lebrun et Philippe de Champaigne, que dans les discussions du temps à propos du théâtre. Toutefois l'indépendance que l'on apportait alors dans l'interprétation des sujets anciens n'était pas fondée sur le caprice, mais sur une manière d'envisager l'art qui alors était plausible. On aurait tort de dire qu'au XVIIe siècle on n'avait pas souci de la vérité; seulement on ne la cherchait ni dans les accessoires ni dans les mots.

Le progrès des études historiques et l'amour de l'exactitude du détail qu'il nous a inspiré, nous a rendus très sévères pour nos devanciers. Évidemment nous sommes devenus plus soucieux de tout ce qui intéresse les ajustements et les accessoires. C'est une science qui est aujourd'hui l'objet d'enseignements spéciaux, et on ne peut que s'en féliciter. Aussi les artistes ont-ils acquis, en ces matières, une sorte d'érudition ; mais elle peut dégénérer en une passion aveugle. La vérité du *costume* peut faire oublier tout le reste. On a pensé, par exemple, qu'une armure empruntée fidèlement à un monument archaïque, suffisait à faire apparaître devant nous un héros d'Homère, et que c'était assez d'ajuster correctement un manteau pour évoquer Sophocle ou Platon. Cette copie exacte du document a marché de pair avec la copie telle quelle de la nature. Aussi est-on exposé à ne trouver bien souvent sous le costume classique scrupuleusement rendu, que le portrait de quelque modèle de profession : mais sous la double enveloppe du corps et du vêtement, on chercherait en vain l'esprit d'un grec ou d'un romain. Le travestissement est l'écueil immédiat auquel conduit la recherche de la vérité entendue d'une manière étroite. On doit se garder de l'excès. La vérité esthétique est dans l'idée plus que dans le fait; elle réside bien davantage dans l'expression du sentiment que dans le procès-verbal d'objets mobiliers ; elle résulte des communications sympathiques de l'âme vivante qui est en jeu dans l'œuvre d'art, non de la reproduction exacte de la nature morte. Dans l'art, la vérité est avant tout de l'ordre de l'esprit; ce serait manquer le but que de substituer à cette vérité supérieure l'illusion de la réalité.

Ces considérations ne sont pas inutiles. Il est évident qu'une certaine manière d'appuyer sur la forme, de la forcer en quelque sorte pour la mettre en harmonie avec une idée ou avec le caractère moral d'une situation ou d'un personnage, est une partie essentielle de l'art. Cette insistance répond à la préoccupation de l'artiste, à la vivacité de son idée personnelle, à la force qu'il veut donner à l'expression de son sujet, à l'impression qu'il veut transmettre. Ces mêmes déterminations intentionnelles se retrouvent dans l'habillement qui devient par là, et dans une mesure considérable, une partie de l'art. En effet, le *costume* pris dans sa haute signification est une chose sentie, raisonnée, voulue et créée par l'intelligence. C'est le vêtement, mais transfiguré, et transporté de l'ordre des simples nécessités dans l'ordre de l'expression. Et cela n'est pas le résultat d'une recherche ou d'une combinaison qui soit propre à flatter les sens; tout cela, au contraire, relève de conceptions abstraites et d'un sens moral profond. L'étude de l'histoire nous montre qu'il en a toujours été ainsi jusqu'à présent.

Cependant il semble que nous assistions à l'avènement d'un ordre de faits tout contraire. D'une part on ne se fait pas faute de proclamer l'indépendance de l'art et de l'artiste même vis-à-vis de la vérité historique. D'un autre côté, on dirait que les sociétés s'efforcent d'abdiquer dans le *costume* ce sens intime de l'art qui avait été jusqu'ici, chez elles, une manifestation spontanée de l'idéal. De plus en plus, on cherche à faire disparaître ces distinctions extérieures qui caractérisent, au moyen des habillements, les pouvoirs et les hiérarchies. C'est ainsi que les chefs d'État, dans plusieurs pays, ne se distinguent par aucun signe apparent des simples citoyens.

Que faut-il conclure d'un fait semblable ? Sommes-nous arrivés au déclin de l'art, ou à une transformation de l'art ? L'art deviendra-t-il l'image

xacte de la réalité, ou la réalité s'élèvera-t-elle
usqu'à devenir une œuvre d'art ? Ce serait le der-
ier mot du progrès : mais il ne faut pas y comp-
er. La vérité est que la vie, dans le monde des
dées, et, par suite. dans le monde des faits, pro-
ède par actions et par réactions successives. La
pontanéité, qui est si grande chez les artistes, ne
es fait pas échapper eux-mêmes à certains partis
ris extrêmes qui semblent la négation de l'art.
C'est en nous portant à des exagérations que nous
ensons donner le mieux la preuve de notre indé-
endance. Mais l'esprit humain a des côtés perma-
ents qui ne peuvent disparaître, et ses activités
ondamentales'ne sauraient ni s'accroître en nombre
i diminuer. Les hiérarchies politiques, civiles et
ilitaires sont inséparables de l'état de société ; les
lternatives de la joie et de la douleur sont inhé-
entes à notre condition ; la notion du divin renaît
le la contradiction qu'on lui oppose. Or, tout cela
eut se manifester au dehors et tendra toujours à
e traduire de mille manières, et tout particulière-
ent et avec plus ou moins de complaisance, dans
e *costume*. Cette aspiration répond au besoin im-
rescriptible que nous avons de représenter nos
dées au moyen d'apparences ou de formes sensi-
les ; et le fait pris en soi relève, dans ses manifes-
ations, du sentiment de l'idéal, du sentiment de
'art qui est lui-même impérissable.

LA COIFFURE

Le mot *coiffure* désigne tout ce qui sert à orner la tête et à la couvrir. Ainsi on se coiffe avec des cheveux vrais ou faux, avec un chapeau, avec un casque. La *coiffure*, si simple qu'elle soit, n'est jamais absolument naturelle : elle est le fait d'un acte volontaire ; elle dénote un soin particulier ; elle peut être un art. Au point de vue de l'histoire, il faut y voir un détail de mœurs, la caractéristique partielle des habitudes d'une race et d'un temps.

Faire une histoire générale de la *coiffure* serait une tâche immense. D'ailleurs, pour un travail semblable, les documents n'offriraient pas tous la même sûreté. Pour être exact, on doit se borner à étudier le sujet chez les peuples qui ont laissé des monuments figurés et qui ont eu un art national. C'est ce que nous nous proposons de faire ici. Dans ces limites, nos recherches intéressent à la fois l'histoire de l'art et l'histoire du costume.

En commençant par les peuples qui ont été le plus anciennement civilisés, nous avons d'abord à nous occuper des Égyptiens. Dans les castes inférieures, la *coiffure* était très simple. Les hommes avaient les cheveux courts. Souvent ils portaient des bonnets qui s'adaptaient exactement au crâne et suivaient l'implantation des cheveux. Les femmes laissaient pousser leurs cheveux, mais elles les coupaient toujours carrément sur le front. Du reste, ils formaient autour de la tête une masse unique ou étaient partagés en trois masses partielles : celle du milieu descendait de la nuque jusqu'au milieu des omoplates ; les deux autres pendaient des tempes et tombaient de chaque côté de la tête jusqu'au bas de la poitrine. L'épaule et quelquefois l'oreille restaient à découvert. La *coiffure* des castes supérieures était plus compliquée. D'abord, tout le monde connaît cette sorte de bonnet qui semble cannelé, qui encadre le visage, enveloppe la tête entière et se termine au-dessous de l'occiput par une queue. Nous en évoquons la figure, en rappelant qu'il était attribué à des êtres symboliques, tels que le sphinx, et qu'il était porté par les personnages les plus considérables et par les rois. Mais la véritable *coiffure* royale était le pschent. Celui-ci était composé d'une sorte de casque évasé et aplati que surmontait une tiare cylindro-conique d'une forme allongée. La réunion de ces deux éléments constituait l'emblème de la toute-puissance. Le pschent mérite d'être bien connu parce que, dans son ensemble ou dans ses parties, il entre dans la *coiffure* des divinités. Les principales étaient Ammon et Neith. Ammon, considéré comme principe générateur du monde, portait sur sa tête deux plumes droites ; il pouvait y joindre deux cornes de bélier et, comme dieu soleil, le disque solaire entouré de l'uræus ou vipère sacrée. Neith, le principe femelle, était toujours coiffée du pschent complet. Pooh, le dieu Lune, se distinguait par une tresse de cheveux partant de la tempe : le disque de la lune posé sur un croissant surmontait sa tête. Phta était reconnaissable à ce que l'on voyait au-dessus de sa tête la partie supérieure du pschent accostée de deux grandes feuilles de palmier. Athor, la Vénus égyptienne, était coiffée d'un épervier ; quelquefois l'épervier était posé au sommet de son crâne, sur lequel parfois aussi on voyait un petit édifice religieux. South (Saturne), le même qui paraissait avec une tête de crocodile, portait un disque ayant de chaque côté deux plumes droites, le tout soutenu par deux cornes de bouc. Anouki, ou Osiris, avait une haute *coiffure* cylindro-conique rappelant la partie supérieure du pschent. Isis se montrait avec un disque placé entre deux cornes de vache. Sevin, assimilée à Junon Lucine, réunissait la *coiffure* d'Athor et celle de Phta ; et Haroeri, sorte d'Apollon, avait la tête ceinte du pschent complet. Le *Panthéon égyptien* de Champollion peut être consulté par les personnes qui désireraient étudier la caractéristique complexe des divinités égyptiennes : on constate dans cet ouvrage quelle part la *coiffure* et les ornements de tête ont dans la détermination des personnages divins.

L'archéologie nous fournit sur la *coiffure* des Assyriens et des Babyloniens de nombreux renseignements. On observera d'abord que tous les hommes avaient les cheveux longs, rejetés en arrière et venant former sur les épaules une masse arrondie de boucles régulières. L'oreille était toujours découverte. Tantôt la chevelure était pressée par un bandeau qui, partant du front, se nouait derrière la nuque et dont les extrémités retombaient sur le dos ; tantôt, à la place du bandeau, on voyait un diadème en orfèvrerie composé d'une série de médaillons en forme de rosace qui semblent avoir été articulés. La *coiffure* royale consistait en une tiare ayant la figure d'un cône plus ou moins tronqué : deux bandelettes pendaient en arrière comme celles que l'on remarque aux mitres de nos évêques. Les divinités avaient également cette tiare, mais ornée de cornes de vache au nombre de quatre ou de six qui, réparties par paires et attachées au-dessus de l'oreille, venaient rapprocher leurs pointes sur la partie antérieure et au-dessus de la coiffure.

Les Perses portaient par-dessus leurs cheveux frisés, mais qui ne dépassaient par la moitié de la nuque, des bonnets en forme de capuchon dont la pointe était renversée en arrière et qui tenaient à une sorte de camail. Les personnes les plus élevées en distinction se coiffaient d'une toque basse un peu évasée au sommet ; les rois portaient une toque plus élevée. C'est ainsi que les monuments de Persépolis nous montrent les Perses. La mosaïque de Pompéi, qui représente la bataille d'Arbelles, nous les fait connaître sous un aspect moins solennel. Le roi a toujours sa tiare, mais cette fois elle est cylindrique : de même que tous les personnages qui l'entourent, il a la tête enveloppée d'un voile qui laisse-

seule la face à découvert. Mais ce document, de travail grec, ne saurait avoir l'autorité des bas-reliefs et des autres ouvrages de sculpture que l'on trouve dans la Perse même. Pour avoir une idée de la variété des *coiffures* qui ont été successivement en usage dans cette contrée, il faut consulter la série monétaire des rois Arsacides, et des rois Sassanides.

En ce qui concerne les Hébreux, on peut conclure des bas-reliefs assyriens qui les représentent en captivité, que les hommes avaient les cheveux courts; que les femmes se couvraient la tête de longs voiles; que les personnages des deux sexes ramenaient le manteau sur le front et s'en enveloppaient le visage comme d'un capuchon; qu'enfin les hommes, les rois même, se coiffaient d'un bonnet dont la pointe était rejetée et renversée en arrière.

Il faut recourir aux vases peints de la Grèce pour trouver des documents sur les habitants de l'Asie antérieure, Phrygiens, Lydiens, habitants de la Colchide et sur les Amazones. Mais, malgré l'intérêt qu'offrent ces représentations, on peut dire qu'elles sont au goût hellénique et n'offrent pas une entière sûreté. Nous nous bornerons à citer la *coiffure* phrygienne qui est celle de plusieurs personnages mêlés à l'antiquité classique.

Nous trouvons naturellement des documents plus certains quand les grecs se représentent eux-mêmes. Nous savons que, dans les temps homériques, les achéens (c'est le nom sous lequel tous les grecs étaient confondus) portaient les cheveux longs et bouclés. Le retour des Héraclides établit entre les éléments de la nationalité grecque deux grandes divisions : doriens et ioniens commencèrent alors à développer chacun leur génie particulier. On voit, par les sculptures des frontons du temple d'Égine, que les doriens avaient sur le front un ou plusieurs rangs de boucles et parfois sur le sommet de la tête une touffe de cheveux qui retombait sur la nuque en forme de queue. Les ioniens, les anciens athéniens en particulier, avaient un usage différent : ils nouaient leurs cheveux sur le front; les riches y mêlaient des cigales d'or. De plus, les grecs connaissaient différents bonnets : celui des béotiens avait la forme d'une pomme de pin; celui des marins était semi-ovalaire. Un héros, Ulysse, était reconnaissable à une sorte de calotte terminée par une pointe. Le pétase ou chapeau indiquait les voyages, les occupations champêtres; il se référait à la vie équestre et même guerrière. Le chapeau thessalien avait les bords abaissés comme un parasol; l'arcadien, les bords plats et larges ; le macédonien était aussi à bords plats, mais sa forme était plus basse.

Les femmes grecques, dans la plus haute antiquité, portaient les cheveux pendants sur les épaules et formant de chaque côté du visage des bandeaux bouffants. Plus tard, les cheveux furent noués sur le derrière de la tête ou sur son sommet. Tantôt ils étaient serrés par d'étroites bandelettes, tantôt ils étaient enveloppés dans une pièce d'étoffe se terminant en pointe à ses extrémités et qui, entourant l'occiput, venait se nouer sur le front. C'était ce que l'on nommait la mitre.

Le grand développement des exercices gymnastiques établit entre ceux qui s'y livraient une mode commune fondée sur les nécessités et les habitudes imposées par la palestre. Les athlètes, et par suite les héros, avaient les cheveux courts, bouclés et collés sur le crâne. Enfin les grecs ne pouvaient manquer d'appliquer à la *coiffure* le sentiment qui les portait à exprimer, au moyen des formes, les idées et le caractère propres aux personnifications créées par l'art : ce travail est très sensible dans les figures des divinités.

Ainsi la fierté majestueuse de Jupiter est indiquée par la chevelure, qui se dresse sur le front du dieu pour former des ondulations et des boucles épaisses de chaque côté du visage. Junon a la tête couverte du voile des épouses ; de plus, elle a un diadème en forme de disque profondément échancré : ses cheveux tombent en boucles sur ses épaules. Neptume a de la ressemblance avec Jupiter, mais ses cheveux sont plus agités : ils sont hérissés et comme fouettés par le vent, bien que maintenus par une couronne de branches de pin. Tantôt Cérès est voilée, et tantôt son péplus est ramené sur sa tête : elle est souvent couronnée d'épis. Apollon a la couronne de laurier ; ses cheveux blonds noués sur le front sont flottants sur sa nuque. Diane a quelquefois un double nœud de cheveux, l'un sur le front, l'autre sur le sommet de la tête. Quelquefois aussi elle est parée d'un diadème qui entoure le crâne entier ; mais cet ornement est surtout le propre des images archaïques. Représenté d'abord sous les traits d'un jeune homme, Vulcain nous apparaît, en définitive, comme un homme à la force de l'âge, barbu, avec les cheveux demi-longs et coiffé d'un bonnet conique. Pour bien comprendre la coiffure de Minerve, il faut d'abord considérer la déesse tête nue : alors on voit que ses cheveux sont rejetés simplement à droite et à gauche du front et viennent onduler sur la nuque. Cet arrangement reste le même quand elle porte le casque : celui-ci est tantôt de forme élevée, comme le montre la Pallas de Velletri, et tantôt de forme plus basse et serrant étroitement la tête, comme sur les monnaies attiques. Une chevelure blonde, courte et crépue, caractérise Mars, qui est généralement figuré casqué. Vénus, dans ses plus anciennes images, a la tête ornée d'un large diadème : les représentations plus récentes nous la montrent avec ses cheveux simplement noués sur la tête et pressés par un étroit ruban. Dans le principe, Mercure fut représenté comme un homme en pleine maturité avec une barbe épaisse et pointue et de longues tresses de cheveux. Plus tard, il revêt les formes de l'athlète parfait : ses cheveux sont courts légèrement bouclés, et souvent couverts d'un petit pétase. Enfin le système des douze grands dieux se trouvait complété par Vesta, figurée sous les apparences d'une matrone la tête voilée et d'un caractère à la fois sévère et pur.

Dans ce volume, nous avons parlé de Bacchus,

des Bacchannales et des Bacchantes, de tout ce qui intéresse la *coiffure* du dieu de Nysa et celle des personnages qui composaient son cortège. Au cours de la même notice, nous avons dit quelque chose de l'Amour et du cycle auquel il préside. Le dieu lui-même a cela de particulier que ses cheveux forment un nœud sur son front.

Les muses, dont les cheveux sont généralement noués derrière la tête de la manière la plus simple, ont toutes sur le front des plumes, lorsqu'on veut rappeler la victoire qu'elles remportèrent sur les Sirènes. Autrement, Melpomène et Thalie sont les seules qui soient figurées avec une *coiffure* caractéristique : pour la première c'est un masque tragique, pour la seconde un masque comique.

Passant à un autre ordre d'idées, nous trouvons Esculape, le dieu de la santé, la tête ceinte d'une sorte de turban. Mais parmi les divinités primitives auxquelles l'art n'a jamais fait une place importante, il faut compter Saturne aux cheveux rigides et couverts d'un grand voile ; enfin Rhæa, reconnaissable à sa couronne de tours. Les divinités infernales et le monde des morts ont été rarement représentés directement : les anciens préféraient y faire allusion par des scènes généralement empruntées aux mythes de Bacchus. Cependant Pluton a été figuré, surtout en buste : c'est un Jupiter à l'air sombre et sévère ; sa chevelure tombe sur son front ; on voit sur sa tête le modius ou boisseau, emblème des richesses que la terre renferme dans son sein. Proserpine est aussi représentée comme une Junon, mais d'un caractère assombri. Enfin, si nous passons aux demi-dieux et aux héros, lorsque nous aurons dit qu'Hercule se distinguait par la petitesse de sa tête, par sa chevelure épaisse et courte, par la peau de lion qui lui servait de *coiffure*; et que Castor et Pollux étaient reconnaissables à leur bonnet de forme ovoïde, nous aurons satisfait d'une manière sommaire à notre programme, du moins en ce qui concerne les divinités helléniques.

Les Étrusques, demi-italiens et demi-asiatiques, témoignent par tous leurs ajustements de ce que leur civilisation doit à la fois au pays où elle s'est implantée et à son pays d'origine. Tandis que les hommes portent, comme tous les Italiotes, les cheveux courts et légèrement rabattus sur le front, les femmes se couvrent la tête de hauts bonnets pointus ou d'une sorte de toque. Très rarement leurs cheveux son noués; ils tombent généralement sur le col en tresses ou en longues mèches frisées.

Les Étrusques ramenaient leur toge sur la tête dans les cérémonies religieuses. Les Romains reçurent d'eux cet usage. Eux aussi se voilaient pendant les sacrifices; de plus, les flamines, ou prêtres spécialement attachés au culte des divinités, se couvraient la tête d'une sorte de casque dont la calotte s'adaptait exactement à la tête, qui était attaché sous le menton et qui était surmonté d'une pointe en bois d'olivier. A l'occasion du triomphe, le général victorieux portait une couronne de laurier en or ; pour l'ovation, il était simplement couronné de myrte. Parmi les couronnes militaires, on comptait l'obsidionale, faite de gazon et de fleurs sauvages : elle était décernée à celui qui avait fait lever un siège ; la civique, faite de branches de chêne ayant leurs glands et décernée au soldat qui avait sauvé la vie à un compagnon d'armes ou tué son adversaire dans le combat ; la murale, destinée à celui qui, le premier, escaladait l'enceinte d'une ville assiégée ; la navale, qui était la récompense de l'amiral qui avait détruit une flotte ennemie : par sa dentelure, elle imitait les éperons des vaisseaux.

Entre les couronnes portées par les particuliers dans les jours de fêtes, couronnes de fleurs et de feuillage, il faut compter celle que l'on nommait la couronne longue, qui pendait de la tête sur le col et enveloppait le corps jusqu'à la ceinture.

Les colons ou habitants de la campagne se coiffaient de chapeaux dont quelques-uns étaient de forme pointue et dont les bords étaient médiocrement développés.

Les *coiffures*, sous la République, étaient fort simples. Les hommes portèrent toujours les cheveux courts et rabattus sur le front. La barbe, entière après la chute des rois, fut depuis absolument rasée. Pour les femmes, la forme générale de la tête restait ronde et on ne trouve dans les monuments aucune indication de chignon. C'est sous l'Empire que l'imitation des *coiffures* grecques vint rompre cette uniformité austère. Bientôt le dérèglement des esprits et des mœurs engendra les modes les plus singulières. On vit les cheveux frisés sur le front, de manière à imiter un éponge, ou nattés et relevés pour figurer un diadème. Plus tard, ils furent largement ondulés de façon à former comme des cannelures. Cependant, jusqu'à la fin du bas-empire, les hommes eurent les cheveux courts et quelquefois serrés par un ruban au-dessus des oreilles. La barbe, que l'on portait entière au commencement de la République, est une autre fois en usage depuis les Antonins jusqu'aux Gordiens et se voit abandonnée de nouveau à la fin du haut-empire.

Dans une autre notice, nous devons nous occuper des barbares. Nous y renvoyons pour tout ce qui concerne la description des *coiffures* portées par les Gaulois, les Germains et les Suèves, les Daces et les Sarmates, les Numides, les Parthes, les Francs, les Goths et les Huns, avec tout le cortège des peuples secondaires qui leur servaient d'auxiliaires dans leurs invasions.

Entrons maintenant dans le monde moderne, en jetant d'abord un coup d'œil sur les catacombes et sur le costume des Romains du bas-empire et des byzantins.

Les peintures des catacombes sont le point de départ de toute notre iconographie religieuse. Les images primitives du Christ que l'on y rencontre représentent le Sauveur tantôt jeune et tantôt à l'âge où il achève d'accomplir sa mission. Parmi les figurations les plus dignes d'intérêt que l'on remarque dans ces hypogées, il faut compter les orantes, personnages qui nous sont montrés dans l'action de prier. Leur tête est presque toujours couverte d'un voile qui s'étend sur toute la largeur des épaules. Dans la figure de la Vierge, au contraire, le voile qui descend sur le front se resserre à la naissance du col. Pour ces arrangements, l'iconographie religieuse des catacombes et l'iconographie byzantine offrent une étroite parenté. On trouve aussi dans les catacombes la représentation des costumes portés par les hauts dignitaires civils et par les ecclésiastiques pendant la période du bas-empire. Il y en a des exemples dans la catacombe de Sainte-Pudentienne et au cimetière de Sainte-Cyriaque. Il est intéressant de les rapprocher des images fournies par l'art oriental dont nous allons parler.

Les mosaïques et les ivoires nous donnent de précieux renseignements sur l'époque byzantine. Nous y voyons les hommes avec les cheveux demi-longs, mais coupés carrément sur le front ; les femmes avec des *coiffures* rondes et qui encadrent de près le visage. Les empereurs, les impératrices, les grands de leur cour portent des couronnes qui, débordant sensiblement la largeur du crâne, sont basses, un peu évasées à la partie supérieure et ornées d'émaux et de pierreries taillées en cabochon. Tels nous apparaissent Justinien et Théodora, dans les mosaïques de Saint-Vital à Ravenne. Postérieurement à eux, le diadème s'élève. Quelquefois il est octogonal et de plus il porte une croix à sa partie antérieure. Ces riches tours de tête sont souvent donnés aux saints dans les sujets religieux

et ils servent de point de départ aux *coiffures* des
patriarches et des évêques. En effet, celles-ci consis-
tèrent d'abord en une couronne fermée par une
calotte surmontée d'une croix jusqu'au moment où
le développement de cette calotte donna lieu à la
tiare souvent bi-lobée et en tout cas largement évasée que portent encore les dignitaires ecclésiastiques
du rite grec. Mais on est assez d'accord pour ne pas
faire remonter ces coiffures, en Occident comme
en Orient, au delà de l'an 1000. A partir de cette
époque on voit les évêques de l'église latine coiffés
de mitres formant deux pointes. Tantôt elles sont
aiguës et tantôt arrondies ; ces mitres sont de forme
basse jusqu'au XIIIe siècle.

Quelle était la coiffure des Arabes au moment
de leur grande expansion ? On ne peut le savoir
avec exactitude, si ce n'est pour les casques, dont
quelques-uns sont venus jusqu'à nous. Mais il
n'y a rien de certain pour leurs coiffures civiles, le
mahométisme interdisant de représenter la figure
humaine. C'est seulement à partir de la Renaissance
que nous trouverons sur les musulmans contemporains des renseignements qui nous seront en
partie fournis par les peintres italiens.

En Occident, les modes étaient changeantes. On
sait quelle importance, aux VIIe et VIIIe siècles, tous
les peuples franco-germains attachaient à une
longue chevelure : c'était un signe de noblesse.
Elle était portée simplement, tombant sur les
épaules, mais soigneusement peignée et quelquefois
poudrée de limaille d'or. Une chevelure rase était

la marque de l'esclavage et la tonsure le signe distinctif des moines et des membres du clergé. C'é-
tait le temps des Mérovingiens.

A l'époque carolingienne, les hommes et les
femmes avaient encore les cheveux longs, souvent
partagés sur le front, quelquefois retenus par un
cercle de métal. Ils descendaient jusqu'à la naissance des épaules chez les hommes, et chez les
femmes jusqu'à la taille : ils étaient ondés et frisés
à leur extrémité. Au xe et au xie siècle, la mode
change pour les hommes : les cheveux sont coupés
en rond autour de la tête ; leur longueur ne dépasse
pas la moitié de l'oreille. Alors les couvre-chefs
consistent en calottes coniques souvent côtelées, en
bonnets, en chapeaux de forme basse à petits bords.
Au ixe et au xe siècle les ecclésiastiques portent la
barbe et ont sur le sommet de la tête une large tonsure. Chose digne de remarque : les personnages
saints représentés dans les manuscrits du temps
témoignent d'une connaissance ininterrompue des
traditions latines. Vers cette époque apparaissent
les Normands aux cheveux courts et aux moustaches pointues : celles-ci cessent bientôt d'être
portées, comme la tapisserie de la reine Mathilde en
fait foi. Au xiie siècle, les nobles reviennent aux
cheveux longs et séparés sur le front ; la barbe est
longue aussi et divisée en deux masses, les moustaches sont distinctes de la barbe. Bientôt on voit
que les cheveux et la barbe sont plus longs, qu'ils
ne sont plus divisés à leur extrémité, mais qu'ils
sont ondulés, et que les mèches des tempes sont

nattées et viennent se nouer sur la nuque. Les chapeaux consistent en calottes hémisphériques surmontées d'une pointe et entourées de petits bords;
ils sont en tricot, en paille tressée et en feutre. Cependant les femmes, au commencement de cette période, se couvrent la tête de longs voiles qui enveloppent les épaules et souvent se ferment au col par
une agrafe d'orfèvrerie. Mais bientôt le voile ne
couvre plus que l'occiput et laisse à découvert les
bandeaux et les longues mèches qui de nouveau
descendent, frisées, jusque sur les reins. Enfin on
voit paraître, au XIIe siècle, ces grandes nattes ou
ces grandes mèches tressées avec des rubans qui,
partant des bandeaux ou de derrière les oreilles,
tombent jusqu'aux genoux et sont recouvertes sur
le front par un voile plissé qui, par côté, ne descend
pas plus bas que le col.

A la fin du XIIe siècle naît une mode qui, avec
quelques modifications, sera de longue durée : c'est
celle qui consiste, pour les hommes, à porter les
cheveux coupés en toupet sur le front, et longs sur
les côtés et sur le derrière de la tête, bien que toutefois ils n'atteignent pas les épaules. Le visage est
rasé. Les cheveux de côté, d'abord écartés de manière à laisser voir les oreilles, se rapprochent des
joues à la fin du XIIIe siècle et au commencement
du XIVe. Le toupet, d'abord frisé à son extrémité,
devient de plus en plus court. Enfin, au commencement du XIVe siècle, on voit un retour à la barbe par
l'apparition de petits favoris.

Pour les femmes, vers 1170 environ, les longues

nattes, qui précédemment étaient pendantes, sont roulées autour de la tête : le voile, plus long et non plus plissé, est rejeté en arrière et le menton est enveloppé d'une étoffe mince qui s'attache sous le voile au sommet de la tête. Puis le voile disparaît tout à fait et avec le XIIIe siècle commence l'usage du chaperon, coiffure ronde, en forme de mortier, qui fut portée au XIVe siècle par les femmes appartenant à toutes les classes de la société. Mais le chaperon se modifie : d'abord cylindrique, il s'évase du sommet; les nattes s'élargissent sur les côtés de la tête et s'enveloppent de résilles, et, bien que la mentonnière subsiste toujours, l'ensemble a moins d'élégance, bien que chacun des éléments de cet ajustement de tête soit plus riche. Si l'on cherche à se rendre compte de la manière dont les cheveux étaient disposés pour obtenir cette *coiffure*, on reconnaît qu'ils étaient divisés par une raie transversale tirée à la hauteur des oreilles, que la partie antérieure était ramenée en avant et que les nattes formées avec les cheveux de derrière étaient réunies sur le haut du front. Plus tard, au contraire, les cheveux sont séparés par une raie longitudinale ; des bandeaux pendants se forment de chaque côté du visage et les nattes de derrière viennent se mêler avec eux. Le front est largement découvert.

Le chapeau porté à cette époque par les hommes rappelle quelquefois le pétase antique ; mais il consiste plus généralement en un feutre dont les bords, relevés en arrière, sont rabattus en avant de manière à faire une visière en pointe. Les femmes ont également ce chapeau qui, au xiv⁰ siècle, est orné chez les nobles de chaînes d'or, de colliers de perles et de bijoux.

Mais il est, pour les hommes, un autre couvre-chef, qui remonte à une époque antérieure et qui fut porté jusqu'au xv⁰ siècle : nous voulons parler du chaperon. Il a son origine dans un court manteau à capuchon pointu qui vient du *cucullus* des gallo-romains et n'a rien de commun avec le chaperon des femmes dont il vient d'être parlé. Lorsque la saison ne nécessitait pas que le chaperon couvrît la tête et les épaules, on l'enlevait ; on plaçait la tête dans l'ouverture ménagée pour le visage et on entourait le reste de l'étoffe, c'est-à-dire la pèlerine, soit autour du cou, soit autour de la tête. De là toutes ces *coiffures* qui semblent des turbans, qui paraissent avoir des crêtes et des pendants et qui ne sont en réalité que les manières de porter le chaperon, jusqu'au moment où chacun de ces éléments prend une forme fixe et où le chaperon devient un véritable chapeau orné. Cette *coiffure* donna naissance pour les femmes à un tout autre ajustement de tête : il fut l'origine de la guimpe qui, enveloppant le menton, le cou et la tête entière, laissait le visage à découvert. Par-dessus on portait toujours un voile qui couvrait les épaules jusqu'au-dessous des omoplates. On voit un exemple très curieux de cette mode arrivée à ses derniers développements dans la statue funéraire de Marguerite d'Artois qui est à Saint-Denis (1311). La guimpe était blanche, en fine toile de lin. On comprend qu'elle cachait entièrement ou presque entièrement les cheveux.

A ce moment, les hommes commencent à faire usage de hauts chapeaux de forme conique. Ils sont sans bords ou avec des bords très petits : la couleur en est grise ou noire. Alors les femmes se coiffent au dehors de chapeaux à larges bords, plus longs par devant que par derrière. Ils sont d'une étoffe légère montée sur une armature de métal, plissée et rayonnante. Vers la même époque, la mode des cheveux coupés carrément sur le front et laissés longs tout autour de la tête, cette mode disparaît : les rois seuls et les princes continuent, sinon à porter cette coiffure, du moins à être représentés comme en ayant conservé l'usage. Mais, sous Charles V, les miniatures nous montrent les hommes avec des cheveux courts, roulés en bourrelets autour de la tête au moyen d'un ruban qui permet de placer un bijou au-dessus du front. Puis, pendant le règne suivant, nous retrouvons les chevelures longues, non plus frisées, mais crépées entièrement. Cependant les gentilshommes voués au métier des armes coupaient leurs cheveux en couronne tout autour de la tête. Enfin, au temps de Charles VIII, on en revint généralement aux cheveux longs, frisés du bout et coupés carrément sur le front. La forme des chapeaux s'était abaissée, les bords s'étaient élargis et ces bords, qui avaient été jusque-là relevés par derrière, se retroussaient par côté, ce qui donnait à la *coiffure* beaucoup d'élégance.

Qu'était la *coiffure* des femmes sous les premiers Valois? Fort étrange et extravagante : ce fut l'époque du hennin, sorte de haut cornet, double quelquefois, et qui, revêtu de drap d'or ou de soie, garni d'un voile souvent très grand et très compliqué, faisait disparaître à peu près les cheveux, si ce n'est sur les joues et aussi sur le front, où ils formaient une petite boucle. Le hennin semble avoir été importé en France par Isabeau de Bavière. En même temps on portait l'escoffion, qui consistait en un coussin plat et fort richement orné qui était posé sur les cheveux, lesquels formaient de chaque côté de la tête des proéminences qui le soutenaient. L'escoffion, à mesure que le hennin monte, va s'élargissant, se relève de plus en plus aux extrémités, se garnit de barbes, s'enveloppe de voiles toujours plus grands. Les femmes âgées portèrent longtemps la guimpe avec le hennin ; pour en cacher le bord sur le front on en vint à poser en travers une bande d'étoffe sombre qui tombait de chaque côté sur les épaules. Mais jamais le hennin ne fut une coiffure de cérémonie ; à la cour, les dames montraient leurs cheveux ornés de joyaux et de couronnes d'orfèvrerie.

Ces différentes modes, qui disparaissent sous le règne de Louis XI, sont reproduites avec une exagération marquée en Allemagne et surtout en Angleterre. Après une durée de près de cent ans, les hautes *coiffures* sont remplacées par des ajustements de tête bas, presque pendants, qui font reparaître les cheveux autour du visage en forme de bandeaux plats. Une coiffe est posée sur le crâne et couvre les oreilles et le chignon, et par-dessus on met un voile étroit et de couleur obscure, quoique très riche, qui descend sur les épaules. L'extrémité des cheveux paraît sous la coiffe et vient former sur les omoplates un large flot ondé. Cette coiffe est portée par les femmes de toute condition jusque sous François Ier. Mais la *coiffure* d'apparat, tout en dérivant de la coiffe, était contournée près des oreilles en forme de volutes, compliquée en arrière d'une sorte d'épaisse torsade ou d'un turban plat, et enfin complétée par une bourse qui, contenant les cheveux, s'appuyait sur les épaules et laissait échapper en avant de grosses boucles frisées.

Durant toute la partie du moyen âge que nous venons de parcourir, il est intéressant de voir les modes françaises, et particulièrement celles de la cour de France, prévaloir en Europe. De même que, dans l'architecture, les types les plus purs de l'art ogival sont créés dans les régions qui entourent la capitale de notre pays, de même les coiffures en usage dans le monde occidental prennent naissance à la cour des Carolingiens, des premiers Capétiens et surtout des Valois. Comme nous l'avons dit, sous ce rapport, c'est l'Angleterre qui semble être, de plus près, notre tributaire; et, en effet, la guerre de Cent ans, pendant laquelle une partie de notre territoire fut toujours occupée par les Anglais, et les relations étroites de ceux-ci avec les bourguignons expliquent le grand rapprochement qui existait entre nos ennemis et nous en ce qui concerne le costume.

Il serait curieux de mettre en regard les coiffures usitées chez les différents peuples de l'Europe en embrassant successivement des périodes
de cinquante ans. On verrait comment et dans quel
sens nos modes sont acceptées et modifiées en Allemagne, en Angleterre et même en Italie, et, d'un
parallèle établi ainsi au cours des siècles, il y aurait
peut-être à tirer quelques conclusions générales
sur le goût propre à chaque nation.

A la Renaissance, pendant le xvie siècle, les modes viennent surtout de l'Espagne et de l'Italie : la
première exerçait la suprématie politique, la seconde
la suprématie du goût. En Espagne, les gentilshommes portent les cheveux courts avec la barbe. Ils
se coiffent d'une toque basse souvent ornée d'une
courte plume d'autruche, ou d'un chapeau haut de
forme et à petits bords assez semblable aux nôtres :
la forme de ces chapeaux est cylindrique ou ovoïde.
Les femmes ont les cheveux séparés au milieu de
la tête : tantôt ils tombent de chaque côté du visage
jusqu'à la base du cou ; tantôt ils sont relevés et
vont rejoindre le chignon. On place par dessus
une sorte de coiffe plate, couvrant la partie supérieure du crâne et faisant la pointe sur le front ;
cette coiffe est de riche étoffe ornée de broderies,
de perles et de pierres précieuses.

En France comme en Angleterre, les modes
continuent à être presque les mêmes ; on voit les
rois et les nobles avec de grands chapeaux plats
évidemment dérivés du chaperon : ils sont bordés
de plumes. Les femmes, les cheveux dénoués sur le

cou, ont des bonnets souples, rejetés en arrière et terminés en pointe. A la cour, on voit des bandeaux quelquefois plats, quelquefois bouffants sur les oreilles : quelquefois aussi les cheveux sont relevés et crêpés. On se coiffe tantôt d'un chapeau en forme de toque haute et souple, tantôt d'une sorte de diadème posé sur le milieu de la tête et enveloppant la partie moyenne du crâne jusqu'en avant des oreilles : un voile partant du chignon complète cette parure. Une autre *coiffure* également adoptée par les dames nobles consiste en un voile qui est attaché sur le haut de la tête et qui, par devant, est accompagné de deux barbes qui descendent jusque sur la poitrine. Ces barbes sont empesées de manière à former un angle aigu sur le milieu du front et des angles obtus au niveau des tempes.

Tout ce qui vient d'être dit se rapporte aux règnes de François Ier et de Henri VIII. Plus tard, les hommes se parent de petites toques inclinées sur l'oreille gauche, comme on le voit dans le portrait de Henri II, ou de bonnets avec de petits bords retroussés et un nœud de pierreries sur le front, comme le montrent les portraits de Henri III. Sous Henri IV, le chapeau est cylindrique et il est souvent orné d'une plume sur le côté. Pendant toute cette époque, les hommes ont généralement les cheveux courts, la barbe en pointe et les moustaches relevées. En même temps, les femmes portent une sorte de bonnet collant sur le sommet de la tête, allongé sur le derrière et garni d'un voile pendant; par devant, le bord du bonnet s'élargit sur les tempes et se resserre à la hauteur des yeux. Le principe de cette *coiffure* est le même, depuis Marie Stuart jusqu'à Gabrielle d'Estrées : elle dégage de plus en plus les côtés de la tête où les cheveux sont relevés, crêpés et bouffants. La mode est complètement changée sous la régence de Marie de Médicis : le bonnet est entièrement rejeté, la tête est nue, les cheveux sont relevés et le chignon est placé haut, un peu en arrière du sommet de la tête. Les hommes nobles font usage de feutres à larges bords ornés de plumes ; les bourgeois, de chapeaux ronds.

Si en France et en Angleterre les costumes ont entre eux beaucoup de points de ressemblance, l'Allemagne et les pays du nord de l'Europe offrent, de leur côté, dans la manière de se vêtir, une sorte de communauté. Dans ces pays, les gentilshommes et les dames nobles, après avoir porté de grands chapeaux plats à larges bords, se coiffent de toques très basses inclinées vers l'oreille gauche et ornées à droite d'une touffe de plumes. Les cheveux sont courts et la barbe pleine. Pour les dames, la toque est plus petite et plus élevée ; les cheveux sont tirés en arrière de la tête et y font un chignon. Les hommes des classes inférieures sont reconnaissables à leurs chapeaux plats et à grands bords capricieusement retroussés, pliés et tailladés : c'est, avec des plumes de coq généralement placées à droite, la coiffure des hommes d'armes, surtout des fantassins allemands et suisses. Les femmes ont des bonnets cylindriques, longs et inclinés en arrière. Un voile pend quelquefois à l'extrémité et quelquefois encore il y a, en avant, une garniture de mousseline ou de dentelle tombant sur les yeux et faisant l'office d'un voile. Les docteurs ont des bonnets aplatis munis de bords destinés, lorsqu'on les rabat, à garantir à la fois la nuque et les oreilles.

Plus vers le nord, dans les pays Scandinaves, les hommes se montrent coiffés de hauts bonnets garnis de fourrure dont les bords sont relevés tout autour de la tête. En même temps, ils portent la barbe très longue et les cheveux courts. Les femmes ont des bandeaux plats qui cachent l'oreille et qui, réunis avec le reste de la chevelure, sont enfermés dans une résille derrière la tête ou tombent librement sur les épaules. Leurs toques sont tantôt cylindriques ou plates, tantôt largement évasées à la partie supérieure et étranglées vers leur milieu, tantôt un peu élevées et ornées de plumes; mais toutes sont petites et posées toutes droites sur le sommet de la tête. De grands chapeaux, munis d'un bord relevé en avant seulement, sont en usage chez les femmes des classes moyennes.

En Italie, de 1550 à 1600, les *coiffures* ne sont pas compliquées : pour les hommes, ce sont des toques très renflées au-dessus de leurs petits bords ; ce sont des bonnets assez gros de forme, presque sphérique et cylindro-conique. Pour les femmes, elles consistent soit dans des arrangements de cheveux toujours relevés, mais combinés avec des barbes de dentelle ou d'étoffes brodées qui partent du

sommet de la tête et accompagnent le visage jusqu'à la collerette, soit dans de véritables édifices
faits avec des cheveux crêpés de manière qu'ils
figurent sur le front des cornes ou un diadème. Le
tout est mélangé de fils de perles et orné de
joyaux. Notons la *coiffure* des doges de Venise,
le corno, qui prend alors sa forme définitive.

Les peuples qui habitent à l'est de l'Europe obéis-
sent à un goût différent. En Pologne, de grosses toques surmontées de plumes d'aigles ou des
bonnets en pointe garnis de fourrures sont portés
par les hommes. Quelquefois cette garniture affecte
la forme d'une visière relevée. Le visage est rasé,
sauf les moustaches, qui sont longues et relevées à
leurs extrémités ; les cheveux sont longs ou très
courts. Les femmes se coiffent d'un bonnet rond
et évasé par le haut. Il est garni d'une étoffe qui
part des tempes et qui, sans descendre plus bas que
les oreilles, enveloppe tout le derrière de la tête,
bien qu'en s'écartant. Les femmes nobles portent
sur le sommet de la tête de petites toques avec des
aigrettes et des plumes.

Chez les Hongrois, la toque est tantôt réduite à
une sorte de calotte placée sur le sommet de la
tête ; tantôt elle est de proportion moyenne, sans
bords, et ornée, sur la partie antérieure, d'une
aigrette qui se dresse sur le front ; tantôt enfin
c'est un véritable mortier de fourrure sur le bord
duquel est plantée, toute droite, par derrière une
rangée de plumes. On voit encore aux hommes
de ce pays de grands bonnets de fourrure sembla-

bles à des capuchons dont le bord serait relevé en avant. On trouve aussi l'exemple d'autres grands bonnets de fourrure, dont la forme est cylindrique, mais qui, restant souples, s'inclinent sur le côté.

Quant aux Russes, le petit nombre de monuments de cette époque qu'il est permis de consulter ne concernent que les hommes. On constate que ceux-ci se coiffent d'énormes bonnets ronds aplatis au sommet ou de chapeaux coniques qui sont fourrés, et dont le bord est retroussé tout autour, mais plus haut par derrière que par devant. Quant aux femmes, on pense qu'elles avaient la même *coiffure* ronde et aplatie qu'elles ont encore aujourd'hui.

Les artistes italiens, qui eurent occasion d'aller à Constantinople au moment où les Turcs s'en emparèrent, nous ont laissé sur le costume de ces conquérants, et particulièrement sur leurs *coiffures*, des documents précieux. De celles-ci la plus caractéristique est le turban, qui consiste en une étoffe roulée autour d'une calotte ou d'un bonnet. Il faut voir dans l'ouvrage de Cesare Vecellio la représentation des turbans de différentes formes portés par le sultan, par ses grands officiers, par les prêtres, et les soldats ; les bonnets des janissaires, de leurs chefs et des autres dignitaires de l'armée et de la flotte, sont curieux à connaître à cause de leur étrangeté. Les grands voiles dont les femmes sont couvertes lorsqu'elles vont au dehors ne laissent paraître que les yeux à travers une étroite ouverture. Mais dans le sérail elles apparaissent avec de petits turbans, ou avec des bonnets cylindriques ou avec des *coiffures* faites de légères étoffes de soie qui montrent que les cheveux sont lisses et font au-dessus de l'oreille de courts bandeaux.

Les coiffures religieuses subissent à cette époque quelques modifications. La tiare papale, qui était à l'origine un simple bonnet conique, fut successivement ornée d'une, puis de deux couronnes fleuronnées. A partir de la fin du XIVe siècle la tiare des souverains pontifes a trois couronnes, et c'est dans ces conditions qu'elle se maintiendra désormais. Le chapeau des cardinaux est posé par-dessus le capuchon d'un camail qui couvre les épaules, et les cordons en sont réunis par un nœud de passementerie qui se termine par trois glands. Les mitres des évêques et des abbés, basses encore au XIIIe siècle, prennent une forme plus élevée. Bien que les règles de plusieurs ordres monastiques soient modifiées, les religieux portent toujours le capuchon et les religieuses le voile. Tout ceci concerne les catholiques. Les ministres des confessions réformées sont reconnaissables à une sorte de béret ou de barrette plate et sans bords. En Angleterre, ces bonnets descendent sur les oreilles.

Arrivés au XVIIe siècle, nous trouvons en Espagne les hommes avec les cheveux courts, la barbe légèrement en pointe, les moustaches relevées : ils se coiffent d'un feutre à larges bords. Les cheveux des femmes sont relevés de manière à former une pointe en arrière, dans la direction du sommet de la tête. En France, il faut distinguer, pour le costume, entre le règne de Louis XIII, la jeunesse de

Louis XIV et le temps qui s'écoula depuis 1670 jusqu'à la mort de ce roi. Pendant la première de ces trois périodes, les chapeaux plats à larges bords sont en faveur : les gentilshommes y ajoutent des panaches. La barbe est assez longue et pointue, les moustaches relevées en croc, les cheveux longs jusque sur les épaules. Pour les femmes, ce sont d'épaisses touffes de cheveux frisés et crêpés qui recouvrent les oreilles : le chignon est placé haut et souvent contenu par un petit bonnet qui couvre la partie postérieure du crâne et dont les garnitures s'avancent légèrement par le bas. Parfois, ces touffes de cheveux descendent jusqu'à la base du cou. La tête est ornée de plumes et de nœuds de rubans. Durant la jeunesse de Louis XIV, les visages sont entièrement rasés, si ce n'est que l'on conserve une petite moustache coupée en brosse. Les cheveux, aplatis sur le front, descendent en grosses masses crêpées et frisées de chaque côté des joues jusque sur la poitrine. Les bords des chapeaux sont moins grands que précédemment : ils sont plus longs que larges et relevés en avant et en arrière ; de chaque côté on peut les charger de plumes. Les dames ont les cheveux relevés, et serrés sur le crâne ; deux touffes très finement crêpées accompagnent le visage et tombent jusqu'au milieu du col. Enfin, pendant la troisième période, les hommes ont des perruques frisées qui s'élèvent sur le front, et dont les boucles s'étendent sur les épaules et sur le dos. Les bords des chapeaux grandissent ; mais ils sont relevés tout autour ou reployés en forme

de tricorne. La *coiffure* des femmes est simple :
elle dessine bien la tête. Elle est complétée souvent
par un bonnet de dentelle que couronne en avant
une garniture tuyautée, gaufrée et empesée, qui se
tient toute droite et fait une sorte de diadème d'une
forme singulière.

Dans les pays du Nord, ce sont les mêmes modes;
seulement les chapeaux des hommes ont des bords
plus grands.

La France donnait alors le ton à toute l'Europe.
Ses modes étaient partout suivies ou semblaient
l'être : les œuvres d'art abondent pour en témoi-
gner. Dans les Flandres et en Hollande, le changement des *coiffures* se produit avec moins de
mobilité qu'en France. L'usage des perruques ne
s'y introduit que plus tard; mais alors elles ont
plus de lourdeur. Les tableaux des maîtres flamands
et hollandais permettent de suivre ces modifications avec ce qu'elles ont de caractéristique. Il en
est de même pour l'Angleterre, où d'abord les
grands portraitistes de l'époque ont consacré la
physionomie de la cour des Stuarts, et où une foule
de documents divers nous permettent de passer en
revue les hommes qui ont eu part à la révolution
de 1649 et aux événements qui ont suivi. Cependant, en Allemagne, les femmes se coiffent avec
quelque singularité : elles se couvrent la tête de
lourds bonnets arrondis, et dont la garniture empesée, descendant plus bas que les oreilles, est
légèrement abaissée sur le milieu du front et évasée sur les tempes. Elles arrivent aussi quelquefois,

par la manière de relever et de crêper leurs cheveux
à leur donner la figure d'un turban. A la fin du
siècle, les femmes nobles imitent, comme partout,
les coiffures françaises; mais elles les portent plus
hautes, plus librement ajustées, et elles y ajoutent
de grandes mèches qui tombent sur les épaules et
qui sont d'un gracieux effet.

Le xviiie siècle, à son début, s'affranchit de ce que
le siècle précédent avait de pompeux : il en garde
un grand goût de parure et il y ajoute l'élégance.
Les perruques sont plus courtes, les tricornes plus
petits. La poudre devient d'un usage général. L'é-
chafaudage de boucles qui surmontait le front, s'a-
baisse et finit par disparaître. Celles qui descendaient de chaque côté du visage jusqu'à la poitrine
ont rejetées en arrière et en partie réunies par un
ruban noué, formant la queue. Les femmes sont
encore pendant quelque temps fidèles aux *coiffures*
des dernières années du xviie siècle. Puis elles se
découvrent la tête, relèvent leurs cheveux sur le
front, les élargissent en touffes sur les tempes, les
nouent en chignon sur la nuque, les laissent flotter
en boucles légères de chaque côté du col ou tomber en longues mèches jusqu'au milieu de la taille.
A la ville, à la campagne, à la chasse, on leur voit
de petits tricornes. A mesure que l'on avance, les
perruques des hommes changent de forme. De
chaque côté du visage et tout autour de la tête,
elles présentent une sorte de rouleau ou une rangée
continue de boucles égales. La queue se marque de
plus en plus, et bientôt s'enveloppe, à son extré-

mité, dans un sachet de soie. Le tricorne grandit un peu : on porte en même temps des chapeaux ronds, dont les bords ont un développement modéré et sont relevés tout autour de la forme. Les *coiffures* des femmes sont plus serrées. Dans la bourgeoisie, on se pare de petits bonnets de dentelle ou de linge avec garniture empesée, tuyautée et relevée. Mais, en approchant de la révolution, les perruques des dames de la cour prennent, presque tout à coup, un développement énorme. Ce sont de véritables constructions qui n'ont pas, en élévation, moins du quart de la hauteur totale de la personne. C'est un composé et un entassement de rouleaux, de nattes, de boucles, au-dessus desquels on place des plumes ou un assez grand chapeau. Les bourgeoises exagèrent aussi le volume de leurs *coiffures*. Elles mettent par-dessus leurs cheveux naturels ou leurs perruques abondamment frisées et dont le chignon, pendant sur la nuque, prend le nom de catogan, des chapeaux à haute forme droite, derrière lesquels il y a de grands et gros nœuds d'étoffe légère ; ou encore d'autres chapeaux, ceux-ci plats, ronds, à très larges bords et ornés de plumes. On leur voit aussi de grands bonnets avec nœuds et cocardes, qui laissent le catogan a découvert. Ces modes sont presque générales dans toute l'Europe sur laquelle s'étend l'influence française.

La révolution de 1789 ne mit pas fin à ce luxe bizarre. Au commencement les *coiffures* dites *à la Nation* et d'autres sont encore énormes. Mais bientôt les perruques disparaissent et peu à peu on cesse de se poudrer. C'est en longues mèches, effilées à leur extrémité, que les hommes portent leurs cheveux ; ils les laissent pendre, comme on disait alors, en oreilles de chien. Des femmes, les unes ont les cheveux courts et frisés, d'autres les cheveux de longueur moyenne, flottant sur le front, sur les oreilles et sur la nuque. Elles y ajoutent des chapeaux coupés en capotes et souvent très développés en avant. Tout le monde connaît la *coiffure* des représentants du peuple et celle des incroyables. Après le Directoire les chapeaux à deux cornes, qui ont remplacé les tricornes, disparaissent du monde civil et ne sont plus portés qu'avec des uniformes : l'usage du chapeau cylindrique, plus ou moins pointu, plus ou moins évasé au sommet, et aux bords plus ou moins grands, s'établit. Enfin, sous l'influence de l'antiquité, dont l'étude est mise en honneur par les artistes, les gens du monde adoptent une manière de se coiffer plus conforme à la raison et au goût.

Tel est, très sommairement, le tableau que nous offre l'histoire de la coiffure. Les nombreux ouvrages publiés sur le costume, particulièrement dans ces dernières années, permettront aux personnes qui voudraient entrer dans plus de détails de faire les recherches qui leur seraient nécessaires.

LES BIJOUX

Les *bijoux* sont tantôt de légers ornements
de matière plus ou moins précieuse, qui servent
directement à parer diverses parties de la personne ;
tantôt des objets propres à maintenir les ajustements, ou certains accessoires, et que le luxe a
tournés en ornements. Au premier genre appartiennent les couronnes, les diadèmes, les pendants
d'oreilles, les chaînes, les bulles, les colliers, les
bracelets, les bagues, dont les noms, pour la plupart, indiquent qu'ils sont dans une étroite relation
avec quelque partie du corps. Au second, les fibules,
les agrafes, les boucles, les ceinturons, qui, relevés
par l'intervention de l'art au-dessus de leur première destination qui était simplement d'être utiles, sont devenus de véritables *bijoux*.

Les *bijoux* sont généralement en métal ; l'or,
l'argent, le cuivre et le fer, seuls ou associés, servent à les former. Il en existe également en matières minérales naturelles ou factices, telles que la
cornaline, l'ambre, le corail, le verre, l'émail. On
en voit aussi en os et en ivoire. Très souvent, dans
les *bijoux*, les pierres précieuses et les émaux sont
unis aux métaux : ceux-ci leur servent d'encadre-

ment et de lien, et par là constituent ce que l'on appelle leur monture.

Il importe cependant de faire remarquer que les *bijoux* ont revêtu, particulièrement dans l'antiquité des caractères différents selon la destination qui leur était donnée. On sait que les uns étaient faits pour être portés, d'autres pour être consacrés aux dieux, d'autres enfin pour être ensevelis avec les morts. Un signe du caractère intime que l'on attachait aux *bijoux* individuels, et la preuve qu'ils étaient considérés comme unis à la personne, c'était le soin que l'on prenait qu'ils fussent à la fois des ornements et des amulettes. Cette observation est nécessaire pour expliquer la forme de certains *bijoux* et les sujets que les artistes y ont représentés. Il appartient au philosophe de rechercher la mesure dans laquelle la superstition s'unissait ici à la vanité, et aussi la raison de ce compromis. Nous comprenons mieux comment la dévotion populaire, donnant aux divinités toutes les passions humaines ou inspirée par un esprit de sacrifice, imagina de leur vouer des *bijoux* dont on parait leurs statues, ou que l'on consacrait dans leurs temples. D'autre part, la pensée d'environner les morts de tout ce qui leur avait été cher pendant la vie, fut une sorte de piété commune à tous les peuples anciens. C'est à cet usage que nous sommes redevables de la plupart des *bijoux* antiques que nos musées possèdent. Il ne semble pas, cependant, que l'on ait toujours déposé dans les tombeaux des *bijoux* ayant été portés. On pense que les objets précieux formés

de minces feuilles de métal, que l'on nommait brac-
téates, et aussi que ceux qui sont en terre cuite dorée
étaient fabriqués spécialement, et dans des vues d'é-
conomie, pour servir d'ornements funéraires. Telle
est la manière la plus générale de classer les *bijoux*.
Cependant un autre usage que l'on en faisait nous
a été révélé par les fouilles de M. Place, aux ruines
de Khorsabad. Il en a découvert qui étaient enfouis
sous les taureaux à tête humaine qui décoraient l'entrée du palais de Sargon III. Ils avaient été déposés là vraisemblablement comme une offrande destinée à porter bonheur au monument. De même,
on lit, dans le récit de la dédicace de la basilique
de Saint-Denis, que les bijoux furent jetés dans les
fondations de l'édifice par des personnes présentes
à la cérémonie[1].

L'art de fabriquer les *bijoux*, pour être appliqué
avec avantage, comporte des études de deux espè-
ces différentes : les premières qui, embrassant le
dessin et le modelage des ornements et de la figure
humaine, s'élèvent du dessin d'architecture à la
connaissance des règles générales de la composition ; les secondes, absolument spéciales, dans
lesquelles il faut comprendre avant tout la science
des effets et des ressources que les métaux compor-
tent, fixent les conditions les plus favorables au
montage des pierres fines et à l'application des
émaux. Les premières, remarque, se rattachent à
l'art pur ; les secondes, quoiqu'elles soient plus

1. Recueil des Historiens de France, t. IV, p. 350, et pièces jus-
tificatives de l'histoire de Saint-Denis, par dom Félibien, p. 191.

^hniques, en sont, au point de vue de l'application, le complément inséparable. L'étude des monuments de l'art, envisagée autrement que comme la démonstration des principes, et, s'il en était besoin, comme leur justification, doit être subordonnée à ces travaux préalables, si l'on ne veut s'engager dans la voie des imitations serviles.

Ça été le glorieux privilège de l'antiquité de n'avoir jamais pu séparer l'art proprement dit de l'industrie, d'avoir toujours tendu au goût le plus pur sans se préoccuper exclusivement du gain, d'avoir cherché, sans dévier jamais, à rendre le travail intelligent de l'homme supérieur à la matière si riche qu'elle fût. Un instinct merveilleux semblait maintenir tout ce qui tenait à l'art dans la sphère des choses sacrées. Les égyptiens, les peuples asiatiques, les étrusques et les grecs, dès les temps les plus reculés, ont excellé dans l'art de fabriquer les *bijoux*, et ont joui, dans ce genre, d'une brillante renommée que leurs ouvrages justifient encore. Au moyen âge et à la Renaissance nous voyons les artistes les plus illustres s'honorer de composer et d'exécuter les *bijoux*. Les plus grands sculpteurs de l'école florentine étaient, à leurs heures, des orfèvres ou avaient commencé par l'être. En France, l'architecte Du Cerceau le fut en quelque sorte dans de charmantes compositions qu'il nous a laissées gravées de sa main. Il serait fâcheux que la fabrication des *bijoux* pût être jamais abandonnée à des artistes purement industriels.

LE BRACELET

Le *bracelet* est un anneau rigide ou flexible qui se passe au bras. Il se porte comme un ornement qui tantôt peut se mouvoir sur toute la longueur du membre et tantôt est destiné à y occuper une place fixe : dans ce dernier cas, qui est le plus ordinaire, il faut qu'il s'adapte aussi exactement que possible aux formes qu'il doit embrasser. Le *bracelet* peut être une sorte de tissu, mais généralement il consiste en un cercle d'or, d'argent ou de bronze. Souvent le cercle est entr'ouvert ou remplacé par une tige métallique roulée en spirale : ces dispositions, grâce à l'élasticité des métaux, donnent au bijou l'action d'un ressort et le font adhérer à la partie du bras qu'il est appelé à parer. En s'exerçant sur ces données qui sont toutes d'instinct et par conséquent presque universelles, l'industrie humaine a créé des ouvrages très variés. Nous passerons en revue les plus remarquables, en suivant toutefois l'ordre historique et en nous attachant à ceux qui, à cause de leur caractère, peuvent être considérés comme l'expression du goût particulier d'un peuple ou d'un temps.

Ce qui frappe d'abord en observant les monuments qui représentent des personnages munis de *bracelets* est que ces bijoux ont été portés au bras et à l'avant-bras, soit à la fois, soit séparément. Le port simultané de deux *bracelets* à chaque bras dans

les figures sculptées et peintes par les Égyptiens
est un signe de noblesse et mieux encore d'une
nature supérieure. Au bras on les plaçait au milieu
du biceps et quelquefois jusqu'au-dessous du mus-
cle deltoïde : tandis qu'à l'avant-bras, ils étaient
généralement au poignet. Quelquefois le même ornement se trouve au bas de la jambe, au-dessus des
malléoles. C'est ainsi parées que de grandes divinités telles que Horus, Hathor ou Pacht se voient
représentées : on a trouvé de ces anneaux de
jambe sur la momie de la reine Aah-Hotep.

Relativement à la taille ordinaire de l'homme,
ces *bracelets* sont hauts de 4 à 8 centimètres : ils
ont peu d'épaisseur, quelle que soit d'ailleurs la
matière dont ils sont formés et les ornements qui
les décorent. Beaucoup étaient composés de grains
ou de perles d'or, de lapis lazuli et de quartz rouge
montés sur des fils de métal flexibles, et offraient
aux yeux, par la disposition des couleurs, soit un
damier, soit des bandes perpendiculaires au cercle
du *bracelet*, alternativement rouges et bleues,
séparées par une raie d'or. Dans la salle civile de
notre Musée égyptien (vitrine Q), on peut voir des
exemples de cette dernière combinaison : ces bijoux
par leur contexture ont la souplesse d'un tissu.
Mais ce qui captive plus particulièrement l'attention dans cette même vitrine, c'est une paire de
bracelets aussi de forme haute et plate, mais faits
d'or cloisonné, découpé à jour et incrusté de pierres dures et d'émaux. Le motif de leur décoration
consiste pour l'un en un lion et pour l'autre en un

griffon : de part et d'autre ces animaux sont placés parmi des bouquets de lotus. Le style, le travail et la coloration de ces ouvrages sont vraiment admirables. Deux brisures, dont la première contient une charnière et la seconde un fermoir, deux brisures, disons-nous, permettaient à ce *bracelet* rigide de s'ouvrir en formant deux panneaux d'ailleurs parfaitement ajustés. Ce genre de travail appartient en propre à l'Égypte et les orfèvres égyptiens y ont excellé.

Les dieux d'Assyrie, les rois de Ninive et leurs officiers portaient à chaque poignet un *bracelet* dont l'ornementation consiste en des rosaces ou fleurons qui souvent semblent appliqués sur des rubans assez étroits : la rosace est l'ornement caractéristique de ces bijoux. Ici ces rosaces constituent un système de décoration non interrompu ; ailleurs elles servent de fermoir à des *bracelets* lisses et flexibles. Quelquefois le bijou lui-même consiste uniquement en quatre fleurons unis à leur point de tangence par une monture qui forme charnière. D'ailleurs, on remarque que souvent, indépendamment des *bracelets* de poignet, les personnages en portent un autre au-dessous du biceps ; mais celui-ci est toujours un anneau de métal entr'ouvert qui offre parfois cette particularité qu'il a subi une torsion et que les deux extrémités, au lieu de s'affronter, tendraient à se superposer.

Au Musée du Louvre, sur un bras de terre cuite de travail syrien, rapporté de Cypre et qui vraisemblablement a servi d'ex-voto, il convient de signaler un *bracelet* composé de dix-neuf chaînettes dont les bouts s'attachent à deux étroites bandes de métal qui, réunies par une aiguillette, servent de fermoir à l'ensemble. Ces bandes portent un ornement chevronné tracé à la pointe. Un pareil bijou occupe sur le bras une place considérable. Cette manière de faire empiéter la parure sur la forme et de la substituer en quelque sorte à l'homme lui-même, cette préoccupation excessive du luxe et des signes extérieurs de la puissance et de la richesse est particulière à l'Asie. Les idoles et les héros des Indous portent souvent des *bracelets* de dimensions encore plus considérables : ils recouvrent l'avant-bras presque tout entier ; ils semblent composés de cercles superposés et réunis, et sont garnis en haut et en bas d'un rang de perles. Leur apparence est celle d'armes défensives. Ils constituent plutôt des brassards que des *bracelets*.

Il est à remarquer que c'est en employant les formes les plus logiques et les plus simples, en observant les proportions, en perfectionnant la main-d'œuvre et en tournant en ornement ce qui est nécessaire à la constitution même des objets, que les peuples vraiment doués pour les arts ont produit les œuvres les plus belles. Aussi ne trouvons-nous en Grèce aucune de ces recherches que nous avons rencontrées chez des nations plus anciennement civilisées à la vérité, mais dont les Hellènes considéraient le luxe comme indigne d'un peuple libre. L'usage où étaient les hommes d'Asie de se parer de *bracelets*, les Grecs se l'étaient interdit.

Ces bijoux étaient réservés aux femmes. Dans le langage, on distinguait par des noms significatifs ceux qui se portaient au bras droit, au bras gauche ou au poignet. Mais pour tous la forme était des plus simples. C'était le plus ordinairement celle d'un anneau fermé, d'un anneau ouvert ou d'un fil de métal tournant plusieurs fois sur lui-même en spirale. Cette dernière donnée qui, comme nous l'avons dit, répond au besoin de faire mieux adhérer le *bracelet* au bras en le pressant, cette donnée fit naître la pensée de donner aux *bracelets* la forme d'un serpent. La statue d'Ariane endormie au Musée du Vatican offre un bel exemple de ce genre de bijou et de la manière dont on le plaçait autour du bras. En examinant quelques-unes des figures de Phidias qui sont au Musée britannique, on remarque qu'elles ont au bras des trous qui indiquent qu'on les avait ornées de *bracelets* rapportés. A titre de curiosité, on peut citer des *bracelets* de poignet auxquels étaient suspendues de petites clochettes destinées à tinter et à s'entre-choquer. Mais ces fantaisies dénotent la décadence et obtinrent plus particulièrement la faveur des dames romaines. La mesure, un certain sérieux dans le caprice, l'amour des formes simples et un sentiment profond de la dignité de la personne humaine ont guidé les Grecs jusque dans la fabrication des accessoires les plus frivoles : ils ont atteint même à la richesse en s'interdisant cependant de jamais faire rien de trop.

Quant au goût asiatique, nous le trouvons natu-

rellement représenté chez les Étrusques. De leurs
mains sont sortis, par exemple, des *bracelets* composés de plusieurs petites bandes de métal à jour,
aboutissant à deux bandes transversales plus larges
qui contiennent le fermoir ; ils ont exécuté des
bracelets composés d'une série de caissons carrés
juxtaposés et s'articulant à l'aide de charnières.
Tous ces panneaux (il y en a neuf dans l'exemple
que nous avons sous les yeux au Musée du Louvre, toutes ces pièces, disons-nous, ont chacune
leur décoration dont le principe pour les unes est
une rosace et pour les autres de petites boules diversement rangées ; les encadrements, comme tout
l'ensemble de ces bijoux, sont exécutés en filigrane
à jour et avec une exquise perfection. En même
temps l'influence grecque peut être constatée dans
l'art des bijoutiers étrusques. Ils ont employé avec
succès la forme élémentaire du *bracelet* fermé en
le faisant, soit avec une tige de métal ronde qu'ils
décoraient de bandes transversales finement tracées
à la pointe, soit avec une baguette aussi de métal,
celle-ci demi-ronde et ayant la face plane tournée
en dedans. Il nous est aussi venu d'eux des *bracelets* ouverts dont les extrémités sont terminées par
des têtes de serpent ou de lion affrontées; ils n'ont
pas manqué non plus d'employer la forme du serpent enroulé. De tous ces modèles, des exemples
qui peuvent aussi bien être attribués aux Grecs
qu'aux Étrusques se voient dans la collection de
bijoux de notre musée qui provient du marquis
Campana. C'est avec plus d'apparence que de

réalité que les mœurs de l'Orient semblent revivre en Étrurie dans l'habitude où étaient les hommes de porter des *bracelets*. Une statue en terre cuite, et qui nous vient aussi de la galerie Campana, représente un homme couché sur son tombeau et qui a les deux biceps ornés à leur milieu de *bracelets* consistant en plusieurs chaînettes réunies en forme de tresse, auxquelles de petites bulles se trouvent suspendues. Au demeurant, cet usage était particulier non seulement aux Étrusques, mais aussi aux nations sabelliques qui habitaient la partie de l'Apennin située au midi de l'Étrurie. L'histoire de Tarpeïa est suffisamment connue, et il est constant que les *bracelets* qu'elle avait convoités étaient chez les Sabins une parure militaire. A Rome, on décernait ce genre de décoration aux soldats qui s'étaient signalés. Plusieurs stèles funéraires du Musée de Mayence nous montrent les officiers auxquels elles sont consacrées portant à chaque poignet un *bracelet* plat, haut d'environ 6 centimètres et ayant pour tout ornement trois ou quatre côtes circulaires et parallèles, qu'on dirait exécutées au repoussé. Le plus remarquable de ces monuments est celui d'un personnage nommé Cœlius; car, indépendamment des *bracelets* ordinaires, il en porte deux autres suspendus au col, de telle sorte qu'ils retombent de chaque côté sur le haut de la poitrine. Ces bijoux sont ronds et semblent remarquablement épais et pesants; le travail assez grossier de la sculpture indique qu'ils étaient ornés d'un travail de ciselure qui imite le feuillage.

Les Gaulois se paraient de *bracelets* qu'ils plaçaient généralement à l'avant-bras, entre le poignet et le coude. Quand ces bijoux étaient d'or, ils consistaient en deux fils de métal tordus l'un sur l'autre comme une corde et qui faisaient ressort. Les *bracelets* de bronze formés d'une tige ronde, ovale ou même carrée, tantôt affectaient une disposition en spirale, tantôt étaient de simples anneaux fermés ou ouverts, et parfois devenaient de véritables brassards cylindriques atteignant jusqu'à 12 centimètres de hauteur. Quand les anneaux étaient simples, ils étaient souvent réunis sur le même membre en nombre considérable. L'antiquaire lyonnais Comarmond rapporte que près de Saint-Jean-de-Maurienne on a découvert un squelette qui en portait au même bras jusqu'à 99. Il y a apparence qu'ils étaient cousus sur une manche d'étoffe et formaient une arme défensive. Les bijoux gaulois de cette catégorie étaient ornés de traits transversaux ; leur surface était divisée en compartiments par des lignes parallèles et disposées en losanges et en chevrons.

Le Musée de Lyon possède plusieurs exemples de *bracelets* gallo-romains. Quelques-uns sont faits de lames plates ou ondulées et portent des plaques dans lesquelles on a gravé une tête ou enchâssé une pièce de monnaie : d'autres consistent en une torsade ressemblant à une corde avec un nœud, le tout simplement figuré ; enfin il en est de certains qui constituent un véritable nœud-coulant. Toutes ces formes appartiennent à des bijoux d'or. Les *bracelets* d'argent, ceux du moins qui ont le plus de caractère, sont de grands anneaux ouverts, plats, s'élargissant tout à coup vers leur extrémité.

L'usage des *bracelets* était encore si général au troisième siècle, qu'il ne faut pas beaucoup s'étonner d'en trouver des traces jusque dans les peintures des Catacombes : nous citerons entre autres une figure d'Orante qui porte à chaque poignet un *bracelet* fermé, qui n'est autre chose qu'un anneau très large et très fort. Il ne semble pas que chez les Byzantins ce genre d'ornement ait joui d'une grande faveur ; on le voit rarement représenté dans les mosaïques. A Ravennes, on distingue cependant la figure d'une princesse qui, par-dessus les manches de sa robe, est parée d'un *bracelet* de métal portant un large médaillon, vraisemblablement enrichi de perles et d'un cabochon.

Il n'est pas nécessaire d'appuyer beaucoup sur la variété que le goût des différents peuples barbares apporta dans ce genre de parure ; par exemple, sur ce qui peut faire distinguer les *bracelets* des premiers Slaves d'avec ceux des Scandinaves, ou de s'étendre sur le luxe qu'y déployèrent les Arabes des villes, en comparaison de la simplicité des Arabes nomades. S'il était nécessaire d'indiquer un ouvrage qui pût fixer les idées sur ces points accessoires, nous désignerions celui qui porte le titre de *Kotümkonde : Geschichte der Tracht und des Gerathes im Mittelalter*[1].

En terminant notre revue, il est plus intéressant

1. Hermann Weis, pp. 267 et 416.

à tous égards de se rappeler que les Franks, au moment où ils se fixèrent dans le nord de la Gaule, portaient de très simples *bracelets* d'argent ou de bronze; ils étaient ouverts et, à leurs deux extrémités, renflés en forme de bouton. Parmi ceux que l'on a découverts dans les tombeaux, quelques-uns sont composés de perles de verre ou de terre cuite (ils ont appartenu à des femmes ou à des enfants); il y en a enfin qui sont en verre noir et d'une seule pièce : ces derniers semblent encore avoir été en usage jusque dans le milieu des temps mérovingiens. A partir de cette époque, il est curieux de constater que dans notre pays ce genre de parure si cher aux Gaulois, si communément en usage parmi les Gallo-Romains et qui ne semble pas avoir été dédaigné des Franks, disparaît tout à coup. A ce moment, à la vérité, le contact des races modifie profondément le costume et le luxe. L'usage des manches longues particulièrement adopté par les femmes fait perdre au *bracelet* toute son importance. Peut-être y eut-il, de la désuétude dans laquelle on le voit tomber, quelque raison tenant aux croyances et qui nous échappe. Quoi qu'il en soit, on s'accorde à dire qu'en France la mode commence à en revenir du temps de Charles VII. Nous pensons qu'il ne reste de cette époque aucun exemple que l'on puisse citer.

Il ne paraît pas que chez les nations voisines les *bracelets* aient été, comme chez nous, oubliés pendant le moyen âge. On rencontre quelques-uns de ces bijoux dans un ouvrage magnifique publié à

Vienne et qui reproduit les insignes du Saint-Empire romain et ceux des royautés de Bohême, de Hongrie et de Lombardie. C'est d'abord dans le trésor de Hongrie que l'on voit deux grands et hauts *bracelets* ayant la forme de cônes tronqués ou de manchettes. Ils sont byzantins par le goût, sinon par le travail, et appartiennent à la seconde moitié du douzième siècle. Mais non seulement leur fabrication remonte à cette époque, mais des poésies du temps nous apprennent que ce genre de parure était alors en usage dans le pays. La surface de ces bijoux est lisse, et elle est ornée de figures gravées au trait.

Parmi les insignes de la royauté de Bohême, nous trouvons encore un *bracelet*, cité comme ayant appartenu à la reine Marie Ire. Il a la forme dite carcan; il est exécuté au repoussé et présente des bossettes ornées de perles et de pierreries. Enfin, un autre *bracelet* de même forme, mais celui-ci découpé à jour et dont la découpure offre une suite d'entrelacs, est figuré dans le recueil intitulé *les Antiquittés de la Russie*. Mais il faut observer que la forme de ces derniers remonte aux anciens. Le cabinet des médailles de la Bibliothèque nationale de Paris possède un *bracelet* antique ayant cette forme de carcan; il est également ajouré; il a été découvert en France. Nul doute que les deux pièces que nous avons signalées l'une en Bohême et l'autre en France ne soient également des objets antiques.

Mais, ce qui est certain, c'est que, dès le commencement de la Renaissance, les artistes introduisirent les *bracelets* dans les sujets empruntés à la mythologie. Par exemple, Mantegna en donne volontiers plusieurs à ses Vénus, et pour cela il imite les bijoux anciens et surtout les étrusques. Ce sont souvent des cercles placés au milieu du biceps ou plus haut, et auxquels sont suspendues, par des chaînettes, des pierres précieuses qui remplissent absolument l'office de bulles, d'amphores ou d'autres pendants. Sans doute, il n'y a là qu'un travail d'archéologie. En tous cas, le *bracelet*, objet de luxe usuel, est très rare alors et, comme objet d'art, le caractère en est de plus en plus incertain. Pour trouver des accessoires vrais, il est plus sage de les chercher dans les portraits et autres représentations qui offrent le costume du temps. Ainsi nous voyons au bras droit de Jeanne d'Aragon deux *bracelets*. Ils sont au poignet, au-dessous d'une manche longue et bouffante. L'un est fait d'un simple fil d'or, l'autre, plus remarquable, est composé d'un cercle d'or émaillé, autour duquel un ruban de même métal, mais sans ornement, se trouve enroulé. On rencontre fréquemment ailleurs des *bracelets* consistant en un, deux et trois rangs de perles. Cet ornement, que Paul Véronèse donne à de simples figures accessoires dans ses tableaux, le Dominiquin l'attribue à sa sainte Cécile, tandis que Philippe de Champagne le met au bras de Marie de Médicis, et Carle Vanloo le fait porter à Marie Leczinska. Les reines ne sont pas toutes aussi modestes dans leur pa-

rure : aux poignets d'Élisabeth d'Angleterre et de
Jeanne d'Albret brillent des *bracelets* composés de
pierres précieuses que la taille fait reconnaître pour
des émeraudes et des saphirs ; ces gemmes sont
montées en médaillons, lesquels sont reliés par une
ou deux grosses perles fines : forme lourde, luxe massif et un peu grossier. Henriette de France, femme
de Charles Ier, dans un portrait de Van-Dik, porte
un *bracelet* analogue au bras gauche, mais elle a
le poignet droit entouré d'un ruban auquel un
anneau est suspendu. En effet, l'usage du *bracelet*
fait d'un velours, d'un ruban, d'une tresse de cheveux fut d'un usage très répandu : des médaillons
ornés de pierreries ou de miniatures leur servent
de fermoirs. Ce fut particulièrement la mode au
siècle dernier. Le nôtre a imité abondamment les
formes de tous les temps, plus préoccupé encore de
varier incessamment ses productions en ce genre
que de reproduire sérieusement les plus beaux
modèles des temps passés.

LES BAGUES

La *bague* est un anneau qui se porte au doigt ; elle peut n'être qu'un simple cercle, mais elle présente ordinairement en dehors une sorte de cadre nommé chaton. Tantôt le chaton est plein et forme une tablette de même matière que l'anneau et tantôt il offre une cavité destinée à contenir une pierre précieuse ou tout autre objet serti entre ses bords.

Les *bagues* sont d'un usage universel et appartiennent à tous les temps ; elles méritent d'être étudiées au point de vue de l'histoire de l'art et du costume. A une époque reculée, elles servaient déjà de cachet, de gage dans les contrats, et encore de marque distinctive aux chefs des États. Aussi chaque bague portait-elle gravé en creux un signe qui était propre à son possesseur. Ce fut d'abord quelque forme dépourvue d'un sens précis ; puis quelque figure ou quelque inscription qui était un moyen de reconnaissance, dont l'empreinte mise sur la cire ou l'argile équivalait à une signature, et qui, lorsqu'elle était apposée sur les portes des magasins et des trésors, sur le couvercle des coffres ou le goulot des vases, y faisait l'office de scellés. Ainsi, très anciennement l'art du graveur dut se trouver uni à celui de l'orfèvre dans l'exécution des anneaux-cachets ; mais ne l'oublions pas, c'est la gravure qui leur donnait leur signification usuelle et qui faisait en même temps leur véritable valeur en les rattachant à la plastique.

Maintenant si l'on considère les *bagues* comme intimement liées aux personnes et comme garantes de la bonne foi et de la propriété, on comprend qu'on y ait tracé des sujets propres à les faire regarder comme des amulettes ; on conçoit également que, tout en étant des objets de nécessité, grâce à l'intervention de l'art et à raison du rang de ceux qui les portaient, elles aient été en même temps une parure et un pur ornement.

C'est dans ces conditions diverses que les *bagues* furent usitées dans l'antique Égypte, et tout concourut chez elle à en faire une branche importante de l'art. En effet, outre que de tels signes de convention convenaient à sa civilisation plus qu'à toute autre, les cartouches introduits dans son écriture hiéroglyphique et la foule des figures et des symboles enfantés par sa religion s'adaptaient naturellement aux cachets, tandis que le génie qui poussait la race égyptienne à graver et à entailler à l'infini portait dans leur exécution une incomparable perfection.

Le Musée du Louvre possède une collection riche et variée de *bagues* égyptiennes, les unes d'or, d'argent et de bronze, les autres de cornaline, d'ivoire et d'émail. Parmi les premières, la plupart ont le cachet tournant ; ce cachet est ordinairement

formé par un scarabée de pierre précieuse ou de
terre émaillée dont le plan inférieur est gravé ;
mais quelquefois c'est un parallélipipède allongé
de pierre dure ou du même métal que l'anneau, et
qui porte en creux sur ses grandes faces des cartouches ou des figures de divinités. En même temps
les Égyptiens faisaient des *bagues* entièrement de
cornaline et de basalte, larges et épaisses comme
nos chevalières, et des *bagues* de métal à chatons
creux dans lesquels ils enchâssaient des gemmes
en forme d'œil, des pierres et des pâtes ou émaux
cloisonnés. L'une de celles-ci offre ce détail curieux qu'au centre des émaux s'élèvent deux petits
animaux en ronde-bosse finement ciselés. Enfin
viennent les *bagues* d'émail vert, bleu, violet et
noir. Elles étaient sans doute les plus communes,
mais il y en a cependant quelques-unes qui, composées d'hiéroglyphes, sont travaillées à jour avec délicatesse, et d'autres très grandes, décorées de bustes en saillie et dépourvues de cachet, qui semblent
avoir été des objets de dévotion et qui sont pour
nous de véritables œuvres d'art. Toutes les formes
de *bagues* imaginées par les Égyptiens, et dont
nous n'indiquons que les plus caractéristiques, ont
été imitées par les anciens et par les modernes. Les
bijoux originaux se distinguent par un style sévère
uni à un vif sentiment de l'utile. Le travail en est
digne d'admiration, et par leur antiquité et leur
richesse certains larges anneaux d'or nous font
souvenir de ce récit de la Bible dans lequel un Pha-
raon met sa *bague* aux mains de Joseph, comme

la marque visible de l'autorité dont il l'investit.

De leur côté, les Hébreux se servaient de *bagues* dès le temps des patriarches; et les Arabes appliquent encore aujourd'hui l'empreinte de leurs cachets au bas de tous les actes écrits. Les Phéniciens et les Syriens y gravaient les figures monstrueuses fournies par leur religion, hommes à tête de lièvre ou à corps de poisson, dont l'exécution resta toujours assez grossière. Des *ex-voto* trouvés à Chypre montrent que dans ce pays on portait des anneaux à tous les doigts; ils sont ou demi-ronds et doubles, ou plats et divisés alors par des stries longitudinales de nombre indéterminé. L'histoire du roi Nabuchodonosor, rapportée au Livre de Daniel, et la fable de Gygès nous apprennent que les *bagues* étaient en usage en Assyrie et en Asie Mineure. Les Perses en avaient de particulières qu'ils mettaient quand ils tiraient de l'arc. Enfin, dans l'extrême Orient, l'Inde, dans son immobilité et sa mollesse, nous offre cette particularité expressive d'anneaux destinés à l'ornement des pieds.

Les Grecs n'ont pas manqué d'assigner aux *bagues* une origine nationale et fabuleuse; cependant dans l'Iliade et l'Odyssée il n'en est pas fait une seule fois mention. Ce fut probablement plus tard que l'on imagina de les faire remonter à Prométhée, condamné, en souvenir du supplice dont Hercule l'avait délivré, à porter un anneau de fer dans lequel était serti un fragment de rocher du Caucase. Des anneaux que le commerce de l'Égypte et de l'Asie Mineure devait apporter jusqu'en Grèce y existaient sans doute au début des temps historiques; mais c'est seulement vers l'an 540 avant notre ère que nous trouvons des artistes grecs occupés à graver des cachets pour les *bagues*. Sur le côté plat des scarabées imités des Égyptiens ils exécutaient en intaille des figures empreintes de toute la sévérité archaïque. Encore cette application de l'art n'était-elle pas générale : Pline conteste en effet que la pierre du célèbre anneau de Polycrate ait été travaillée. Les lois égalitaires et rigides des Lacédémoniens ne leur permettaient que des *bagues* de fer. Mais chez les Athéniens, où l'art se développait sous l'empire de mœurs moins sévères, une loi de Solon dut interdire aux graveurs la reproduction de sujets déjà vendus à des particuliers. Il fallut les varier, et par suite on y ajouta des lettres et les noms entiers des possesseurs. Une inscription relevée dans l'Acropole d'Athènes et qui date du siècle de Périclès nous apprend qu'il y avait des *bagues* votives consacrées aux divinités. Plus tard, on fit graver sa propre image sur son cachet ; telle était la bague d'Alexandre le Grand, chef-d'œuvre de Pyrgotèle, artiste entre les mains de qui l'art de la glyptique atteignit son apogée : on y voyait le portrait du conquérant. Le besoin qu'avaient les Grecs d'imprimer à tout un caractère idéal, non moins que la liberté dont ils jouissaient, leur avait fait porter bien haut l'art d'exécuter les anneaux-cachets. Cependant, on le voit, cet art s'exerçait encore dans un but d'utilité. Si beau que fût un anneau, il était avant tout comme le représentant de l'homme et l'expression de sa volonté. La mort de Démosthène nous montre même que l'on s'en servait pour y cacher du poison. Mais après Alexandre, et notamment sous les Séleucides, le luxe s'étant encore développé, on commença à monter en *bagues* les camées qui ne pouvaient servir de cachets.

Telle fut, dans ses différentes phases, l'histoire des *bagues* chez les Grecs. Quant aux formes qu'elles affectent, elles sont en général simples et solides. Le cercle est composé de deux surfaces, une intérieure qui est plate, l'autre extérieure qui est convexe. Toute aspérité est bannie de la monture dont le travail est presque toujours parfaitement lisse. Les chatons de métal, ronds ou ovales, présentaient quelquefois la figure d'un œil Les pierres gravées, améthystes, cornalines, jaspes, onyx, etc., étaient planes ou convexes à la partie gravée, et offraient dans la sertissure la forme d'un cylindre ou d'un hexaèdre. Elles étaient, selon leur beauté, montées à jour, avec un fond et une doublure, et, dans les classes pauvres, on les remplaçait par des pâtes de verre. D'un autre côté, on admire l'élégance que les Grecs ont portée dans l'exécution de *bagues* où, à l'exemple des Égyptiens, ils empruntaient à la nature la forme d'un serpent enroulé. Nous compléterons ce que nous avons à dire sur la forme des *bagues* en parlant des Romains. Mais, avant tout, arrêtons-nous aux Étrusques, dont ils ont d'abord ressenti l'influence.

Les Étrusques copièrent les Égyptiens en fabricant des scarabées et prirent des Phéniciens le goût des figures monstrueuses. D'autre part, tout en composant des sujets originaux, ils imitèrent le style archaïque des Grecs dans des intailles bien connues, parmi lesquelles on peut citer Hercule ouvrant le tonneau de Pholus, et Pélée exprimant l'eau de ses cheveux. Mais ce qui leur appartient en propre, ce sont des *bagues* d'or qui portent un chaton en forme de cartouche allongé et qui sont décorées d'animaux réels ou fantastiques gravés profondément ; ce sont des anneaux plats, ornés de dessins au *graffito*, et ceux également merveilleux dans lesquels des travaux en filigrane se trouvent alliés à des parties estampées, selon le goût qui leur était particulier. Cependant, dans ces productions remarquables, l'orfèvre semble l'emporter sur le graveur, et, si l'on en excepte les êtres fantastiques, la main-d'œuvre est encore supérieure au dessin qui, dans la figure humaine, est lourd et tourmenté. Les figures placées sur les tombeaux nous apprennent que les Étrusques avaient la passion de couvrir leur corps des plus riches ornements. Par eux les bagues sont portées à la main gauche. Généralement, chez les hommes, elles sont en évidence au petit doigt et chez les femmes au quatrième. Mais on en voit souvent aux autres doigts et quelquefois à toutes les phalanges.

A Rome, plus que partout ailleurs, l'usage des *bagues* est intimement lié à la politique et à la famille. Pline l'Ancien [1], qu'il faut consulter sur ce

---

1. *Histoire naturelle*, liv. XXXIII, ch. 4 et suiv., liv. XXXVII, ch. 1.

sujet, parle des anneaux que l'on voyait aux statues
des rois Numa et Servius Tullius qui étaient conservées au Capitole. Au commencement de la République, quand l'influence étrusque eut cessé, les
Romains ne connurent plus que les *bagues* de fer :
elles restèrent toujours consacrées aux fiançailles :
hommes et femmes portaient alors leurs anneaux
au quatrième doigt de la main gauche, qui, de cet
usage, prit en latin le nom d'*annularius*, dont nous
avons fait annulaire. Quant aux *bagues* d'or, on ne
les donnait d'abord qu'aux ambassadeurs pendant
le temps de leur mission. Elles devinrent dans la
suite la marque distinctive des patriciens et des
chevaliers ; et l'on sait qu'après une de ses victoires
Annibal envoya à Carthage trois boisseaux pleins
de ces anneaux d'or recueillis sur le champ de bataille. Ils avaient en effet une grande importance,
car, dans certains troubles civils, on vit la noblesse
les déposer en signe de protestation. Le groupe de
deux époux romains, sculptés en demi-figures
au Vatican, peut servir à constater comment on
portait les *bagues* vers la fin de la République.
L'homme a un anneau au petit doigt de la main
gauche, et la femme en a deux, l'un à l'index et l'autre à l'annulaire de la même main. La signification
de ces accessoires est plutôt politique et domestique que somptuaire. L'art sans doute y avait peu
de part et ils ne devaient pas représenter une
grande valeur : les censeurs ne l'eussent point toléré. Scipion l'Africain fut le premier à porter une
bague de prix. On parle aussi du cachet de Sylla,

qui représentait Jugurtha livré aux Romains, et de celui de Pompée, où l'on voyait trois trophées, par allusion à ses trois triomphes.

A partir de ce moment, l'art grec dominait sur le monde dont les dépouilles remplissaient l'Italie. Le luxe des *bagues* dépassa toute imagination. Les nobles, les élégants, les affranchis, les joueurs de flûte en surchargeaient leurs doigts, en mettaient aux deux mains ; et le commerce qu'on en faisait devint l'objet d'une sorte de foire annuelle nommée la Fête des cachets. Alors, sous le nom ds Dacty-liothèque, on vit se former, comme chez les Grecs asiatiques, des collections de *bagues* privées et publiques. Parmi les premières, on cite celles de Scaurus, d'Auguste et de Mécène, Parmi les secon-des, celle que Pompée consacra au Capitole, et celles, au nombre de six, que César plaça dans le temple de Vénus Genitrix. Quelques recueils de ba-gues antiques, notamment celui publié en 1620 par Gorlæus, peuvent donner une idée de la richesse que présentaient ces petits musées et de la variété des œuvres qui les composaient. Des portraits de princes et de particuliers, des monnaies rares, des sujets héroïques, bachiques et familiers, diversi-fiés à l'infini, décorent ces anneaux. Quelques-uns portent jusqu'à trois pierres enchâssées; d'autres ont une petite clef fixée au chaton.

En résumé, au commencement de l'Empire, l'an-neau de fer n'était plus porté que par les esclaves et les *bagues*, après avoir servi à distinguer les dif-férentes classes des citoyens, n'étaient plus qu'un ornement. Puis, sous les Antonins, les religions orientales envahissent le polythéisme gréco-romain ; les *bagues* alors deviennent des amulettes chargées de figures et d'inscriptions empruntées aux cultes égyptiens et mithriaques, et, parmi les abraxas, on commence à voir paraître les symboles des premiers chrétiens.

Les *bagues* chrétiennes forment dans les collections une série précieuse. Le cabinet des Médailles de la Bibliothèque impériale en possède plusieurs. On les reconnaît au poisson symbolique et au monogramme du Christ qui y sont gravés, ou encore à la figure du bon Pasteur et à la colombe. L'une d'elles, sur un anneau plat, présente une ancre sculptée en relief à la place du chaton.

Nous savons qu'à l'époque byzantine les *bagues* étaient ornées de cabochons, de perles et d'émaux. En dehors d'anneaux de métal portant cachet, il ne reste à notre connaissance aucun de ces précieux bijoux dont il faut chercher la représentation dans les miniatures et dans les mosaïques. Pendant toute la durée de l'Empire, le privilège de porter l'anneau d'or avait toujours été vivement revendiqué par les esclaves : Justinien accorda à tous indistinctement ce droit envié, faisant disparaître en cela les derniers vestiges des traditions romaines. Mais, au milieu de cette confusion, les *bagues* acquièrent dans la hiérarchie ecclésiastique une véritable importance : elles deviennent la marque distinctive du pouvoir pastoral. En effet, dès les premiers temps de l'Église, le Pape a porté l'anneau du pêcheur, *bague-cachet*, qui représente saint Pierre dans sa barque, et dont l'empreinte a toujours été apposée sur les brefs apostoliques. Ensuite il a conféré l'anneau aux évêques, aux archevêques et aux cardinaux. L'usage en est resté, et ce sont encore aujourd'hui des *bagues* d'or ornées d'une large améthyste qui, chez eux, sont traditionnellement placées à l'annulaire de la main droite.

Avant et pendant la domination romaine, les Gaulois portaient au doigt du milieu de la main gauche, suivant Pline, des *bagues* d'or à torsions multiples ou à filets guillochés, et des *bagues* de bronze ornées d'émaux rouges, bleus et blancs dont ils possédaient le secret. Grands amateurs d'orfèvrerie, les Barbares, qui ruinèrent l'Empire, imitèrent, avec un sentiment pesant et une exécution grossière, les modèles que les anciens leur avaient laissés. Les styles divers des Étrusques, des Grecs, des Romains et des Byzantins se mêlent dans leurs mains à celui que les Gaulois avaient porté dans l'exécution de leurs bijoux. Il est facile de s'en convaincre en examinant, au Cabinet des Médailles de la Bibliothèque nationale, les anneaux mérovingiens inscrits entre les n° 2638 et 2641. Dans le nombre remarquons d'abord au n° 2639 une *bague* d'or qui porte une pièce de même métal à l'effigie de l'un des rois du nom de Clotaire, *bague* qui lui a sans doute appartenu. Cet usage des rois de la première race de cacheter avec un sol d'or semble attesté par la *bague* trouvée dans le tombeau du roi Childéric, et qui porte aussi une monnaie à son image. Arrêtons-nous encore au n° 2641, qui, bien que composé sur une donnée antique, a cependant un caractère particulier. C'est un anneau de mariage formé de deux chatons ovales réunis ; sur chacun d'eux on lit le nom de l'un des époux.

A une époque postérieure, sous l'influence de la rénovation tentée par Charlemagne, nos ancêtres paraissent s'être contentés davantage de porter des *bagues* antiques telles qu'elles étaient arrivées jusqu'à eux, et, comme leurs devanciers, ils s'en servaient comme de cachets. On peut le constater sur les chartes octroyées par plusieurs princes de la race carolingienne, qui sont scellées avec l'empreinte de belles pierres antiques. Cependant, on le voit, dans l'ordre civil et à tous les points de vue, l'importance des *bagues* diminue. Non seulement elles ne sont plus gravées à l'effigie du prince qui les emploie, mais elles cessent d'être une marque de distinction : le droit de ceindre l'épée caractérise seul le noble et le chevalier. D'ailleurs, l'usage des sceaux prend un grand developpement. Les rois, les seigneurs laïques ou ecclésiastiques, plus tard les communes et les corporations, les emploient dans des conditions qui excluent les anneaux-cachets, tandis que l'institution d'officiers publics chargés de dresser les contrats et de leur donner un caractère authentique amoindrit l'importance de ces anneaux chez les particuliers. Si nous ajoutons à ces raisons que l'art de graver les pierres fines s'est, dès le cinquième siècle, perdu en Occident, nous comprendrons que les *bagues* portant des intailles antiques soient à l'état d'exception. Elles n'existent plus que dans les trésors des rois, dans ceux des églises et des couvents.

Toutes les formes de *bagues* antiques se retrouvent au moyen âge, mais alourdies par l'imitation. Tantôt le corps de la monture est plat et comme tranchant sur les bords; tantôt les formes sont épaisses: le cercle est chargé d'ornements, ou bien la partie extérieure de ce cercle, qui est demi-convexe dans l'antique, se trouve décomposée en plans qui se joignent à vive arête. Les chatons sont saillants en général, et les pierres, souvent en forme de cabochon, font saillie sur le chaton. On trouve également des anneaux larges et plats; mais c'est un reste du goût que les barbares avaient pour cette forme appliquée par eux aux couronnes des princes comme le démontre le trésor de Guarrazar. On voit quelques spécimens de la bijouterie de ces temps au Musée de Cluny. Le métal en est fondu ou travaillé au marteau. Au treizième siècle, on a des exemples de *bagues* à chaton ovale, où se trouvent serties d'une manière assez rude des pierres véritables ou factices. Au quatorzième siècle, les formes sont plus pesantes, le style plus chargé; les chatons sont hauts, carrés et moulurés. Les parties de l'anneau laissées lisses autrefois se montrent ornées d'enroulements épais. A la fin de ce siècle et au commencement du suivant, l'art de graver, qui avait donné aux *bagues* toute leur importance, renaît en Italie, et on voit des artistes du premier ordre s'adonner à monter les gemmes antiques et modernes. Ghiberti, l'auteur des portes du Baptistère de Florence, nous décrit avec complaisance, dans son *Histoire de l'art*, la manière dont il enchâssa pour Jean de Médicis, père de Côme et de Laurent, une belle cornaline de travail grec, selon lui, et qui représentait Apollon ordonnant le supplice de Marsyas (1421-1429). Ce cachet était serti entre les ailes d'un dragon dont le corps enroulé formait un anneau : composition animée qui fait pressentir la Renaissance.

Au seizième siècle, la production se divise en deux branches : d'une part, on imite à s'y méprendre les pierres antiques ; de l'autre, ont crée librement des œuvres originales. Benvenuto Cellini (1500-1570) attache autant d'importance à monter une *bague* qu'à exécuter n'importe quel ouvrage d'orfèvrerie et de sculpture. Il s'est étendu, dans ses mémoires, sur cette partie de ses travaux et sur les procédés qu'il a employés pour la porter à la perfection. Nous engageons ceux qui voudront se faire une idée des merveilles créées par l'école à laquelle il a donné son nom, à consulter le recueil de *bagues* composées gravées au burin par Voeiriot, ou encore à examiner au Louvre, dans la série des bijoux provenant de la Collection Sauvageot, les *bagues* admirables cataloguées depuis le n° 402 jusqu'au n° 423. Le seul point par lequel elles se rapprochent, c'est qu'elles ont presque toutes le chaton élevé jusqu'à présenter quelquefois la forme d'une pyramide tronquée ; que ce chaton est dégagé avec élégance à l'endroit où il pose sur l'anneau ; enfin que les pierres sont généralement dépourvues de gravure. Mais la variété de leurs formes, la richesse de leurs compositions, l'éclat que jettent les métaux, les vives couleurs de l'émail, les feux de pierreries taillées à facettes ne sauraient être décrits ; la brillante fantaisie qui a créé l'ensemble défie l'analyse. L'orfèvrerie s'est donné carrière. Ce n'est plus, comme dans l'antiquité, un art empreint d'un caractère national puissant, tel que celui de l'Égypte, ou rempli à la fois de raison et d'idéal, tel que celui des Grecs. Dans la moindre de ses productions, la Renaissance met son expression tout entière ; avant tout, les artistes veulent faire valoir la richesse des matières qu'ils emploient : ils cherchent encore plus à donner la preuve de leur dextérité et de leur prodigieux talent. L'art devient un jeu entre leurs mains. Dans la monture de ces précieux joyaux, le sens profond de l'antiquité fait défaut, et tous les ornements qui la composent forment autant d'aspérités qui, bien qu'embellies par un travail inimitable, n'en peuvent pas moins blesser les chairs et se prendre aux vêtements.

Dans la voie où cet art s'avançait affranchi de logique, il ne semblait pas qu'il pût progresser. On convient cependant qu'en France, sous Louis XIV, le montage des pierres précieuses atteignit la plus haute perfection. Nous le constatons à la gloire de notre pays. Parmi les honneurs portés aux sacres des souverains français, on voyait figurer un anneau sans que l'on puisse dire quelle était sa signification précise. En effet, en dehors de l'Église, les *bagues* n'ont plus de sens que dans le mariage. Dans ce contrat elles n'ont jamais cessé, depuis l'antiquité, d'être le gage de la foi conjugale. Comme les anneaux de fer des fiançailles romaines, ces bagues, connues chez nous sous le nom d'alliances, sont restées d'une très grande simplicité.

BARBARE

Les Grecs nommaient indistinctement *barbares* tous ceux qui ne parlaient pas leur langue : cette appellation, après avoir simplement désigné les peuples de race non hellénique, était déjà très anciennement un terme de répugnance et de mépris [1]. Fidèle interprète du langage, l'art a mis rigoureusement en évidence et rendu très frappant ce trait d'orgueil national. Les *barbares*, par la main des peintres et des sculpteurs, sont tous, sans acception de pays, figurés d'une manière à peu près identique. La beauté du visage ne leur est pas toujours refusée. Cependant le type qui leur est généralement donné se rapproche de celui des silènes ou des satyres, divinités rustiques, personnifications d'une vie semi-animale dont l'origine était étrangère à la Grèce : les traits sont courts, ramassés, et rendus souvent repoussants par une expression brutale et sinistre. Quant au costume il se compose invariablement d'une tunique à grandes manches qui descend jusqu'aux genoux, de pantalons larges ou collants qui s'arrêtent à la cheville, de

1. Grote, *Histoire de la Grèce*, IIe partie : *Grèce historique*, c 1.

chlamydes ou manteaux longs, carrés et garnis de
franges à l'entour. A la forme de ces vêtements,
aux ornements qui les enrichissent, était attachée
dans l'opinion des Grecs une idée de mollesse et de
servitude. Mais ce qui caractérise surtout les *barbares*, ce qui leur est commun à tous, c'est la coiffure : elle consiste pour les hommes comme pour
les femmes en un bonnet dont le fond est ramené
sur le sommet de la tête et qui offre plus ou moins
de ressemblance avec celui que nous nommons
phrygien. Les casques participent de la même
forme. Des boucliers échancrés, des haches à deux
tranchants, des arcs et des carquois suspendus à
la ceinture sont les armes qui sont communément
attribuées à ces peuples étrangers.

Sans doute les divers éléments qui ont servi à
composer le personnage du *barbare* ont été choisis
avec le profond discernement qui était propre aux
grecs. Ils pouvaient même représenter de la sorte
et avec la vraisemblance d'ajustements recherchée
par les modernes, les Amazones [1], et les Arimas-
pes, les Scythes [2], les habitants de la Colchide [3],
les Phrygiens [4], et d'autres asiatiques [5], très
fréquemment figurés, du reste, sur les monuments
peints et sculptés. Mais on s'étonne, par exemple,
de voir paraître les Égyptiens eux-mêmes sous des

1. Millingen, *Peintures antiques et inédites de vases grecs*,
pl. 37.
2. *Antiquaires du Bosphore Cimmérien*, tome III, pl. 33.
3. Millingen, *Peintures antiques et inédites de vases grecs*, pl. 6 7.
4. Id., *Ibid.*, pl. 42.
5. Id., *Ibid.*, pl. 49.

dehors si contraires à la réalité, comme cela se
remarque dans une peinture de vase publiée par
Millingen et qui représente Busiris châtié par
Hercule [1]. On se croit, avec non moins de raison,
le droit d'être surpris de ce que les Perses, que
les Grecs avaient vus de près cependant, parais=
sent si faiblement caractérisés dans les bas-reliefs
du temple de la Victoire Aptère à Athènes, surtout
si l'on compare ces bas-reliefs à ceux de Persépolis [2]. Il faut descendre en effet jusqu'à une époque et jusqu'à un pays où l'esprit hellénique était
profondément modifié, il faut arriver aux œuvres
d'art découvertes à Herculanum et à Pompéi pour
trouver le souci de ce que nous entendons aujour-
d'hui par la vérité historique. Telle est la grande
mosaïque placée maintenant au musée de Naples
et qui retrace la défaite des Perses à la bataille
d'Arbelles [3]; telles sont encore les peintures
représentant des cérémonies du culte d'Isis [4].

C'est que, de même que l'organisation politique
des villes grecques reposait sur l'isolement de la
cité, il y avait une idée d'arrangement et de beauté
plastique qui excluait en quelque sorte de l'humanité tout ce qui n'était pas de sang hellénique. Le
barbare n'était ainsi qu'un être de raison. Au
cœur de la Grèce et au temps de sa splendeur,

1. Millingen, *Peintures antiques et inédites de vases grecs*, pl. 28.
2. *Voyage en Perse*, par Flandin et Coste, t. III, pl. 122 à 124
135, 152 à 157.
3. Zahn, *Les plus beaux ornements et les tableaux les plus remarquables de Pompéi, etc.*, t. II, cahier x, pl. 91-93.
4. *Le Pitture antiche d'Ercolano*, t. II, p. 315, 321.

tout ce qui concerne l'étranger offre la trace de ce jugement hautain que portait sur le reste du monde une race dédaigneuse de tout ce qui n'était pas elle-même, parce qu'elle eut de bonne heure conscience de son génie : tout dans ses monuments figurés montre le parti pris d'un art qui, après avoir fixé un type conforme au préjugé, se contente d'en faire comprendre l'objet à l'aide d'une invariable convention [1].

Les Romains étaient rangés par les Grecs au nombre des *barbares* et au temps de Caton l'Ancien ils ne repoussaient point cette qualification. Était-ce déférence pour le Génie de la Grèce ou déférence de ses séductions? nous n'avons point à le rechercher. Ce qui est certain, c'est qu'ils donnèrent à leur tour le nom de *barbares* à tous les peuples qui ne leur étaient pas soumis et qui se pressaient aux frontières de leur empire; et ils finirent par l'appliquer spécialement à ceux qu'ils eurent le plus souvent à combattre, c'est-à-dire aux diverses nations d'origine asiatique qui, échelonnées depuis l'Asie occidentale jusqu'à l'océan Atlantique et se poussant sans cesse l'une l'autre, débordaient par hordes immenses sur l'ancien monde civilisé.

Cette dénomination, qui chez les Romains était toute politique, a pris chez les modernes une valeur et un intérêt historiques. Quand nous parlons des

---

1. Ce qui prouve que cette convention était purement plastique, c'est que les historiens et les géographes grecs, sans se départir de leurs préjugés nationaux, se sont cependant montrés pleins d'un vrai désir d'apprendre et qu'ils abondent, sur les barbares, en renseignements originaux et vrais.

barbares, nous désignons par là les peuples du Nord non encore civilisés au commencement de l'Empire romain et qui, après avoir substitué leur puissance à la sienne, sont devenus la souche des nations actuelles de l'Europe. A ce point de vue, le sujet qui nous occupe touche à nos antiquités nationales [1].

Les *barbares* sont maintes fois figurés sur les monuments que les Romains ont élevés à la gloire de leurs armées et sur les ouvrages de genres divers qu'ils destinaient à en porter témoignage. Ces représentations avaient leur place marquée sur les arcs de triomphe et sur les colonnes érigées en l'honneur des empereurs victorieux; elles se voient sur les médailles et les monnaies frappées pour fixer la date de grandes pacifications ou d'importantes conquêtes, et enfin sur quelques beaux camées consacrés à l'apothéose des Césars. Aussi bien sur les chefs-d'œuvre de la glyptique que sur les plus modestes pièces de bronze, dans le champ des bas-reliefs qui ornaient les monuments d'architecture comme sur certaines statues qui contribuaient à les décorer, les *barbares* sont reconnaissables à leurs grands manteaux à franges, à leurs amples tuniques et à leurs pantalons. La plupart ont la tête découverte et portent, avec une barbe touffue, des cheveux longs dont une partie vient former une masse sur le front, tandis que le reste flotte depuis les tempes jusque derrière le col; un

1. Amédée Thierry, *Tableau de l'empire romain*, I. VI, en entier.

plus petit nombre est coiffé de bonnets de formes variées. L'entente hardie des bas-reliefs romains se prête à faire valoir les sujets militaires, et l'on peut dire qu'avec leurs fortes saillies et leurs effets vigoureux, ceux qui retracent les combats des légions contre les *barbares* sont pleins d'une sorte de tumulte qui convient bien au sujet. Quant aux statues dont nous venons de parler, on remarque que les marbres de couleur sont souvent affectés à leur exécution. Les prisonniers placés sur les colonnes de l'arc de Constantin, ainsi qu'un autre captif qui est au Vatican, sont d'un marbre violet que les anciens tiraient de Phrygie. A Paris, nous possédons des barbares dont le corps est de porphyre avec la tête et les mains de marbre blanc [1]; tandis que, dans la cour du palais des Conservateurs, à Rome, deux figures du même genre sont sculptées dans de la pierre de touche [2].

L'art romain, comme on le voit, a déployé dans les ouvrages de ce genre toute son originalité et tout son faste. Le talent des artistes leur a donné une valeur considérable; leur importance est grande aussi au point de vue de la vérité historique; mais le besoin d'être aisément compris s'y manifeste par un esprit de généralisation un peu dédaigneux et, en résumé, le caractère qui y domine est le caractère romain. Bien éloignés des Grecs qui, dans tous les étrangers, ne voyaient que des *barbares*, les

___

1. Clarac, *Musée du Louvre*, pl. 330, nos 2160, 2161.
2. Clarac, *Statues antiques de l'Europe*, pl. 852, nos 261 D et 2161 E.

Romains cependant représentaient les *barbares* dans des conditions où ils ne pouvaient voir en eux que des vaincus. Sans doute en donnant des vêtements à peu près semblables à ceux du Nord comme à ceux de l'extrême Orient, ils étaient sincères, puisque ces peuples avaient une commune origine ; mais il est difficile de distinguer au premier coup d'œil le Gaulois du Dace ou du Parthe. D'ailleurs combien ces adversaires, en réalité redoutables, paraissent faibles à côté des légionnaires romains couverts de leur armure ! Réduits à la même taille qu'eux, s'ils combattent, bientôt on les voit en fuite, égorgés par masses ou dans l'attitude des suppliants. Ailleurs, les mains liées sur la poitrine ou derrière le dos, ils baissent tristement la tête ou la tournent avec désespoir vers des trophées qui proclament leur défaite. Cela était vrai et juste à Rome. Mais nous avons le devoir de mieux connaître ces hommes qui furent nos ancêtres et dont l'attitude ne fut pas toujours humiliée. Il y avait des signes de grandeur dans ces races qui portaient déjà au vif les principaux traits de caractère des nations modernes avec leurs destinées. L'histoire nous aidera à les tirer de la pénombre où l'art les tient quelquefois confondus, et nous mettrons, en présence de monuments romains, le témoignage des écrivains et celui non moins respectable des antiquités indigènes arrivées jusqu'à nous. Nous aurons ainsi l'occasion de compléter ce qui a été dit lorsque nous avons parlé du costume, et, en même temps, de marquer, au nom de l'art, les limites dans lesquelles il convient de borner l'étude de cette partie des antiquités.

Gaulois. — Les premiers *barbares* que les Romains eurent à combattre furent les Gaulois, connus successivement sous les noms de Celtes, de Galls, de Belges, de Galates et de Cimbres ou Kimris [1].

Dès que l'histoire commence à parler des Gaulois, elle nous les représente comme des hommes de haute taille, aux membres robustes, au teint blanc, au visage coloré, aux yeux bleus et terribles [2]. Leurs longs cheveux teints en roux flottaient sur leurs épaules ou étaient relevés sur le sommet de la tête : en outre le peuple portait la barbe entière. Quelques figurines de bronze d'un travail gaulois ou gallo-grec très estimable nous donnent d'abord une idée exacte de cette coiffure qui n'était pas sans analogie avec celle de Jupiter, ce qui fait que ces petites statues ont longtemps passé pour des simulacres de ce dieu ; ensuite elles reproduisent la forme et la physionomie de diverses parties du costume national [3]. Plusieurs siècles avant César ce costume se composait déjà d'un pantalon nommé braie, ordinairement de couleur rouge, d'une tunique rayée descendant jusqu'au milieu des cuisses, et de la saie, vêtement de dessus constituant tantôt une seconde tunique à larges manches, et tantôt un manteau ouvert par devant. La saie était d'une étoffe rayée,

---

1. Amédée Thierry, *Histoire des Gaules avant la domination romaine*, t. I. Introduction.

2. Diodore de Sicile, l. V, c. 28.

3. Catalogue général et raisonné des camées et pierres gravées de la Bibliothèque Impériale. Paris, nᵒˢ 2929 et 2930.

quadrillée de petits carreaux de toutes couleurs et s'attachait sur la poitrine avec une agrafe de métal[1]. Comme point de comparaison on peut consulter le célèbre sarcophage dit *della vigna Ammendola* qui représente des Gaulois se défendant contre des Romains. On y retrouvera ces différents vêtements portés ensemble ou séparément, et on verra combien l'art classique les a modifiés en les animant. Indépendamment de ces pièces essentielles du costume, on comptait encore une tunique ouverte entièrement par devant et en partie par derrière, puis une sorte de chlamyde qui tombait jusqu'aux talons, et un manteau généralement court garni d'un capuchon. Quant aux femmes, les cheveux serrés dans une pièce d'étoffe, elles étaient vêtues de longues tuniques sur lesquelles elles portaient une sorte de tablier.

Au-dessus du peuple brillait une aristocratie pleine d'ostentation. Les nobles, les joues rasées, se distinguaient à leurs épaisses moustaches quelquefois saupoudrées de limaille d'or ; leurs saies étaient ornées de disques, de fleurs, de figures variées brodées en or et en argent. Au sein d'une nation qui recherchait les parures de métal, les chefs étaient encore reconnaissables aux plaques d'or qu'ils portaient sur la poitrine, à leurs ceinturons et à leurs bracelets d'or massif. Nous possédons des exemples de ces derniers bijoux au Cabinet des médailles de la Bibliothèque Nationale [2] et au musée

---

1. Diodore de Sicile, l. V, c. 3o.

2. Catalogue général et raisonné des camées et pierres gravées de la Bibliothèque Impériale, par M. Chabouillet, n° 2567.

de Cluny [1]. Ils sont formés en apparence de fils
métalliques roulés en spirale ou tressés ; quelques-
uns sont simples et ornés de filets droits ou guillochés. Les bijoux de bronze sont souvent émaillés
de rouge, de bleu et de blanc d'après des procédés
dont les Gaulois avaient le secret. On en voit qui
sont composés de godrons juxtaposés, ou de glo-
bules aplatis qui portent des émaux au centre desquels se trouvent des plaquettes de métaux plus
précieux. Mais la parure caractéristique du Gaulois,
celle qui le fait reconnaître sur les monuments
romains, c'est un collier en forme de torsade appelé
torque : c'était une marque de distinction et un
signe de l'autorité militaire, la seule que, dans le
principe, les prêtres ne se fussent pas réservée.
Nous donnons en note l'indication des auteurs dans
lesquels on trouvera des renseignements sur la religion dont ils étaient les ministres [2]. Il nous suffira
de dire qu'ils étaient divisés en trois ordres : le
moindre de tous était celui des bardes ou chanteurs ;
au second rang venaient les ovates chargés des sacrifices ; enfin au sommet de la hiérarchie se tenaient
les druides, qui présidaient à la fois à la politique,
à la religion, à l'éducation de la jeunesse et à l'administration de la justice. Le curieux bas-relief
d'Autun, rapporté par Montfaucon, représente deux
druides ; ils sont couronnés de chêne, portent une

1. Catalogue par M. du Sommerard, 2e supplément. nos 3103,
3104 à 3112. Voyez aussi les nos 3344 et suivants, pour les bijoux
de bronze.

2. César, *Guerre des Gaules,* l. VI, c. 13 et 14. Diodore de Sicile, l. V, c. 31. Strabon, l. IV, c. 4, § 4.

tunique longue sur laquelle se drape un grand manteau ouvert par devant; dans les mains de l'un d'eux on remarque un instrument en forme de croissant [1]. Tout ce costume, suivant Pline l'ancien, était d'une blancheur éclatante [2].

Les Gaulois vivaient de leur chasse et du produit de leurs troupeaux. Ils mangeaient assis à terre, les mets étant placés sur des tables basses [3]. Au musée du Louvre, un fragment de bas-relief romain d'une énergique beauté nous montre un Gaulois combattant devant sa demeure; celle-ci est ronde avec un toit en forme de cône. Mais il y avait aussi des maisons carrées : toutes étaient construites en bois et en argile, et couvertes de chaume ou de bardeaux de chêne. César a décrit la flotte des Venètes qui habitaient les côtes de la Basse-Bretagne [4], et il a expliqué le système de fortification employé pour défendre les villes et les lieux de refuge où la population des campagnes se retirait en cas de danger [5]. Mais c'est vers la guerre en rase campagne

1. Montfaucon, *l'Antiquité expliquée*, t. II, 1ᵉ part., page 436.
2. Pline l'Ancien, *Histoire naturelle*, l. XVI, c. 95.
3. *Posidonius dans Athénée*, l. IV.
4. César, *Guerre des Gaules*, l. III, c. 13. Voici comment les vaisseaux de l'ennemi étaient construits et armés. Leur carène était un peu plus plate que celle de nos vaisseaux... les proues étaient très hautes, et les poupes établies de manière à résister à des vagues énormes... la carcasse était en chêne... le pont était fait avec des poutres larges d'un pied, qui étaient fixées avec des clous en fer gros comme le pouce. Les ancres au lieu de câbles avaient des chaînes en fer. Les voiles étaient des peaux tannées et assouplies.
5. César, *Guerre des Gaules*, l. VII, c. 23. Les murs de presque toutes les villes gauloises sont à peu près construits ainsi : des poutres d'une seule pièce, régulièrement séparées par un intervalle de deux pieds, sont placées horizontalement sur le sol; on les relie

et surtout vers la guerre d'invasion que les instincts aventureux de la race gauloise l'entraînaient
incessamment.

Les Celtes, qui primitivement ne connaissaient
que les armes de pierre retrouvées en si grand
nombre aujourd'hui, avaient reçu des marchands
phéniciens ou grecs et bientôt fabriqué par esprit
d'imitation des armes de métal. Mais longtemps,
par point d'honneur, les guerriers de cette race
continuèrent à combattre nus. Ils paraissaient sur
les champs de bataille dépouillés de tous vêtements,
le corps paré de ceinturons, de colliers et de bracelets, et n'ayant que leurs armes offensives (une
épée, une hache, des javelots nommé *gai*) et, pour
se protéger, que de grands boucliers de bois étroits
et généralement de forme ovale. Ces boucliers, peints
de vives couleurs, portaient à leur partie moyenne
des figures de monstres ou des emblêmes en relief.
C'est à cet âge héroïque (qui embrasse le prise de
Rome par un Brenn ou chef de guerre Sénonnais, et
s'étend jusqu'à la soumission de la Galatie[1], 189 ans
avant Jésus-Christ), que peuvent se rapporter par
leur sujet deux ouvrages de sculpture d'un ordre

aussitôt entre elles et on les couvre d'une grande quantité de terre.
Les intervalles dont nous avons parlé sont remplis sur le devant
avec de grosses pierres. Quand la première assise est ainsi disposée
et assujettie, on en établit un seconde par-dessus, en conservant
entre les poutres le même intervalle, de manière qu'elles ne
se touchent pas, et que dans les vides qui les séparent on puisse,
entre chacune d'elles, introduire des pierres et les relier solidement
les unes aux autres. On continue de la sorte tout le travail jusqu'à
ce qu'il ait atteint la hauteur voulue.

1. Tite-Live, l. XXXVIII, c. 21.

très élevé. Nous voulons parler d'abord de la célèbre
statue nommée le Gladiateur mourant [1] qui est au
musée du Capitole et qui est l'image d'un chef
gaulois, comme le démontrent son visage typique,
son collier et la forme de ses armes. Nous signalons en second lieu un beau groupe qui se voit à la
Villa Ludovici, à Rome, et qui a faussement passé
pendant longtemps pour représenter Aria et Pœtus.
Ce qu'il offre à notre étude est encore un Gaulois
nu qui dans une défaite se perce de son épée après
avoir tué sa femme pour la soustraire à l'esclavage [2].
Peut-être sont-ce là des restes ou des copies des
trophées qu'Attale [3], vainqueur des Gallo-Belges,
avait consacrés dans l'Acropole d'Athènes ? Il ne
paraîtra pas inutile, sans doute, de rapprocher de
ces chefs-d'œuvre de l'art grec ou hellénistique,
un monument indigène qui fait aujourd'hui partie
du musée d'Avignon. Cet ouvrage, d'une exécution
très rude, représente, non sans grandeur, un Gaulois presque nu, debout et tenant un bouclier devant lui. Si grossiers que soient les bas-reliefs
d'Entremont [4], il est également curieux de trouver
sur l'un d'eux un cavalier celte, ayant au côté droit
la longue épée qui resta particulière à la cavalerie,
et portant, selon la coutume de sa nation, la tête
d'un ennemi pendue au col de son cheval [5].

Lorsque les Romains voulurent réduire la Gaule

1. Bouillon, *Musée des antiques*, t. II.
2. Clarac, *Musée de l'Europe*, t. V, pl. 82, n° 2072.
3. Pline l'Ancien, *Hist. naturelle*, l. XXXIV, c. 84.
4. Ils sont conservés au musée d'Aix.
5. Tite Live, l. X, c. 24.

cisalpine et la partie de la Gaule proprement dite
qui devait être la Province (232 ans avant Jésus-
Christ), ils trouvèrent que leurs adversaires avaient
non seulement perfectionné leurs armes nationales,
mais encore adopté les armes défensives qu'ils
n'avaient longtemps admises qu'à titre d'ornement.
Ainsi c'est le corps protégé par une cuirasse ou par
une cotte de mailles, invention toute gauloise; c'est
l'épée à double tranchant suspendue à droite par
une chaîne de fer ou de cuivre et les reins serrés par
un ceinturon brodé d'or ou d'argent, enrichi de
corail et portant des poignards; c'est enfin coiffé
d'un casque de métal orné de cornes et surmonté
d'ailes d'oiseaux ou d'un panache haut et touffu,
qu'il faut se figurer les rois gaulois et tout au
moins les officiers, les chefs de bandes libres ou
mercenaires qui couraient le monde. Encore voyait-
on les princes montés sur des chars à deux chevaux
s'avancer suivis de leurs bardes et de leurs clients
et aller à la guerre entourés d'une meute de chiens
dressés au combat [1]. Enfin, nous renvoyons à Plutarque, dans la vie de C. Marius, pour tout ce qui
concerne les costumes des Cimbres ou Kimris : la
brillante description que l'historien grec a faite de
leur cavalerie doit particulièrement intéresser les
artistes [2].

1. Paul Orose, l. V, c. 14.
2. La cavalerie, forte de 15,000 hommes, s'avançait magnifique-
ment ornée : ils portaient des casques qui ressemblaient à des
gueules d'animaux redoutables et à des mufles d'une forme étrange
et relevés par des panaches de plumes, ornement qui ajoutait encore
à leur taille ; ils étaient couverts de cuirasses de fer et de boucliers

L'usage, établi chez les Gaulois, de brûler avec les morts tout ce qui leur avait appartenu [1] a rendu leurs sépultures très pauvres. Mais nous possédons, pour déterminer le caractère général de leurs armes, des exemples originaux qui ont été retrouvés dans la terre et qui, quoique dispersés aujourd'hui, n'en peuvent pas moins être considérés comme formant les éléments d'un musée national. On peut étudier d'abord au Louvre, dans la collection des bronzes, le beau casque recouvert d'une feuille d'or trouvé à Anfreville et un autre casque de bronze surmonté d'une crête de même métal : l'un et l'autre sont sans visière et sans garde-nuque et ont la forme d'une calotte sphérique légèrement surélevée. Une cuirasse complète, conservée au musée d'artillerie, présente la forme carrée qui est particulière aux cuirasses grecques ; elle s'arrête au-dessus des obliques [2]. Une autre cuirasse montre que cette arme descendait quelquefois jusqu'au milieu des hanches : elle présente en conséquence à partir de leur naissance un renflement élégant. Bon nombre d'épées à poignées délicates, dont l'une garde encore son fourreau de métal [3], des poignards à large lame [4], des

d'une blancheur éclatante. Ils tenaient à la main deux javelots pour lancer de loin ; mais dans la mêlée ils se servaient d'épées longues et pesantes (Plutarque, *Vie de Caïus Marius*, trad. A. Pierron).

1. César, *Guerre des Gaules*, l. VI.

2. Catalogue des collections composant le musée d'artillerie, par O. Penguilly-l'Haridon, nᵒ B', 16.

3. Catalogue des collections composant le musée d'artillerie, par O. Penguilly-l'Haridon, nᵒ B', 19.

4. Catalogue des collections composant le musée d'artillerie, par Penguilly-l'Haridon, nᵒ B', 9.

haches, des pointes de lances, de flèches et des javelots complètent l'intéressante collection de types
que possède cet établissement. Toutes ces différentes armes sont de bronze ; elles sont ordinairement
décorées de bossettes ou de demi-globes repoussés
disposés en rond ou en longueur ; de cercles concentriques ou trilobés formés de traits suivis ou
ponctués en creux ou en relief, genre d'ornementation qui appartient en propre aux Gaulois et qui
fait reconnaître les produits de leur industrie. En
raison de leur belle fabrication, ces objets appartiennent souvent à l'art, et leurs formes (comme
le type et le goût des monnaies contemporaines)
trahissent à un haut degré l'influence de la Grèce.

Tels étaient encore les défenseurs de la Gaule
lorsque J. César en entreprit la conquête. Lorsqu'il
l'eut consommée il s'efforça de s'attacher les vaincus.
Il forma une légion gauloise qui prit le nom de légion de l'Alouette, de ce que le casque des soldats
qui la composaient avait pour cimier une alouette
aux ailes étendues ; et il introduisit les principaux
citoyens de la Narbonnaise dans le Sénat, malgré
l'indignation du patriciat romain qui persista longtemps à ne voir en eux que des *demi-barbares*. L'as-
similation complète des Gaulois à l'empire ne fut
réalisée que par l'empereur Claude. Il faut chercher sur l'arc de triomphe de Saint-Remy et sur
celui d'Orange [1] la représentation des Gaulois pendant ces dernières périodes marquées par de nom-

1. Caristie, *Monuments antiques d'Orange*, pl. xvi et suiv.

breuses révoltes. Sur le premier de ces monuments,
les prisonniers portent des cuirasses courtes et carrées entièrement conformes aux deux exemples que
nous avons cités plus haut. Les trophées du second,
d'un caractère mélangé de germain, sont chargés
de boucliers ovales et hexagones qui portent à leur
milieu une partie saillante autour de laquelle se
groupe une riche ornementation de vigne et d'ara-
besques. On y voit encore des enseignes militaires
ayant la figure d'un porc ou d'un sanglier, des proues
de navire, des saies, des braies, des trompettes
recourbées, des traits liés en faisceaux et enfin ces
casques ornés de cornes dont parlent les auteurs
et que l'on aperçoit sur les monnaies d'Ambiorix
et d'autres chefs gaulois. A cette époque la figure
d'animaux sacrés ou d'emblèmes nationaux, tels
que le sanglier, le coq et le cheval, remplacent sur
les monnaies les types que l'époque précédente
empruntait aux statères macédoniens [1].

Bretons. — Nous dirons peu de chose des Bretons
toujours vaincus, toujours restés *barbares* et presque indépendants. Formés en grande partie de

---

1. La race Ibérienne couvrait l'Espagne et, première occupante
de la Gaule, elle continua longtemps à posséder le bassin de la
Garonne. Les Ibériens étaient bruns et de petite taille ; leurs vêtements courts étaient de couleur sombre et fabriqués d'une étoffe
de laine à longs poils. Leurs armes étaient des boucliers ronds ou
ovales, des casques ornés de cimiers couleur de pourpre, et surtout
une épée de fer célèbre dans l'antiquité sous le nom d'épée espagnole. Nous ne nous y arrêtons pas davantage, ne pouvant mentionner aucun monument qui leur appartienne en propre ou qui se rapporte à leur histoire avant l'époque où les Romains parvinrent à se
les assimiler (Voyez Diodore de Sicile, l. V, c. 23, 25 et suiv. —
Strabon, l. III).

différentes migrations gauloises, ils étaient, quand César aborda dans leur île, d'une extrême férocité. Ils allaient presque nus, se peignaient le corps en bleu et portaient encore du temps de Septime-Sévère des colliers et des ceinturons de fer sur la peau [1]. Leurs armes étaient d'abord des haches et des couteaux de silex ; les pointes de leurs flèches et de leurs lances étaient de pierre ou d'os ; ils se servaient de massues et d'épieux de bois durci au feu, et pour toute défense ils portaient des boucliers de bois longs et étroits. Ils avaient de la cavalerie ; mais leur force principale consistait, comme celle des plus anciens Gaulois, dans des chariots de guerre à deux roues. Ceux qui les montaient tantôt mettaient pied à terre et se battaient en fantassins, tantôt combattaient debout sur le timon, venaient se placer sur le joug des chevaux d'où ils se rejetaient dans le char selon les nécessités de la lutte [2]. Parmi ces chars, quelques-uns étaient armés de faux : une médaille de J. César en fournit un exemple. L'empereur Claude obtint le surnom de Britannique pour une expédition de quelques jours qu'il fit en Bretagne, et un arc de triomphe lui fut élevé à cette occasion sur la voie Flaminienne. Différentes médailles en font foi et l'une d'elles très amplifiée est gravée dans l'*Architectura Numismatica* de M. Donaldson [3]. Elle est sincère en ce que les trophées qui surmontent l'arc sont bien formés

---

1. Hérodien, l. III, c. 47.
2. César, *Guerre des Gaules*, l. IV, c. 33.
3. Donaldson, *Architectura Numismatica,* n° 55, p. 217.

des dépouilles d'une nation simple ou pauvre : la
roue d'un char, des épées et des boucliers de forme
oblongue en constituent tout l'ornement. Quant au
monument lui-même, il a disparu : les substructions
en existent encore à Rome sous le pavé de la place
Sciarra-Colonna[1]. Deux bas-reliefs qui le décoraient,
retrouvés à cet endroit, sont placés aujourd'hui
sous le vestibule du Casino de la Villa Borghèse; ils
sont malheureusement extrêmement mutilés.

Germains et Suèves. — Nous arrivons maintenant
à un autre groupe de nations *barbares* avec lequel
les Romains se trouvaient déjà en contact avant la
fin de la République et qu'ils ne purent jamais sou-
mettre : ce groupe est celui des nations teutoniques.
Le caractère physique de leur race témoignait d'une
étroite parenté avec les Gaulois. Cette affinité paraît aussi dans les objets dont les deux peuples
faisaient l'usage, le plus ordinaire au commencement
de l'empire, époque à laquelle ils se trouvèrent
souvent mêlés. Les armes offensives, les parures,
les poteries recueillies en grand nombre et conservées en Allemagne dans plusieurs musées souverains,
parmi lesquels celui de Mayence est d'une haute
importance, ces antiquités qui ont été publiées
par M. Lindenschmit, ne laissent aucun doute à
cet égard[2]. Mais les Teutons différaient des Gaulois par des mœurs simples et sévères auxquelles César[3] et Tacite[4] ont rendu hommage.

1. Nardini, *Roma antica*, VI, 9.
2. Lindenschmit, *Die Alterthumer unserer heidnischen Vorzeit*.
3. J. César, *Guerre des Gaules*, l. VI, c. 21.
4. Tacite, *Mœurs des Germains*.

Les hommes nus, dans l'intérieur de leurs maisons, portaient au dehors des pantalons avec des saies flottantes, et les chefs, des vêtements étroits qui dessinaient les formes du corps ; riches et pauvres se paraient de la fourrure des bêtes fauves ou de la dépouille des animaux marins. Le costume consistait pour les femmes en une robe de lin rehaussée de broderies de pourpre, qui laissait les bras et une partie du sein à découvert.

On distinguait dans l'agglomération teutonique trois peuples différents : les Germains, les Suèves et les Scandinaves.

Les Germains laissaient tomber leurs cheveux sur leurs épaules ; les Suèves les nouaient sur le sommet de la tête comme pour rendre leur stature plus haute et leur aspect plus terrible. A la guerre, les uns et les autres faisaient peu d'usage de casques, de cuirasses et d'épées ; ils se contentaient d'une grande lance et de dards ; mais leur arme nationale était la *framée*, pique de moyenne grandeur dont le fer était court et étroit. La force des Germains résidait dans l'infanterie : leur ordre de bataille était le coin. Ils combattaient par tribus autour de leurs chefs auxquels ils étaient dévoués jusqu'à la mort, sous les yeux de leurs femmes qu'ils entouraient d'un respect déjà chevaleresque et qui les suivaient dans des chariots. Les Suèves constitués en grands corps de nations avaient une cavalerie qui portait la framée et des boucliers ovales et hexagones peints de couleurs choisies.

Quant aux Scandinaves, dont les invasions

devaient, plus tard, causer tant de désastres, ils n'étaient connus d'abord que par la douceur de leurs mœurs. On savait que leurs épées étaient courtes et leurs boucliers ronds. Mais ceux qui devaient être dans l'avenir des pirates audacieux et terribles n'étaient encore que des marins adroits qui manœuvraient à la rame des barques à double proue à travers une mer pleine d'écueils.

On trouve la trace des costumes et des armes des Germains sur différents monuments romains qui datent des premiers temps de l'Empire. Ainsi l'arc de triomphe d'Orange en est décoré [1]. Un beau buste de Claude divinisé, maintenant au musée de Madrid, s'élève sur un monceau de leurs dépouilles [2]. Mais au point de vue de l'art, les ouvrages les plus importants qui aient quelque rapport à notre sujet sont, sans contredit. les camées. L'un d'eux, qui appartient au musée de Vienne en Autriche, représente la déification. d'Auguste et la zone inférieure de la composition, dans laquelle les trophées de Tibère et de Germanicus servent en quelque sorte de piédestal à cette apothéose, est occupée par des prisonniers Germains [3]. Le camée que possède le Cabinet des médailles de la Bibliothèque nationale de Paris, connu sous le nom de *grad camée*, offre une disposition analogue à la précédente. Le sujet principal est l'adoption de Germanicus par Tibère, et dans la partie la plus basse on

---

1. Caristie, *Monuments antiques d'Orange.*
2. *Admiranda,* p. 80 ; jadis au palais Odescalchi.
3. Millin. *Galerie mythologique,* p. 179.

voit des Germains avec leurs femmes et leurs enfants réduits en servitude [1]. Notons auprès d'eux
la figure d'un Gaulois reconnaissable à son collier
et qui a été placé là en souvenir de quelque révolte
ou de quelque campagne pendant laquelle les deux
peuples se prêtèrent un mutuel secours.

D'autre part les nombreuses défaites infligées par
Marc-Aurèle aux Quades et aux Marcomans, qui
étaient des peuples Suèves, sont retracées sur les
bas-reliefs de la colonne Antonine [2]. Les artistes
qui les ont exécutés ont bien rendu, sur de certains
points, la simplicité teutonique. Ils ont exactement
figuré les maisons rondes avec leur toit en forme
de dôme et la double porte cintrée qu'elles avaient
quelquefois. Plusieurs faits de guerre, par exemple la défense d'un gué par les barbares, sont ingé-
nieusement représentés. On pourra, dans la suite
des gravures exécutées par Santi-Bartoli d'après
le monument dont nous parlons, reconnaître aux
planches 17, 49 et 63 les femmes teutones, revêtues
d'un costume conforme à celui que nous leur avons
donné d'après la description de Tacite. Mais entre
celui-ci et la colonne Antonine, la concordance
n'est pas toujours entière et, en cas de divergence,
nous n'hésitons pas à dire qu'à raison de l'excellence de ses informations, on doit s'en rapporter de
préférence au grand historien qui, sur toute cette
matière, n'a cessé de faire autorité. Néanmoins les

<hr>

1. Millin, *Galerie mythologique*, p. 181.
2. *Columna cochlis*, M. Aurelio Antonino-Aug. *dicata in ana-glyphica insculpta a* P. Santo-Bartolo.

sculptures abondent en détails originaux qui n'impliquent aucune contradiction. On voit à la planche 74 de Bartoli comment les nobles attachaient sur l'épaule droite leurs longues chlamydes, tandis que pour le peuple la chlamyde plus courte s'agrafait du côté gauche. Au numéro 32, des ambassadeurs supplient l'empereur en tendant vers lui leurs mains enveloppées de leurs manteaux; on notera qu'en général le bonnet sur la tête désigne les hommes de la classe la plus élevée. Enfin, dans plusieurs endroits on est frappé de l'habitude de certains braves qui allaient au combat en se découvrant la poitrine, comme cela se pratique encore dans nos duels à l'arme blanche; et aussi de la vue de quelques épées recourbées qui font penser aux formes flamboyantes qui furent longtemps propres aux armes allemaniques. D'ailleurs, les planches 37 et 38 de l'ouvrage déjà cité, où l'on voit une Victoire écrivant au milieu de deux trophées, résument tout ce qu'il importe de connaître sur les accessoires.

Daces et Sarmates. — Le seul nom de l'empereur Trajan éveille en nous le souvenir des monuments magnifiques motivés par ses victoires. Ceux qu'il nous importe d'examiner sont d'abord la colonne qui porte son nom et ensuite les beaux trophées improprement attribués à Marius et qu'il faut rapporter à son règne. A tous les points de vue ces ouvrages méritent notre attention, car ils sont le dernier mot de l'art romain et ils fournissent pour l'histoire du costume des renseignements pré-

cieux. La colonne Trajane fut érigée l'an 114 de
notre ère, pour retracer et glorifier les expéditions
dirigées contre les Daces, peuple intimement uni
aux Sarmates qui eux-mêmes descendaient des Scythes [1]. Les Sarmates, que Tacite qualifie de hideux,
avaient le type et les mœurs des nomades de l'Asie.
A eux, plus qu'à tous autres, conviennent ces traits
dépourvus de noblesse trop généralement donnés
aux *barbares*. Sans demeures fixes, ils étaient
continuellement en courses à cheval ou dans leurs
chariots. Leurs vêtements étaient longs et flottants.
Leurs armes défensives, au contraire, s'adaptaient
exactement au corps et se pliaient à tous ses mouvements. Ainsi dans les combats répétés qui se
déroulent autour de la colonne Trajane, au milieu
de nombreux *barbares* Daces qui n'ont de particulier qu'un bonnet aplati sur le sommet de la tête
et l'usage, pour les cavaliers, de placer le bouclier
entre le flanc du cheval et leur genou, apparaissent
des archers à pied, couverts de cuirasses flexibles
qui s'arrêtent au milieu des cuisses, et habillés du
reste d'une tunique ouverte à droite qui descend
jusqu'aux pieds. Leur avant-bras droit est nu, le
gauche est garni d'un brassard fermé par des
agrafes; ils portent des casques qui ont la forme
d'un cône tronqué. Mais ce qui a frappé les artistes
et les observateurs de tous les temps, c'est le for-
midable escadron de cavalerie Sarmate dans lequel

1. *Columna Trajana... delineata ed intagliata da* P. Santi-
Bartoli, *accresciuta da medaglie, iscrizioni et trophei da* G. P.
Bellori.

les soldats et les chevaux sont protégés de la tête
aux pieds par une armure collante composée
d'écailles. Pausanias, qui vit une cuirasse de cette
espèce à Athènes, nous apprend que ces écailles
étaient faites de corne de cheval [1] ; il en trouvait le
travail admirable et c'est l'idée qu'on en peut concevoir d'après les trophées et les bas-reliefs du piédestal de la colonne Trajane. Des casques superbes qui offrent toutes les modifications auxquelles
le cône peut se prêter, des boucliers dont la figure
allongée varie depuis la forme ovale jusqu'à l'échan-
crée, des armes offensives, des vêtements y sont
retracés avec la dernière perfection et le plus beau
style de sculpture. Nous ne pouvons qu'en recom-
mander l'étude à ceux qui auraient à représenter des Sarmates ou d'autres barbares de race
scythique.

Parthes. — Les Parthes, considérés comme des
barbares par les Romains, furent longtemps pour
eux des voisins redoutables. Très anciennement,
sous Cyrus et ses successeurs, ils faisaient partie
de la monarchie des Perses, et au dire d'Hérodote
ils portaient le même costume qu'eux [2]. Deux cent
cinquante-cinq ans avant Jésus-Christ, ils avaient
à leur tour fondé un grand état démembré des pos-
sessions des Séleucides et les premières monnaies
des Arsacides, leurs rois, exécutées par des graveurs grecs, peuvent rivaliser avec certains produits

1. Pausanias, l. I, c. 21. Voir aussi Ammien Marcellin, l. XVII,
c. 12.
2. Hérodote, l. VII, c. 66.

de la numismatique macédonienne [1]. Devenus limi-
trophes des Romains (64 ans avant Jésus-Christ),
ils leur avaient fait essuyer un grand désastre
auquel le nom de Crassus se trouve attaché. Mais
soixante-dix-sept ans après ils rendirent à Auguste
les trophées de leur victoire : une médaille de cet
empereur, qui le représente entre deux Parthes,
consacre cet événement pacifique [2]; et les antiquaires voient dans la figure du jeune homme
revêtu du costume phrygien qui est assis derrière
le siège du même empereur, sur le grand camée de
la Bibliothèque nationale de Paris, l'image du fils
de Phraate IV, qui fut envoyé dans ce temps à
Rome en qualité d'otage. Le bonnet phrygien ou
mitre orientale est en effet donné comme coiffure
symbolique aux Arsacides les plus anciens. Trajan
accabla les Parthes sans pouvoir les détruire (117
ans après Jésus-Christ). Deux bas-reliefs remarquables exécutés sous son règne pour une destination encore incertaine, et qui décorent aujour-
d'hui l'attique de l'arc de Constantin, fixent les résultats obtenus dans cette guerre mémorable : dans
l'un Trajan dépose Cosroës ; dans l'autre il impose
le roi Parthenaspate à ses ennemis humiliés [3]. Mais
les coups les plus terribles leur furent portés par
Septime-Sévère, et les arcs qui lui furent élevés

1. *Trésor de numismatique et de glyptique. Numismatique
des rois grecs,* pp. 67 à 71.

2. Eckhel, *Doctrina nummorum veterum,* t. VI, p. 101.

3. Bellori, *Veteres arcus Augustorum triumphis insignes,* pl.
24 et 31.

(celui qui porte son nom sur la voie Sacrée et celui dit des Argentiers au Vélabre) en sont un éclatant témoignage [1]. Bien que les inscriptions de ces
monuments fassent aussi mention de victoires remportées sur les Arabes, toute la partie de la décoration qui concerne les vaincus offre uniformé-
ment ce costume phrygien dont nous parlions tout
à l'heure; mais à l'exception de quelques boucliers
(ovales ou hexagones) il n'y a aucune trace d'armes
barbares dans les sculptures de l'arc de triomphe.
Au milieu d'incidents divers, scènes de combat
ou plutôt de massacre, allocutions, ambassades ou
actes de soumission retracés en zones étroites et
nombreuses sur les parois extérieures, rien qui
porte un caratère historique bien déterminé; si ce
n'est qu'au milieu de chacune des parties de la frise
qui règne au-dessus des petites portes paraît la
figure d'une femme assise, plus grande que les
autres personnages, et qui se fait remarquer par
une coiffure qui rappelle la tiare sphérique de
quelques-uns des Arsacides. Malheureusement il
n'existe aucun monument de sculpture bien authentique appartenant à cette dynastie. Mais nous pouvons comparer la physionomie des Parthes de l'arc
de Septime-Sévère avec celle de personnages semblables qui font souvent le sujet de sculptures exécutées en Perse, à une époque un peu postérieure,
sous le règne des souverains Sassanides. Nous
voulons parler de plusieurs figures en bas-relief,

1. Bellori, *Veteres arcus Augustorum triumphis insignes,* pl.
9-15, 20-21.

reproduites par les belles planches du voyage en
Perse de MM. Flandin et Pascal Coste. Dans
les monuments que nous mettons en parallèle, des
deux côtés la coiffure est la même ; le costume est
identique et se compose d'une tunique large et d'un
pantalon flottant [1]. Les artistes romains, guidés
par cette raison d'art supérieure à laquelle l'antiquité classique avait soumis tous les ouvrages de
l'esprit, ont simplifié les accessoires ; il ont subor-
donné le vêtement aux proportions du corps et à
ses mouvements. Mais les sculpteurs persans,
fidèles aux traditions de leur art national, traitent
toujours avec prédilection le détail et semblent
faire résider l'homme dans les signes extérieurs de
son état ou de sa dignité. Aussi, indépendamment
de l'interprétation du costume lui-même, trouvera-
t-on dans leurs ouvrages les tiares des chefs, les
glaives, les lances, les carquois pendus à la ceinture et aussi, quoique rarement, ces arcs dont les
Parthes faisaient un usage meurtrier ; on pourra
enfin y étudier comment ces *barbares* disposaient
en boucles régulières leurs cheveux et leurs barbes,
les ornements dont ils aimaient à se parer, et les
riches caparaçons de leurs chevaux.

Tels étaient les traits propres à chacune des
grandes nations *barbares* vers la fin du second siècle de notre ère. A cette époque les unes étaient
soumises, les autres contenues ; toutes, excepté les
Bretons, subissaient l'action civilisatrice du grand

1. *Voyage en Perse*, par Flandin et Coste, t. IV, pl. 185, 186,
192, 205.

empire et cédaient à son attraction. Mais des événements, dont le récit est étranger à notre sujet, avaient bouleversé tout le nord du continent européen ; et vers l'an 261 Rome se trouva en face d'une nouvelle barbarie organisée contre elle en puissantes confédérations. Nous voyons alors prendre une place définitive dans l'histoire des peuples dont plusieurs ont conservé avec leurs noms une vitalité puissante : les principaux sont les Saxons, les Franks, les Alamans à l'occident [1] ; les Visigoths et les Ostrogoths à l'orient.

Franks. — Les *barbares* occidentaux étaient des teutons que le culte du dieu scandinave Odin avait plongés dans une barbarie plus profonde. Les Saxons ne joueront que plus tard un rôle et, à titre de païens, resteront, pour les *barbares* eux-mêmes devenus chrétiens, les derniers des *barbares*. Les Alamans s'étaient formés des débris des Suèves. Mais le peuple qui, par son énergie et sa force d'expansion, caractérise le mieux ces nations est le peuple Frank ; et c'est aussi celui sur lequel nous possédons les renseignements les plus étendus. En eux le type germanique brille dans toute son énergie. Ce sont toujours ces corps grands et robustes, ce teint animé, ces yeux clairs, ce regard farouche dont les peuples du midi étaient si vivement frappés. Le derrière de la tête rasé, paré de longues moustaches, les cheveux teints en rouge, noués, tressés, ramenés sur le front et de chaque côté du

---

1. On peut y joindre : les Lombards, les Burgondes, plus tard les Angles et les Normands.

visage, le Frank conserve les vêtements collants
du noble germain et il les serre encore par des la-
nières de cuir qui montent depuis sa chaussure
jusqu'au-dessus des cuisses : ses braies laissent ses
genoux à nu. A son ceinturon, garni d'ornements
de métal, sont passés ou suspendus des poignards
de différentes dimensions parmi lesquels on remarque un grand couteau aigu et à un seul tranchant,
le scramasaxe. La découverte de sépultures nombreuses nous a rendu le guerrier frank dans tout
son appareil militaire, ayant ses armes disposées
autour de lui dans un ordre conforme à la manière
dont il les portait [1]. D'après cette autorité rappro-
chée du témoignage de Sidoine Apollinaire [2] et
d'autres auteurs [3], on peut conclure qu'à la guerre
le Frank tenait de la main gauche un petit bouclier
rond peint en blanc, dont la partie moyenne faite
de métal avait la forme d'un bouton d'une forte
saillie, puis la lance et l'*angon*, sorte de javelot

1. Voy. M. l'abbé Cochet, *la Normandie souterraine; le tombeau de Chilpéric.*

2. Sidoine-Apollinaire, *Panégyrique de Majorien*, v. 238 et suiv.

3. Agathias, *De imperio et rebus gesti Justiniani...* ed. 1660, l.
II, p. 40 et 41, décrit ainsi la manière dont les Franks faisaient
usage de l'angon : Dans le combat ils jettent le javelot contre l'ennemi. Si celui-ci pare le coup, et que le javelot donne dans le bouclier, il y demeure embarrassé et suspendu par sa pointe et par ses
crocs ; et comme il est assez long et fort pesant, son poids le fait
traîner par terre : il ne peut être arraché du bouclier ni coupé avec
le sabre, parce qu'il est garni de fer. A ce moment le Frank qui a
lancé le javelot s'avance, en sautant met le pied sur la hampe
du javelot qui touche à terre, et, s'appuyant dessus, oblige l'ennemi à pencher son bouclier et à se découvrir. C'est alors qu'avec
la hache, ou avec un autre javelot, ou avec l'épée dont il le frappe
au visage ou à la gorge, il le tue.

dont la hampe était garnie de lames de fer et la pointe renforcée d'un ou de deux crochets ; et à la main droite son arme nationale, la francisque, hache pesante à simple ou à double tranchant. Toutes ces armes, auxquelles il faut ajouter l'épée qui est rare et se portait à gauche, se voient au musée de Mayence [2] et au musée d'artillerie à Paris [1].

Goths. — Les Goths et leurs frères les Gépides étaient des Scandinaves [3]. Leur taille était élancée, leurs traits droits. Fixés après leur migration le long du bas Danube, ils restèrent longtemps en rapport avec leur pays natal. Aurélien les ayant défaits ramena parmi ses trophées le char de leur chef; il était attelé de quatre rennes. Entrés depuis en relations amicales avec l'Empire, il ne tardèrent pas à modifier leur faible armement et à donner à leur infanterie l'organisation des légions. Malheureusement, si l'on excepte d'abord deux monnaies qui datent de l'établissement des Ostrogoths en Italie, celles des rois Théodahatus et Baduela [4], et ensuite les objets trouvés à Petrossa et les couronnes des monarques visigoths d'Espagne qui composaient le trésor de Guerrazar [5], il ne reste aucun monument authentique et aucun ves-

---

1. Lindenschmit, *Die Allerthumer unsere heidnischen Vorzeit.*

2. Catalogue des collections composant le musée d'artillerie, par O. Penguilly-l'Haridon, part. E.

3. Jornandès, *Histoire des Goths.*

4. Banduri, *Numismata imperatorum romanorum*, t. II, p. 644 et 646.

5. Maintenant au musée de Cluny. Voyez au *Catalogue*, 2ᵉ supplément, de 3113 à 3121.

tige d'antiquité que l'on puisse rattacher, soit à leur domination dans différentes contrées de l'Europe, soit à la civilisation relativement avancée à laquelle ils sont parvenus [1].

Huns. —Enfin il nous reste, pour compléter sommairement notre tâche, à parler des Huns, dont l'invasion précipita et rendit définitif le triomphe des *barbares*. Tribus de race mongole, ils s'étaient mélangés avec les Fennes [2] qui habitaient très anciennement l'extrême nord de l'Europe et dont Tacite a décrit en quelques mots l'abrutissement et la misère. Basannés, trapus avec la tête énorme, les yeux obliques, le nez aplati, les pommettes saillantes, le visage tailladé profondément pour empê-

---

1. Cependant s'il est un monument sur lequel on soit autorisé à chercher la représentation des Goths, c'est sur la colonne de Théodose. Très mutilée aujourd'hui, elle fut dessinée peu après la prise de Constantinople par Gentille Bellini, et son travail a été souvent gravé depuis. Nous n'avons pas à décider par quel prince elle fut élevée. Ce qu'il importe de remarquer, c'est que, sur ce monument, deux parts sont faites aux *barbares :* les uns sont représentés comme amis du peuple romain, les autres sont traités en vaincus. Ne serait-on pas tenté de reconnaître dans les premiers les Goths admis par Théodose à l'alliance de l'Empire, et qui devaient chaque année lui fournir une armée auxiliaire ? Les chefs à cheval. représentés à la planche 4 de l'ouvrage de Banduri (*Imperium Orientale*, t. II), sont remarquables en ce qu'ils portent une sorte de grande chlamyde de fourrure ouverte ou agrafée par devant, qui retombe à plis droits de chaque côté du cavalier sans gêner le mouvement de ses bras : l'épée est pendue du côté droit, les chevaux ont des caparaçons d'écailles. Les soldats, figurés aux premières planches, ont deux tuniques serrées au-dessous des hanches : la première est fine et fermée ; la seconde. plus grossière. est fendue en avant dans toutâ sa longueur : leurs pantalons sont liés en travers des membres en plusieurs endroits. Enfin, quelques *barbares* qui conduisent des chevaux ont un chapeau particulier qui peut être celui que Jornandès, l'historien des Goths attribue aux hommes de cette nation.

2. Tacite, *Mœurs des Germains*, XLVI.

cher la barbe de croître, les Huns étaient horribles
à voir et restaient pour les Romains comme pour
les *barbares* un sujet d'épouvante et de dégoût.
Leurs vêtements étaient de couleur sombre et ils
portaient par-dessus un manteau de peaux de rats
sauvages. Suivis de leurs familles, qui vivaient
dans des chariots, ils campaient çà et là; les hommes, toujours à cheval, y mangeaient, y délibé-
raient, y prenaient leur sommeil. La partie supérieure du casque des Huns était renversée en arrière; leurs jambes étaient enveloppées de peaux
de bouc; de loin ils lançaient avec une adresse in-
faillible des flèches armées d'os pointus, de près ils
combattaient en tenant leur épée d'une main et de
l'autre un filet [1].

Tous les sentiments qu'inspiraient aux contemporains les haines de race et le sentiment de leurs
maux se résument et semblent revivre en nous au
seul nom d'Attila [2]. Reprenant avec un génie fatal
le projet conçu par le germain Arminius, suivi par
le suève Marobode et d'autres encore, de former un
empire rival de l'empire de Rome avec toutes les
nations *barbares*, il soumit la plupart d'entre elles
et les incorpora dans son armée. Aussi voyait-on
marcher à sa suite avec les débris des nations ger-

1. Ammien-Marcellin, l. XXI, c. 2. Sidoine-Apollinaire, V, v.
249 et suiv.

2. Voyez, pour tout ce qui concerne Attila, l'ouvrage de M. Amédée Thierry, intitulé : *Histoire d'Attila et de ses successeurs*, t. I
On y trouvera, mis en œuvre, tous les documents contemporains,
et entre autres l'intéressant récit de l'ambassade de Maximin, par
Priscus.

maniques, avec les Goths et les Alains dont Ammien-Marcellin vante la beauté [1] et qui étaient revêtus de cuirasses de lames de corne et armés de lances énormes, tout ce que la barbarie offrait de plus hideux. Les Agathyrses peints et tatoués [2], les Gélons qui, parés de casques de peau humaine, combattaient avec des faux, les Hérules, aux joues verdâtres, couverts de peaux et formant une troupe légère, et enfin les Slaves, que l'histoire signale pour la première fois, moins comme des guerriers que comme des chasseurs d'hommes, et qu'elle nous montre demi-nus, un long couteau passé à la ceinture et portant dans leurs mains un faisceau de traits empoisonnés.

Nous ne développerons pas davantage ce sujet qui appellerait un travail étendu sur les antiquités *barbares*, ouvrage spécial qui n'existe pas aujourd'hui ; il ne serait pas inutile à une époque comme la nôtre, où le désir de marquer le caractère propre à chaque fait particulier a laissé pénétrer si profondément l'archéologie dans le domaine de l'art. Aussi était-ce notre devoir de réunir ici quelques-unes des données sans lesquelles, dans l'état actuel des connaissances historiques, les sujets concernant les *barbares* ne peuvent être convenablement représentés par l'art. Mais c'est en même temps pour nous une obligation de signaler avec force un écueil que cette esquisse, si peu développée qu'elle soit, a permis

---

1. Ammien-Marcellin, l. XXXI, c. 2.

2. Id., *Ibid.*, l. XXX, c. 2, et Sidoine-Apollinaire, VIII, v. 237 et 238.

d'entrevoir : celui vers lequel la recherche de la couleur locale pourrait entraîner les artistes si elle était poussée à l'excès. En effet le danger de l'école moderne, c'est, en perfectionnant autour de l'art la connaissance des détails, de dégrader l'art lui-même. La fin que celui-ci se propose, c'est de réaliser la beauté dans la forme humaine, c'est de créer des types plastiques correspondant à des types moraux, c'est enfin d'exprimer le caractère varié des races et des individus : le travail que nous avons entrepris se réfère à ce dernier objet. Bien que ce ne soit pas le but le plus élevé auquel on puisse aspirer, ce serait l'avilir et même le manquer, que de voiler les grands faits de l'histoire et la peinture des passions et des sentiments au milieu desquels ils se produisent, sous la représentation trop complaisante des costumes et de les faire disparaître derrière les accessoires. L'art qui est destiné à satisfaire l'un des besoins les plus élevés de notre esprit, se réduirait par là à amuser la curiosité et à étonner la vue. Sans doute l'artiste doit aimer et étudier son sujet. Il peut, à la suite des historiens de notre siècle, s'arrêter avec sympathie sous le toit de chaume du *barbare* et dans l'enceinte mobile de ses camps. Mais qu'il n'oublie pas que le caractère réside principalement dans l'homme et qu'avant de se conformer aux conditions changeantes de l'histoire il est tenu de rester fidèle aux lois éternelles de l'art. C'est à concilier dans cette mesure les exigences de l'une et de l'autre que doit s'exercer le goût.

Aujourd'hui, le nom de barbare n'est plus donné, par les nations civilisées, qu'à des peuples ou peuplades qui restent étrangers à toute idée de progrès. Néanmoins, le mot est demeuré dans la langue des arts. Pris adjectivement, il sert encore à désigner les ouvrages dont l'exécution grossière est le produit soit de l'ignorance, soit de l'oubli des principes de l'art et des règles du goût.

Dans ce sens, certaines civilisations, d'ailleurs très brillantes, ne se sont point élevées au-dessus de la barbarie. Le génie exubérant de l'Inde, par exemple, n'a produit qu'un art *barbare*; car bien qu'il ait abondé en productions pleines de variété et de vie, il n'a jamais su créer une tradition raisonnée. Il s'est montré incapable de fonder en architecture un système basé sur l'agencement logique des formes et sur la relation des nombres. Dans la représentation de la forme humaine, il n'a pu s'élever jusqu'à concevoir et établir des règles de proportion. Incapable de généralisations simples, ce génie s'est plu aux abstractions compliquées et, en composant, pour les représenter, des idoles aux membres multiples et surchargées d'attributs, il a ajouté à l'ignorance la subtilité et, à ce double titre, il a méconnu le but de l'art. On en peut dire autant de la Chine et des nations du haut et de l'extrême Orient. Dans les temps anciens, les Étrusques, en poussant la force jusqu'au monstrueux, la sensualité jusqu'à la plus hideuse luxure, les Étrusques se sont souvent montrés *barbares*, parce qu'ils ont manqué de goût.

Mais la véritable barbarie, celle qu'il peut y avoir quelque profit à étudier, est celle qui a un avenir et un passé. Aussi aimons-nous à la rencontrer au début de l'art classique et la respectons-nous encore à son déclin. En effet, malgré la beauté déjà très grande de leur cadre, les métopes du temple du milieu de l'acropole de Sélinonte semblent *barbares* à cause de la lourdeur des formes des personnages et de l'insuffisance du dessin. Nous pourrions au même titre citer beaucoup d'exemples tirés de l'art grec dans les temps archaïques : productions caractérisées par des proportions trop courtes ou trop allongées, par des mouvements violents, des formes roides et convenues. Mais à travers l'exagération et l'impuissance éclate toujours dans ces ouvrages une conception excellente des conditions de la décoration. A l'excès de la force, aux mouvements outrés, aux gestes d'une rigidité fatale, se mêle un caractère mâle et solennel, un sentiment à la fois vrai et puissant qui, développés par une expérience prolongée et assouplis par l'observation de la nature, feront aux belles époques la saine et vigoureuse beauté des chefs-d'œuvre. Enfin, dans le besoin de revêtir des types créés par l'imagination d'une forme qui, bien qu'en harmonie avec l'idée, demeure dans les conditions essentielles à la vie humaine, on peut admirer l'aspiration des plus anciens artistes grecs vers le véritable idéal plastique.

A l'époque de la décadence romaine, à mesure que les proportions de l'architecture perdent leur

pureté, l'ornementation des édifices devient sur-
chargée et l'exécution s'en affaiblit. Mais si la décoration est grossière et maigrement découpée, le
plan reste grandiose et l'élévation conserve quelque
chose d'un goût imposant et magnifique. Les statues
sans physionomie et travaillées lourdement offrent
encore une belle masse et sont bien posées. Les
sarcophages païens surchargés de figures présentent cependant dans leur intégrité les traditions du
bas-relief et de la sculpture épigraphique; tandis
que les tombeaux chrétiens, d'une facture pauvre
et sèche à la vérité, brillent par leur ordonnance
souvent simple et régulière, et ont le caractère particulier d'une barbarie dans laquelle les dernières
lueurs d'un art qui meurt se mêlent à l'aurore d'un
art nouveau.

Il faut le reconnaître, ce que les œuvres d'art,
issues de la barbarie, possèdent toutes par essence
quelle que soit leur origine, c'est le caractère; et
quelques-unes y joignent cette sorte de grandeur
originelle qui se montre dans les manifestations des
peuples encore enfants. C'est par là qu'elles contrastent avec les productions des civilisations raf-
finées et qu'elles exercent sur celles-ci un attrait
qui sollicite les artistes à venir les étudier avec les
savants. La curiosité, le désir d'approfondir l'histoire plutôt que de pénétrer les règles immuables de l'art, la recherche de la couleur locale
qui aboutit si facilement au réalisme historique,
semblent conduire certaines écoles à mettre des
documents dépourvus du sens esthétique sur le

même rang que les chefs-d'œuvre. Et c'est par un pareil excès que s'accuse de nos jours la tendance de l'esprit moderne à poursuivre le caractère de préférence à la beauté.

En dehors de ces considérations générales, on conçoit que la qualification de *barbare* ait été diversement appliquée selon les temps. Ainsi la Renaissance, sans tenir compte au Moyen-âge de son idéal artistique si bien en harmonie avec la religion et de la puissance qu'il eut d'émouvoir en le réalisant, méconnaissant la part importante qu'il avait conservée, dans la pratique, de la tradition des anciens, et méprisant même les chefs-d'œuvre qu'il a produits, la Renaissance, au nom de l'antiquité classique, a traité de *barbare* le moyen-âge tout entier.

Nous parlions tout à l'heure de la barbarie propre à la décadence romaine, laquelle, en sauvegardant dans une mesure imposante la grandeur de l'ordonnance et s'en tenant à l'emploi des formes purement géométriques qui présentent au plus haut degré le caractère monumental, s'est manifestée particulièrement dans l'exécution du détail. En renversant cette proposition n'arriverait-on pas à concevoir une architecture qui, en faisant bon marché de la proportion, des ordres et même de leur emploi, et avec la prétention de substituer le sentiment individuel à tout un corps de doctrines et de traditions, penserait créer un style en parant des édifices formés de motifs incohérents et des origines les plus diverses, à l'aide d'une ornementation puisée aux sources les plus pures et souvent exécutée en perfection? Cette barbarie d'un genre nouveau pourrait n'être pas étrangère à notre temps.

CAPTIF

Captif vient des mots latins *captus* et *captivus;* il est pris comme eux dans le sens du prisonnier de guerre. La coutume où étaient les anciens de réduire en esclavage, après la victoire, des nations tout entières, et l'usage établi chez tous les peuples de retenir prisonniers les soldats pris de vive force ou qui se sont rendus à discrétion dans les combats ont motivé dans les arts tout un ordre de représentations que nous allons rapidement passer en revue.

L'un des plus curieux et des plus célèbres est le bas-relief de Medinet-Abou, qui a été gravé dans le grand ouvrage de l'expédition d'Égypte [1]. Il représente le triomphe de Rhamsès II. Le roi est assis dans son char, et, tandis que ses scribes établissent le compte des mains coupées aux ennemis tués dans la bataille, les *captifs* attachés de différentes manières s'avancent en longues files devant lui. En général, chaque prisonnier a les bras étroitement serrés au moyen de cordes ou de chaînes, quelquefois ce sont des menottes; mais le plus

1. *Description de l'Egypte*, t. II, pl. 12.

souvent les ligatures sont aux coudes, et ceux-ci
sont alors violemment ramenés en avant, rejetés
en arrière ou relevés sur le sommet de la tête. Les
patients paraissent aussi enchaînés deux à deux
par le col, leurs bras gauches étant fortement réunis
serrés par derrière, ce qui devait rendre les liens
plus cruels. Tous ces détails sont traités avec un
art qui s'est donné pour tâche d'enregistrer solennellement des faits.

La loi de la guerre ne se montre pas moins dure
dans les monuments assyriens et persans. Chez les
Assyriens, la victoire est toujours accompagnée du
massacre d'un grand nombre de *captifs* : on entasse
des têtes coupées ; les vaincus sont écartelés; on
leur fiche dans la poitrine des pieus aigus. Ceux
qu'on épargne sont à genoux, la face contre terre
et parfois les mains liées dans l'attitude de la prière.
Les femmes, les enfants, chargés comme des bêtes
de somme, marchent en troupeau : des soldats les
frappent d'une baguette ou du bois de leur lance.
Nous avons au musée du Louvre un bas-relief qui
représente un scène semblable et qui est d'une
remarquable exécution. Si l'on veut s'initier aux
détails, il faut consulter, dans l'ouvrage de
MM. Botta et Flandin, les planches 119 *bis* et 120
du tome second : la représentation des menottes et
des entraves de métal que l'on mettait aux *captifs*
y est très complète. Mais, pour le fond même du
sujet, rien de plus expressif que la scène figurée à
la planche 118 du même volume. Un roi debout
appuie la pointe de sa lance sur le front d'un pri-

sonnier à genoux devant lui ; deux compagnons d’infortune placés en arrière s’inclinent. Tous trois ont la lèvre inférieure traversée par un anneau dans lequel passe une corde que le roi vainqueur tient dans sa main.

Pour ne pas négliger un monument qui se distingue autant par sa physionomie originale que par la grandeur du style, nous citerons, pour la Perse ancienne, un bas-relief taillé dans une paroi de rocher au lieu nommé Bi-Sutoum, ouvrage dans lequel un roi Achéménide, se reposant sur son arc, met le pied sur la poitrine d’un ennemi vaincu qui l’implore, pendant que marchent vers lui neuf *captifs* qui ont les mains attachées derrière le dos et qu’une seule chaîne retient par le col.

Quoique nous voyions dans Homère Achille égorger des prisonniers sur le bûcher de Patrocle, on peut dire que la représentation de pareils sujets répugnait en général à la douceur des mœurs helléniques. Un grand sentiment de la dignité humaine adoucissait le droit de la guerre chez les Grecs. Dans l’épopée et dans la tragédie, ils nous présentent la captivité comme un exemple de la fragilité du bonheur, comme un sujet de méditation sur les caprices de la destinée. Dans leurs représentations figurées non moins que dans leurs écrits, ils mettent de préférence en scène les femmes à qui sied la lamentation, et à qui leur sexe permet de survivre à la ruine de la patrie. Mais quelle grandeur dans les plaintes et l’attitude de *captives* telles qu’Hécube et Andromaque ; quel profond sentiment de la fatalité dans cette belle peinture de vase qui représente les Troyennes, au moment de la captivité, réfugiées aux pieds de la statue de Minerve! L'art grec écarte également ce qui est dégradant et ce qui est cruel; et, pour rappeler la victoire, il retrace de préférence le spectacle fortifiant du combat. A peine dans les bas-reliefs et les vases rencontre-t-on l'image d'une Amazone prisonnière, ou quelque figure de *captif* mêlée aux pompes riantes que mène le jeune Bacchus vainqueur des Indes. Toutes les idées des Grecs sur ce sujet semblent se résumer dans la caryatide qui représente la captivité élevée par l'architecture jusqu'à un solennel idéal.

Rome, au contraire, comme imprégnée des idées asiatiques par un long contact avec l'Étrurie, se plut à offrir en spectacle dans les triomphes le butin vivant de la victoire: les prisonniers de guerre. A la suite de ces solennités dans lesquelles on portait l'image des provinces conquises, les *captifs* étaient vendus, égorgés ou envoyés dans le cirque pour combattre entre eux. Citons ici un certain nombre de représentations de *captifs*; par exemple, les statues placées sur les colonnes de l'arc de Constantin ou au musée du Capitole, les figures gravées sur les monnaies et sur les camées. Ces ouvrages, par le travail énergique de la sculpture, par le choix des riches matières dans lesquelles ils sont exécutés et par les types de race qu'ils reproduisent, sont importants au double point de vue de l'art et de l'histoire. Leur signification est frappante. Debout, accroupis ou assis à terre, les prisonniers expriment le malheur, une irrémédiable dégradation : nul doute sur leur sort. Là se montre à découvert le génie d'une démocratie cruelle, élevée pendant des siècles à l'école d'une aristocratie sans pitié.

L'esprit d'imitation, aussi bien que l'état social existant à la Renaissance, a souvent conduit les artistes d'alors à représenter des *captifs*. Parmi les productions de ce genre, qui n'offrent qu'un caractère indéterminé, rappelons les statues de Michel-Ange que l'on nomme les esclaves, figures d'un jet grandiose et d'un sentiment profond, qui, après avoir été destinées à décorer avec plusieurs autres le tombeau de Jules II, font aujourd'hui partie du musée du Louvre. Mais il y eut à cette époque des œuvres d'un ordre plus réel. La piraterie exercée sur la Méditerranée par les nations musulmanes entretenait la captivité comme une sorte d'institution. Sans doute, la religion intervenait pour l'adoucir ou y mettre un terme : en 1223, un Français, Pierre de Nolasque, fondait l'ordre de Rédemption des *captifs* qui, sous le nom de Trinitaire, prit l'habit de l'ordre de Saint-Augustin. Mais en même temps les États chrétiens, en pourvoyant à la répression de la piraterie, usaient de représailles, et les artistes ont été souvent appelés à représenter des prisonniers faits sur les infidèles. C'est ainsi que l'on voit à Livourne, aux angles du monument élevé au grand-duc Ferdinand Ier, quatre statues de bronze figurant des *captifs* dont le type

africain est énergiquement déterminé. Ces belles
études sont l'œuvre du sculpteur Pietro Tacca, qui
vivait à la fin du seizième siècle. Les quatre figures
de prisonniers exécutées par Francheville, pour
être placées aux angles du piédestal de la statue
de Henri IV, sur le pont Neuf, sont aujourd'hui
au Louvre. Depuis la Renaissance, cette disposition
était généralement adoptée pour les monuments
élevés en l'honneur des princes guerriers.

Celui qui avait été érigé sur la place des Victoires
à Louis XIV était aussi orné de quatre statues de
prisonniers représentés aux quatre âges de la vie.
Ces beaux ouvrages du sculpteur Desjardins ornent
maintenant la façade de l'hôtel des Invalides : l'exécution en est large, et l'expression pathétique. Mais,
en les considérant, on ne peut se défendre des ré-
flexions que fait naître cette application sommaire
des idées antiques aux temps modernes. Quoique
allégoriques, ces représentations ne sont pas en
harmonie avec les principes des nations civilisées,
qui respectent dans les *captifs* le courage mal-
heureux.

FIN

TABLE DES MATIÈRES

POITIERS

IMPRIMERIE BLAIS ET ROY

7, RUE VICTOR-HUGO, 7.